Grund- und Leistungskurs Spanisch

Fernando Lalana Lac

Grund- und Leistungskurs Spanisch

51 Klausuren mit ausgearbeiteten
Lösungsmöglichkeiten
Band 2

Schmetterling Verlag

Bibliografische Informationen *Der Deutschen Bibliothek*
Die Deutsche Bibliothek verzeichnet diese Publikation in der Deutschen Nationalbibliografie; detaillierte Daten sind im Internet über
http://dnb.ddb.de abrufbar

Schmetterling Verlag GmbH
Lindenspürstr. 38b
70176 Stuttgart
www.schmetterling-verlag.de
Der Schmetterling Verlag ist Mitglied von aLiVe

ISBN 3-89657-729-8
1. Auflage 2008
Printed in Germany

Satz und Reproduktionen: Schmetterling Verlag
Druck: GuS-Druck GmbH, Stuttgart
Binden: IDUPA, Owen

Inhalt

Vorwort

«Grund- und Leistungskurs Spanisch Band 2» beinhaltet 51 Klausuren für Grund- und Leistungskurse zu Themen («Alternativa Bolivariana para América y el Caribe (ALBA)», «Turismo y sus límites – España y su ‹industría› turística», «Los Castro y su Cuba», und «Entre el pasotismo, la música y la violencia»), die teilweise Gegenstand der im Schmetterling Verlag erschienenen Bände der Unterrichtsreihe «Temas hispánicos» sind.

Adressaten der Klausurensammlung sind vor allem spanischlernende Schülerinnen und Schüler, die bereits über Grundkenntnisse der spanischen Sprache verfügen. *«Grund- und Leistungkurs Spanisch Band 1 und 2»* beabsichtigen, neben der Vertiefung der im Unterricht behandelten Themen, auch die konkrete Vorbereitung auf die Klausuren der gymnasialen Oberstufe und auf die mündliche und schriftliche Abiturprüfung (Zentralabitur).

Da die Aufgabenstellung in den verschiedenen Bundesländern auch beim Zentralabitur sowohl formal als auch inhaltlich stark voneinander abweichen, habe ich mich nicht für ein festes Modell eines Bundeslandes entschieden.

Mit einer verhältnismäßig großen Auswahl an kürzeren Texten (sowohl in der Gruppe der ausgearbeiteten als auch in der Gruppe der nicht ausgearbeiteten) möchte ich den Kolleginnen und Kollegen bei der mühsamen Suche nach geeigneten Texten für Klausuren sowie für mündliche Prüfungen (Spanisch als viertes Abiturfach) und derer Vorübung behilflich sein.

Mein Dank gilt besonders Herrn Paul Sandner und Herrn Jörg Hunger, Geschäftsführer des Schmetterling Verlages GmbH, für die stetige Unterstützung.

Möge diese bescheidene Arbeit nicht nur die Sprachkompetenz der Schülerinnen und Schüler, sondern auch ihre Aufgeschlossenheit und Sensibilität für Probleme unserer Erde sowie ihre Solidarität mit all denen, die sich für eine gerechtere Welt einsetzen, erweitern.

Rheine, März 2008

Fernando Lalana Lac

I

Alternativa Bolivariana para las Américas y el Caribe

Todo empezó con Bolívar

Simón Bolívar, exactamente hace 177 años, estableció las bases para asegurar el control de la explotación de los recursos naturales por parte del Estado. El 24 de octubre de 1829, en Quito, el libertador expidió el «reglamento sobre minas», en el cual se fijó, en su capítulo primero, un principio fundamental: «Conforme a las leyes, las minas de cualquier clase corresponden a la República». Con el reglamento de Bolívar se construyeron los cimientos de las políticas de nacionalización de los recursos mineros y petroleros.

El camino seguido desde entonces ha sido sinuoso. Una y otra vez en nuestra América se han registrado aproximaciones y distanciamientos en relación con este principio bolivariano. Y en más de una ocasión, el petróleo, para concentrarnos en este recurso estratégico, a pesar de que su propiedad por ley se consideró nacional, fue y es explotado para beneficiar casi exclusivamente intereses transnacionales. Los argumentos esgrimidos con frecuencia, aún en nuestros días, hablan de la inexistencia de recursos para abordar las cuantiosas inversiones que demanda la actividad hidrocarburífera; por igual se ha dicho que en los países petroleros se carece de la tecnología para asumir la tarea; y, por cierto, tampoco han faltado voces de advertencia porque se podrían perder mercados si se hace realidad la nacionalización de los hidrocarburos. A estos pretextos se ha sumado el reclamo casi permanente por la ineficiencia de las empresas petroleras estatales, sin preguntarse si esto es cierto y menos aún las razones que provocarían dicha situación. El resultado de estos argumentos, sin mayor asidero real, fue una creciente ingerencia transnacional empeñada en ampliar lo más posible la extracción de crudo en función de las necesidades de los países centrales, sin considerar las reales necesidades de los países petroleros. Así las cosas, como demuestra la historia, «presos por el engaño que nos ha dominado más que por la fuerza», como repetía el propio Bolívar, la exportación de petróleo ha servido para «desarrollar el subdesarrollo».

La salida de esta trampa pasa por hacer realidad el planteamiento bolivariano. Empero, controlada eficientemente la extracción de petróleo por parte del Estado, la tarea no está resuelta. Falta optimizar la explotación del crudo, sin ocasionar más destrozos ambientales y sociales; esto implica obtener el mayor beneficio posible en cada barril extraído, antes que maximizar el volumen de extracción. Desde esta perspectiva, no conviene apostar por la consolidación de una economía extractivista a ultranza, que resulta depredadora y rentística; una realidad que conduce a que la sociedad, que en algún momento puede disfrutar de una fugaz bonanza, a la postre termine siendo más pobre. Por lo mismo, es preciso obtener todos los efectos positivos posibles de la extracción petrolera, sin perder de vista que el petróleo se acaba y que el desarrollo no se hace simplemente en base a la extracción de los recursos naturales.

Alberto Acosta, La Insignia, 25–10–2006 (477 palabras)

Anotaciones

3	expedir: poner por escrito y en la forma adecuada, extender, promulgar, publicar, hacer público, dar curso
5	corresponder a; aquí: pertenecer a, ser propiedad de, ser por derecho de, afectar a
6	cimiento (m.): base, principio, fundamento, soporte
8	sinuoso/a: tortuoso, dificultoso, difícil, arduo, escabroso
12	beneficiar: favorecer, producir beneficio/provecho para, respaldar
13	esgrimido/a; aquí: empleado/usado/aducido/utilizado en defensa de
14	abordar: hacer frente a, enfrentarse a, afrontar, encarar
16	asumir: abordar, enfrentarse con, acometer, afrontar
18	reclamo (m.); aquí: reclamación, queja, lamento
21	asidero (m.): apoyo, fundamento, base
	ingerencia (f.): intromisión, intrusión
23	crudo (m.); aquí: petróleo sin refinar
27	trampa (f.): plan concebido para engañar a alguien, engaño, treta [Falle]
	pasar por: consistir en
33	rentístico/a: que sólo ve los propios beneficios
34	a la postre: al final, finalmente, a fin de cuentas

Análisis y comentario

1. Estructure y resuma el contenido del texto.
2. Exponga de manera esquemática los motivos que, según el autor, han llevado en América Latina a la privatización de la extracción y elaboración del petróleo.
3. ¿Qué sabe usted de Simón Bolívar?
4. Alberto Acosta afirma en el texto, citando a Bolívar, que la explotación de los recursos petroleros ha servido para «desarrollar el subdesarrollo».
   a) Explique el sentido de la frase.
   b) Exponga con sus propias palabras cuál es el camino que el autor propone seguir en la explotación del petróleo latinoamericano.
5. Comente brevemente el contenido y la función del título del texto que estamos analizando.

Análisis y comentario

1. El texto lo podemos dividir en tres partes.
   En la primera parte del texto, que va hasta la línea 7, se hace referencia expresa al postulado o principio fundamental formulado y exigido por Simón Bolívar sobre la explotación de los recursos naturales en general.
   En la segunda parte, que se extiende de la línea 8 a la línea 26, se enumeran y comentan brevemente los motivos que han llevado a la privatización transnacional de la extracción, elaboración y comercialización de los productos petrolíferos, aludiendo al final de esta parte a las consecuencias negativas que este fenómeno ha tenido en los países que poseen reservas petroleras.
   La parte final, que comienza en la línea 27, hace referencia a la necesidad de la nacionalización del petróleo y pone, al mismo tiempo, en guardia sobre los límites de la extracción y venta abusiva de estos recursos naturales.

2. Motivos de la privatización:
   ➠ Insuficiencia de recursos económicos por parte de las naciones petroleras para financiar las inversiones que exige la extracción y elaboración del petróleo
   ➠ Carencia de la tecnología necesaria para llevar a cabo el tratamiento de los crudos
   ➠ La nacionalización llevaría a la pérdida de mercados.
   ➠ Ineficiencia de las empresas petroleras nacionales

3. Simón Bolívar nació en Caracas en 1783 y fue educado por tutores como Andrés Bello (conocido humanista venezolano, 1781–1865) y Simón Rodríguez (pedagogo y filósofo), (1769–1854) , que le introdujeron en la lectura de los autores ilustrados del siglo XVIII. Realizó viajes a Europa. Bolívar retornó a Venezuela en 1807, convencido de la necesidad de la independencia de las colonias españolas. El 5 de julio de 1811, un congreso reunido en Caracas proclamó la independencia de Venezuela, pero los partidarios del nuevo Estado fueron derrotados militarmente por los realistas y Bolívar tuvo que refugiarse en Cartagena de Indias (Colombia), donde redactó su primer escrito importante, el *Manifiesto de Cartagena*. En 1813, inició una segunda campaña, que culminó con su entrada en Caracas y la proclamación de la segunda república, pero las tropas realistas acabaron imponiéndose de nuevo y le obligaron a abandonar la capital en 1814. Tras una estancia en la isla de Jamaica, donde escribió la *Carta de Jamaica*, Bolívar inició una nueva invasión, atacando esta vez desde las tierras de Nueva Granada que hoy forman Colombia. Situó su cuartel general en Angostura, donde en 1819 un congreso aprobó la ley fundamental de la República de la Gran Colombia. Faltaba confirmar con las armas estos propósitos, y Bolívar inició una campaña militar cuajada de éxitos: Colombia quedó liberada en 1819, tras la batalla de Boyacá; Venezuela lo fue, tras la de Carabobo, y Ecuador en 1822. En este año Bolívar, a los que todos llamaban ya el *Libertador*, se entrevistó con el argentino San Martín en Guayaquil para discutir la liberación del Perú, donde aún resistían los realistas. Llegó al Perú en 1823 y, con el título de Dictador Supremo, libró en las pampas de Junín y Ayacucho (1824) las últimas batallas; así culminó la liberación del continente con la toma de las tierras del Alto Perú, que en honor del

Libertador se denominaron República Bolívar (actual Bolivia). Pero a partir de ese momento se iniciaron los problemas para Bolívar, que había sido elegido presidente de la Gran Colombia en 1827; sus ideales de un gran Estado Continente chocaron muy pronto con las tendencias secesionistas en Venezuela, Colombia, Perú y Ecuador. En 1828, tropas peruanas invadieron Ecuador y, en 1830, Venezuela se separó de la Gran Colombia. Tras salir ileso de un atentado, Bolívar decidió trasladarse a Europa, pero murió de tuberculosis en San Pedro Alejandrino (Colombia) en ese mismo año.

4. a) «Desarrollar el subdesarrollo»: La frase, que contiene un claro juego de palabras (más exactamente un oxímoron), tiene aquí un sentido negativo claro. «Desarrollar» en este contexto tiene el significado de «acrecentar», «aumentar» sin la connotación de «mejorar». «Desarrollar el subdesarrollo» quiere decir simplemente «aumentar el subdesarrollo». La exportación del petróleo crudo empobrece a los países exportadores por dos razones:
   - ➠ El exportador del petróleo renuncia a la posibilidad de incrementar los beneficios que obtendría mediante la elaboración de la materia prima.
   - ➠ La venta de la materia prima implica la renuncia a negociar en el mercado con ella.

   b) El camino que propone el autor en la explotación del petróleo es fundamentalmente el propuesto por Bolívar. El autor es conciente de dos hechos:
   - ➠ Maximizar la extracción conlleva destrozos ambientales y sociales.
   - ➠ La cantidad de petróleo existente y por tanto su posible extracción es limitada.

   Ahora, en nuestros días, hay que procurar obtener el mayor beneficio posible de cada barril.

5. El título del texto hace referencia a la política comercial de Bolívar en lo tocante a las materias primas existentes en América Latina y resume en cierto modo el contenido del texto. El Estado debe crear instrumentos eficientes para controlar hoy, como ya lo propuso Bolívar, los recursos naturales.

Camino de la dictadura

Hugo Chávez, ha descubierto que Jesucristo era un gran socialista. Mientras el reelegido presidente de la República Bolivariana Socialista (Venezuela para los historiadores) tomaba posesión de su cargo, la bolsa de su país se derrumbaba, y los accionistas que todavía no se han llevado su dinero a Estados Unidos han visto cómo sus ahorros valían casi un 40 por ciento menos. Al nuevo presidente eso le ha hecho mucha gracia, y dice que sigan jugando que lo peor está por venir. Lo peor es una dictadura socialista, con los evangelios en una mano y el comisario político con teléfono móvil en la otra, telefonía debidamente nacionalizada, o apropiada, o incautada, dependerá del humor del futuro dictador, que una noche se acostará presidente elegido democráticamente y, a la mañana siguiente, se despertará como un déspota, naturalmente desilustrado, de izquierdas y revolucionario.

De momento, ya ha cerrado una emisora de televisión, y va a reformar la Constitución para poder ser elegido «*in secula seculorum*», porque si no existen periódicos, ni emisoras de radio y televisión que lo critiquen, puede convertirse en un tirano electo hasta que tenga la misma salud que Fidel Castro.

Hugo Chávez va camino de hablar los lunes, miércoles y viernes, con Jesucristo, el revolucionario, y los martes, jueves y sábados con Carlos Marx. Pero el día que le diga don Carlos que la religión es el opio del pueblo, a ver qué le va a contestar Jesucristo, y sobre todo, cómo va a reaccionar esta mezcla de predicador, histrión y autócrata, que ya está convencido de ser el Mesías que Hispanoamérica necesitaba. No hacen falta las artes proféticas de Sofonías para predecir que nacionalizará hasta las pastelerías y arruinará el país con las insuperables técnicas marxistas. Por favor, no le echen la culpa a EE.UU. La culpa la tiene quienes lo han elegido.

Luis del Val, Diario Directo, 11–1–2007 (315 palabras)

Anotaciones

3 derrumbarse: hundirse, desplomarse, caer a pico, irse abajo [zusammenbrechen]
5 hacer gracia: encontrar interesante, divertir, agradar, complacer, gustar, deleitar
7 comisario político: comisario de seguridad, agente policial que defiende el régimen
11 desilustrado/a: dogmático, antiliberal [unaufgeklärt]
16 ir camino de: tener pensado, tener planeado, irse acostumbrando a
19 histrión (m.): persona que se expresa de forma teatral, comediante, charlatán
autócrata: que se da a sí mismo poderes, absolutista, totalitario
21 Sofonías: profeta menor del Antiguo Testamento que vivió en el siglo VII antes de Cristo; Sofonías anunció la ruina del reino de Judá y el advenimiento de un nuevo reino: «los pobres de Yahvé»
22 pastelería (f.): establecimiento en el que se venden pasteles, repostería

Análisis y comentario

1. Estructure y resuma el contenido del texto.
2. Explique brevemente la reacción de Hugo Chávez ante la enorme caída de valores en la bolsa de su país.
3. Exponga algunos de los motivos de preocupación de Luis del Val con referencia al devenir de Venezuela.
4. Comente la frase: «No hace falta las artes proféticas de Sofonías para predecir que (Hugo Chávez) nacionalizará hasta las pastelerías».
5. Analice el contenido y la función del título del texto que estamos comentando.

Análisis y comentario

1. El texto que vamos a analizar se compone de tres partes.
   El autor nos informa en la primera parte, que va hasta la línea 11, de que la toma de posesión de presidente Hugo Chávez ha causado un notable descenso en la bolsa de valores boliviana y de que la despreocupación del nuevo presidente por este hecho lleva a pensar que Chávez podría llegar a ser un presidente totalitario, un dictador.

   Las primeras medidas tomadas por Hugo Chávez (transformación de la constitución con objeto de perpetuar su presidencia y eliminación de todo tipo de oposición) hacen entrever su intención de convertirse en un segundo Fidel Castro. Este es el breve contenido de la segunda parte, que se extiende de la línea 12 a la línea 15.

   En la tercera, contenida entre la línea 16 y 20, después de hacer alusión a la contradicción contenida en el ideario político Hugo Chàvez (discípulo de Jesucristo y de Carlos Marx), Luis del Val declara abiertamente que los responsables de la posible desaparición de toda economía privada y de la consiguiente ruina de la nación son en último término los venezolanos que se han decidido en las elecciones por el actual presidente.

2. La alarmante caída de los valores en la bolsa de Venezuela no preocupa en absoluto al presidente de la nación: «(La caída de la bolsa) Le ha hecho mucha gracia». Para él la bolsa es uno de los instrumentos de opresión del capitalismo imperialista, sistema económico que él se ha propuesto erradicar. Chávez advierte y amenaza a los «especuladores de la bolsa» que los tiempos que se aproximan no les va a ser propicios . «Lo peor está por venir» leemos en el primer párrafo del texto.

3. Motivos de la preocupación del autor del artículo:
   ➠ El «capital» abandona la nación.
   ➠ En Venezuela se está estableciendo un sistema totalitario con un verdadero «aparato de seguridad».
   ➠ La desaparición de la libertad de pensamiento con la prohibición de todo tipo de oposición se está haciendo realidad.
   Hugo Chávez se puede convertir en un tirano del calibre de Fidel Castro.

4. «No hace falta las artes proféticas de Sofonías para que nacionalizará hasta las pastelerías.» La opresión de todo tipo de iniciativa privada en la economía se aproxima. Hasta la producción, adquisición y el consumo de pasteles se sujetará a una economía planificada por el estado. El asociar a Sofonías con la nacionalización es algo un poco atrevido. Para mí, Sofonías no fue un «profeta marxista». «El reino de los pobres de Jahvé» tiene muy poco que ver con «la dictadura del proletariado» y la «sociedad sin clases».

5. El título resume el contenido del texto. «Camino de la dictadura» pone de manifiesto en que dirección lleva el presidente Hugo Chávez a su nación. Lo que en último término quiere Hugo Chávez para su país, como él lo ha afirmado abiertamente, es una dictadura socialista como la que existe en nuestros días en Cuba.

Chávez es la ley

Al igual que lo viene haciendo con Estados Unidos durante años, el presidente venezolano ha multiplicado deliberadamente en los meses recientes su papel de provocador continental, encadenando decisiones que no pueden pasar inadvertidas. Hace semanas era su anuncio de abandonar el Banco Mundial, el FMI (Fonds monétaire 5 international) e incluso la Organización de Estados Americanos. O la nacionalización de las explotaciones petrolíferas del Orinoco. O la propuesta de un denominado Banco del Sur, que haría préstamos a gobiernos latinoamericanos sin el *yugo* «neoliberal». Le llega el turno ahora a la cadena Radio Caracas Televisión, abiertamente hostil a Hugo Chávez, que dejará de emitir a medianoche de este domingo porque el 10 Gobierno venezolano ha decidido no renovar su licencia.

La medida de Chávez anunciada ya a sus conmilitones en diciembre, al calor de su incontestable nuevo triunfo electoral, es una grave muestra más de la imparable deriva del régimen hacia el caudillismo unipersonal, libre de contrapesos. Que la emisora televisiva más influyente del país pierda la licencia después de 53 años por 15 su decidida enemiga hacia el presidente de la República –fue una de las cuatro que apoyaron el golpe contra Chávez de 2002– y su voluntad de no plegarse a las directrices del poder muestra el autoritarismo a ultranza y el carácter arbitrario del líder venezolano. Pero refleja también la inoperancia de los mecanismos de control que en los sistemas democráticos reequilibran y rectifican en su caso los abusos del Eje-20 cutivo. En una Venezuela ayuna de instituciones realmente independientes, los deseos del jefe del Estado se convierten en ley, al margen de que, en este caso, un 70 % de los ciudadanos, según una encuesta del mes pasado, estén contra el cierre de RCTV.

En ningún país respetuoso con las libertades se silencian los medios críticos 25 –aunque sean muy críticos, como es el caso– a golpe de boletín oficial del Estado y con el pretexto de que expira una licencia, hecho éste incluso sometido a controversia. Los jueces suelen estar ahí para impedirlo. Así lo han visto desde la OEA hasta el Senado de EE UU, que condena la medida en una declaración conjunta de los dos grandes partidos. Resulta desalentador en este sentido el tibio y rutinario rechazo 30 ayer de la decisión de Chávez por el Parlamento Europeo, adalid de las libertades, en una Cámara vacía, prólogo del fin de semana. Y más desalentador aún por el hecho de que sólo tres diputados españoles se pronunciaran sobre la resolución. Un absentismo masivo que convierte en retórica la supuesta prioridad de lo hispanoamericano.

Editorial, El País, 25–05–2007 (427 palabras)

Anotaciones

2 reciente: que hace poco tiempo que ha tenido lugar, que acaba de suceder
3 encadenar: unir, enlazar, ligar, engarzar, concatenar; aquí: tomar sin cesar
6 propuesta (f.); aquí: propuesta de creación
7 sin el yugo «neoliberal»: sin imponer intereses abusivos/usureros/chantajistas/ explotadores
9 hostil a: enemigo de, contrario a, que muestra oposición a, enfrentado a, rival de, adversario de
11 al calor de: al amparo de, con la ayuda de, aprovechándose de
13 deriva (f.): cambio de dirección, tendencia, desvío, alejamiento
15 enemiga (f.): actitud contraria, oposición, crítica
17 a ultranza: de manera resuelta, resueltamente, sin hacer ninguna concesión, sin reparar en obstáculos, sin vacilar
20 ayuno/a de: que no tiene, privado de, falto de
25 a golpe de: por medio de, sirviéndose de, aprovechándose de
27 OEA (f.): Organización de los Estados Americanos
30 adalid (m.): persona que encabeza un movimiento, defensor, líder
32 absentismo (m.): ausencia deliberada de un lugar al que se debe acudir
33 retórica (f.): palabrería, razón que no viene al caso

Análisis y comentario

1. Estructure y resuma el contenido del texto.

2. Enumere y comente brevemente las modificaciones que el presidente de Venezuela ha llevado a cabo tanto en el campo político como económico y que tendrán inmediata o mediatamente repercusiones transcendentales para su país.

3. Radio Caracas Televisión es una de las emisoras más oídas y más influyentes del país.
a) ¿Cuál ha sido y es la posición de esta emisora frente a Hugo Chávez y su política?
b) Explique por qué le va a ser posible al presidente de la nación impedir las emisiones de esta cadena de radio y televisión?

4. ¿De qué se acusa al final del texto al Parlamento Europeo y principalmente a sus diputados españoles?

Análisis y comentario

1. El texto que vamos a analizar presenta una estructura simple y lo podemos dividir en tres partes.

   En la primera parte del texto, que se extiende hasta la línea 10, somos informados de que el presidente de Venezuela continúa provocando al mundo entero con sus radicales y transcendentales decisiones. Parece ser que una de las que nos esperan es el cierre de Radio Caracas Televisión.

   En la segunda parte, que va de la línea 11 a la línea 23, se comentan las causas, el método y las implicaciones del cierre de la mencionada emisora contra la voluntad del 70 % de los habitantes de Venezuela.

   En la parte final, que comienza en la línea 24, se critica abiertamente al Parlamento Europeo y especialmente a los miembros que en él representan a España. En un parlamento casi completamente vacío a la hora de expresarse contra la decisión de Chávez fueron solamente tres los parlamentarios españoles que se pronunciaron sobre la resolución de rechazo.

2. Las modificaciones que se nombran en el texto son:
   ➠ Abandono del Banco Mundial, del FMI (Fondo Monetario Internacional) y de la Organización de Estados Americanos
   ➠ Nacionalización de las explotaciones petrolíferas del Orinoco
   ➠ Creación de un Banco del Sur

3. a) La RCTV (Radio Caracas Televisión) fue una de las cuatro emisoras que en el año 2002 apoyaron el golpe de Estado contra Chávez. En la actualidad RCTV ha mostrado y declarado abiertamente no estar dispuesta a doblegarse a las directrices que Hugo Chávez le quiere imponer. En el texto se afirma que RCTV es la emisora de televisión más influyente del país y de su actitud «decidida enemiga hacia el presidente de la República».

   b) A Hugo Chávez le va a ser posible impedir las emisiones o, más concreto, cerrar esta emisora de radio y televisión por varias razones:
   ➠ Hugo Chávez se siente en cierto modo «omnipotente» en sus decisiones debido a su último aplastante triunfo electoral.
   ➠ Los organismos de control venezolanos en nuestros días no ven o no quieren ver los abusos del Gobierno.
   ➠ En la Venezuela de nuestros días los deseos del presidente de la nación se convierten en ley.
   ➠ El pretexto formal para cerrar la emisora es que su licencia de emisión, licencia de la que ha disfrutado la emisora durante 53 años de una manera ininterrumpida, termina en estos días y el presidente no está dispuesto a prorrogarla.

4. Al Parlamento Europeo y en especial a sus diputados españoles se les acusa al final del texto que estamos analizando de no interesarse lo suficiente en lo que está pa-

sando en Venezuela. El Parlamento Europeo rechazó las decisiones y proposiciones de Chávez, pero esto sucedió ante un parlamento casi vacío con una intervención mínima de tres españoles en la discusión. La mayor parte de los bien pagados representantes europeos consideraron oportuno tomarse un día más de fin de semana pagada.

Tres generaciones y una revolución

Fidel Castro, Hugo Chávez y Evo Morales están lanzados, su ofensiva revolucionaria en América Latina es total. Según los presidentes de Cuba, Venezuela y Bolivia, éstos no son momentos de achicarse frente a Washington, sino de «ataque» y de alianzas para frenar los intentos de Estados Unidos de extender la «maldición del capitalismo» en la region. El sábado, los tres mandatarios firmaron diversos acuerdos económicos y políticos para «consolidar» la revolución en Bolivia e impulsar en Latinoamérica un modelo de integración de izquierdas.

La breve pero intensa cumbre celebrada en La Habana por los tres mandatarios concluyó con la incorporación de Bolivia a la Alternativa Bolivariana para las Américas (Alba), ideada por Chávez con apoyo de Castro contra el Área de Libre Comercio de las Américas (ALCA) de Estados Unidos. Los tres presidentes suscribieron además el Tratado de Comercio de los Pueblos (TCP), una respuesta a los Tratados de Libre Comercio (TLC) que Estados Unidos negocia con países como Colombia y Perú.

«Ante la agresión del plan imperial de los TLC, la mejor defensa es el ataque. Atacar. Este pacto forma parte del plan de ataque», dijo Chávez tras la firma de los acuerdos.

Los convenios establecen que Cuba y Venezuela eliminarán las barreras para la importación de productos agrícolas o industriales de Bolivia, el país más pobre de Suramérica. Además, se comprometen a comprar soja y otros productos que Bolivia no logre colocar en otros países.

Según lo pactado, Venezuela suministrará a Bolivia todo el crudo e hidrocarburos que necesite, además de instalar industrias petroquímicas en el país.

Se crean una serie de mecanismos «compensatorios» para que el país andino pague la factura petrolera con facilidades financieras. Cuba brindará servicios médicos y colaboración en diversas áreas, pero sobre todo en materia de educación, incluyendo un ambicioso plan para alfabetizar Bolivia en poco tiempo. Morales admitió que su país es el más beneficiado por los acuerdos, y dijo que el apoyo resultará vital para erradicar la pobreza en su país. Con la entrada de Bolivia a los «mecanismos solidarios» de la Alba, se consolida la apuesta de Fidel Castro y Hugo Chávez de impulsar un modelo de integración regional basado «en la cooperación» y no en «propuestas neoliberales», en el que el petróleo venezolano y los médicos y universidades cubanas son el cemento de la ansiada unidad. Pueblo hubo, y mucho, el sábado en la plaza de la Revolución de La Habana, donde los tres líderes protagonizaron un maratón de discursos, todos muy revolucionarios. Para Evo, en La Habana se reunieron tres pueblos y también tres generaciones de una misma revolución latinoamericana; en ella, dijo, Castro es el abuelo; Chávez, el padre, y él, el hijo [Castro tiene 79 años; Chávez, 51; y Evo, 46].

Morales pidió a Chávez reconsiderar su postura de abandonar la Comunidad Andina de Naciones con el objetivo de «refundarla» desde su interior, dándole un «carácter antiimperialista».

En su turno en la plaza, Chávez recordó que el año pasado, en un acto similar, Evo Morales estaba entonces como líder opositor. A continuación se dirigió al candidato presidencial sandinista Daniel Ortega, quien estuvo junto a los presidentes en la
45 cumbre: «Daniel, te estamos invitando para el año que viene a que vengas aquí como presidente de Nicaragua».

Mauricio Vicent, El País, 01-05-2006 (550 palabras)

Anotaciones

3 achicarse: acobardarse, amedrentarse, hacerse de menos, apocarse, atemorizarse, asustarse
15 imperial; aquí: del imperio, de Estados Unidos
21 colocar: exportar, vender
25 brindar: ofrecer, proporcionar, poner a disposición
29 erradicar: arrancar de raíz, eliminar por completo, hacer desaparecer
33 cemento (m.); aquí: base, fundamento

Análisis y comentario

1. Estructure y resuma el contenido del texto.
2. ¿Qué fines generales se ha propuesto la cumbre que ha tenido lugar en La Habana?
3. Enumere y comente brevemente las ayudas que Cuba y Venezuela han previsto para Bolivia.
4. El texto que estamos analizando habla de tres personas.
   ¿Quiénes son?

Análisis y comentario

1. El texto que analizamos se compone de tres partes.
   En la primera parte, que va hasta la línea 17 y que contiene tres núcleos, se informa al lector del acuerdo concertado en La Habana entre los presidentes de Cuba, Venezuela y Bolivia para hacer frente al expansionismo norteamericano. En la segunda subparte vemos que Bolivia se ha incorporado en el ALBA y en el PTC, dos acuerdos ideados por Chávez para contrarestar el ALCA (Área de Libre Comercio de las Américas) y el TLC (Tratado de Libre Comercio) que ofrece Estados Unidos al resto de los países americanos.

   En la segunda parte, que va de la línea 18 a la línea 38, se explicita detalladamente los beneficios que para Bolivia representarán los dos convenios firmados en La Habana.

   En la parte final, que comienza en la línea 39, se nos informa de la petición de Evo Morales a Chávez de actualizar los fines de la Comunidad Andina y del deseo de Chávez de acoger a Daniel Ortega en el convenio en el año próximo, después que haya ganado las elecciones en Nicaragua.

2. Los tres fines que se ha propuesto la cumbre de La Habana son:
   ➠ La detención del intento de extensión del capitalismo en toda América por parte de los Estados Unidos
   ➠ La consolidación de la revolución en Bolivia
   ➠ La impulsión de un modelo de integración de izquierdas en América Latina

3. Ayudas y medidas previstas para Bolivia:
   ➠ Eliminación de todo tipo de barreras para el importe de productos agrícolas e industriales
   ➠ Compra de soja y otros productos que Bolivia no haya conseguido vender a otros países
   ➠ Suministro por parte de Venezuela del combustible que necesite Bolivia así como instalación de industrias petroquímicas en el suelo boliviano
   ➠ Creación de mecanismos para que Bolivia pueda pagar sin grandes dificultades sus deudas
   ➠ Colaboración por parte de Cuba en el campo sanitario y educacional sobre todo en programas de alfabetización

4. a) Las tres personas son:
   ➠ Fidel Castro (*1926), político cubano
   En 1956 organizó un foco guerrillero en Sierra Maestra y, tres años después, consiguió derrocar al presidente Batista. Una vez en el poder, formó un gobierno revolucionario que decretó la reforma agraria y nacionalizó las principales empresas. En 1961 se proclamó marxista-leninista y se alineó a la URSS. Secretario general del Partido Comunista de Cuba desde 1965, fue nombrado 1976

presidente de la república y del gobierno. Se mostró contrario al proceso reformador iniciado por Gorbachow en la URSS y a abandonar el sistema comunista.

- Hugo Chávez (*1954), ex militar y político venezolano
  Hugo Chávez realizó los estudios primarios y secundarios en Sabaneta y los superiores en la Academia Militar de Venezuela, donde obtuvo el grado de subteniente en 1975. Es licenciado en Ciencias y Artes Militares, rama Ingeniería, mención Terrestre. En las Fuerzas Armadas Nacionales ocupó diversos cargos de comandante. En 1982, Chávez fundó el Movimiento Bolivariano Revolucionario (MBR-2000). Fue comandante de la operación militar Ezequiel Zamora, que protagonizó la rebelión del 4 de febrero de 1992. Después, fue prisionero militar por rebelión en la cárcel de Yare (1992–1994). Tras ser liberado fundó el Movimiento V República, al frente del cual presentó su candidatura a las elecciones presidenciales del 6 de diciembre de 1998. Hugo Chávez fue elegido presidente constitucional de la República e impulsó la elección de una Asamblea Constituyente encargada de redactar un nuevo texto constitucional, que más tarde sería aprobado en referéndum. Chávez basó su política en la denuncia de la corrupción del Estado y de los principales partidos politcos. En julio de 2000 Chávez fue reelecto presidente de Venezuela por amplia diferencia sobre sus adversarios.
- Juan Evo Morales Ayma, nacido en 1959 en las inmediaciones de Orinoca, es dirigente del partido socialista boliviano *Movimiento al Socialismo* y ha sido un destacado luchador por los derechos de los cocaleros. Evo Morales es desde el 22 de enero de 2006 presidente de la República Boliviana.

Inflación bolivariana

En varios periódicos hubo titulares surrealistas de este tipo: «Chávez quitará tres ceros al bolívar para intentar frenar la inflación en Venezuela».

La inflación es un fenómeno monetario, y la moneda depende de las autoridades en todo el mundo, y aún más en la tiranía democrática venezolana. Difícilmente podrá frenar la inflación quien no admite responsabilidad alguna en su creación. Es el caso de Hugo Chávez; dice que está «un poco» preocupado por la inflación, pero inmediatamente aclara que el vil responsable de todo es, por supuesto, Estados Unidos, decidido a acabar con ese paraíso socialista latinoamericano. «Por el lado económico viene el ataque», advirtió el déspota, recurriendo una vez más al viejo truco del enemigo exterior, tan explotado siempre por los totalitarios.

Pero si es un disparate asignar a extranjeros la culpa de la inflación, lo que ya es una locura es pretender contenerla ¡quitándole ceros a los billetes!

La iniciativa cuenta con antecedentes en países de elevada inflación, como la Argentina, pero no tiene de por sí ningún impacto en los precios: facilita las cuentas y da la impresión de limitar la inflación, pero ésta no se contendrá si la oferta monetaria crece más que la demanda, independientemente de los ceros que tenga el bolívar.

A golpe de decreto y amenaza gobierna el autócrata. Pero la inflación es suya, y todo poder se detiene ante alguna frontera de la realidad; por ejemplo, difícilmente se resolverá el desabastecimiento de carne enviando a las Fuerzas Armadas a ocupar los mataderos, como anunció el progresista don Hugo. Si lo hace, comprobará que con la carne, igual que con la inflación, vale la vieja sentencia de Tayllerand a Napoleón: las bayonetas sirven para muchas cosas, pero no para sentarse encima de ellas.

Carlos Rodríguez Braun, Libertad Digital, 19–2–2007 (298 palabras)

Anotaciones

1 quitar tres ceros al bolívar: más exactamente: quitar los tres ceros a los billetes de 1000 bolívares (bolívar: unidad monetaria de Venezuela)
7 vil: infame, malvado, indigno, despreciable
9 recurrir a: servirse de, emplear medios para conseguir algo
truco (m.): trampa que se utiliza para la obtención de un fin, estratagema, maña, ardid
17 a golpe de: a fuerza de, sirviéndose de
19 desabastecimiento (m.): falta del suministro (de determinados productos esenciales)
20 matadero (m.): lugar donde se matan los animales destinados al consumo, macelo
21 Tayllerand: Charles Maurice de Talleyrand (1754–1838), político y diplomático francés

Análisis y comentario

1. Estructure y resuma el contenido del texto.
2. Exponga el término y fenómeno de la «inflación».
3. ¿De qué acusa Hugo Chávez a Estados Unidos en este texto?
4. Comente brevemente la cita de Tayllerand «Las bayonetas sirven para muchas cosas pero no para sentarse encima de ellas.»

Análisis y comentario

1. El texto que estamos analizando podemos dividirlo en tres partes.
   En la primera parte, que comprende los párrafos uno y dos, tras mencionar la manera absurda e irrisoria como Chávez quiere combatir la inflación, se nos pone en claro que el presidente venezolano no admite tener ningún tipo de responsabilidad en la inflación existente en su país, achacándola a factores externos, concretamente a Estados Unidos.

   Tras comentar la irónica proposición de quitar ceros a los billetes de bolívares, el autor del texto que nos ocupa advierte que el único camino para reducir, en Venezuela y en cualquier otra parte del mundo, la inflación es disminuir la oferta monetaria, retirar parte del dinero que está en circulación en la nación.

   Chávez, el verdadero causante de la inflación, es totalmente incapaz de reducir la inflación. El poder tiene sus límites y Carlos Rodríguez lo quiere mostrar claramente en el desabastecimiento de carne en Venezuela, problema que pretende resolver el presidente con la absurda medida de enviar al ejército a los mataderos.

2. Dos definiciones de inflación y un fragmento de una enciclopedia
   - Aumento sostenido y generalizado de nivel de precios de bienes y servicios
   - Caída del poder adquisitivo de la moneda en una economía determinada
     «Se le da el nombre de inflación al desequilibrio económico caracterizado por un exceso de dinero en circulación, lo cual da lugar a una subida persistente y generalizada de los precios.

   El proceso de aumento continuado en el nivel general de precios de una economía recibe el nombre de inflación, el descenso se denomina deflación. La estabilidad de precios se considera como uno de los objetivos últimos de la política económica, junto al logro de una tasa de crecimiento del PIB y la obtención del pleno empleo (el objetivo de lograr el pleno empleo no significa lograr un desempleo cero, sino alcanzar el producto nacional potencial).
   Las causas concretas e inmediatas de la inflación son diversas pero, en esencia, se produce inflación cuando la oferta monetaria crece más que la oferta de bienes y servicios. Cuando esto ocurre, existe una mayor cantidad de dinero a disposición del público para un conjunto de bienes y servicios que no ha crecido en la misma proporción. Ello hace que el dinero resulte relativamente más abundante y que, como en el caso de cualquier otra mercancía cuya oferta se amplía, tienda a reducir relativamente su valor, haciendo que se necesite entregar más unidades monetarias para obtener la misma cantidad de bienes.
   El origen más frecuente de la inflación es el déficit fiscal. Los gobiernos normalmente emiten bonos o títulos para enjugarlo, con lo que incrementan la deuda pública; pero todos los instrumentos de financiamiento obligan al pago de intereses y deben rescatarse, al menos en parte, en algún momento, pues no es posible sustituirlos indefinidamente por otros. Ello origina que aumente en definiti- va la cantidad de dinero en circulación, creándose dinero inorgánico que no está respaldado por una ampliación de la base monetaria. El proceso, en ciertas condiciones, puede llevar a

una espiral incontenible de precios: el aumento del valor nominal de las mercancías hace que los sindicatos y otras fuerzas sociales presionen por aumentos en los salarios (y a veces por un incremento en el gasto público social), lo que incide en los costos nominales de las empresas quienes, a su vez, aumentan el precio final de sus mercancías. Cuando el gobierno acepta estas presiones –imponiendo aumentos de salarios o su indexación, y aumentando sus gastos nominales– se produce una presión inflacionaria creciente que lleva al fenómeno conocido como hiperinflación o, en todo caso, a que se mantenga un alto nivel de inflación durante períodos bastante prolongados.
Analíticamente suele distinguirse entre inflación de demanda e inflación de costos aunque ambas, en el proceso referido anteriormente, son dos expresiones de un mismo fenómeno. La inflación de costos se produce cuando aumentan los precios de los factores productivos, especialmente los salarios, lo que lleva a que las empresas trasladen tales aumentos de costos a los precios; la inflación de demanda ocurre cuando la economía entra en una fase expansiva, hay mayor cantidad de dinero en poder del público y existe una presión de la demanda que encuentra una oferta que no puede crecer al mismo ritmo. No se produciría inflación, en realidad, si los salarios aumentasen sin que se expandiese la oferta monetaria: sus incrementos serían compensados, directa o indirectamente, por el descenso de otros precios; pero, al validar el aumento de los salarios con un aumento en la oferta monetaria, se genera una expansión en la demanda agregada que impulsa los precios hacia arriba. Se crea así un círculo vicioso, pues unos aumentos retroalimentan a otros, provocando situaciones inflacionarias que a veces se prolongan por muy largo tiempo.»

Enciclopedia Universal, Micronet, 2007

3. Hugo Chávez acusa en este texto a Estados Unidos de ser responsable del crecimiento de la inflación existente en Venezuela. El presidente venezolano no aduce ningún argumento concreto para fundamentar su acusación, simplemente afirma que los Estados Unidos no están dispuestos a consentir el desarrollo de lo que él denomina «paraíso socialista latinoamericano».

4. La cita hace alusión a los límites del poder. Las bayonetas sirven para muchas cosas, pero solamente para las que tienen que ver con matar y destruir. La realidad puede poner límites al poder. La decisión de Chávez de querer solucionar la falta de carne en el país enviando al ejército a los mataderos es ineficiente y absurda. Volviendo a la inflación en Venezuela, los decretos y amenazas de Hugo Chávez no son en absoluto un medio apropiado para combatir la inflación. La inflación es un problema económico y sólo medidas económicas pensadas y maduradas por los expertos en la materia pueden aportar una verdadera solución.

Lucha de poder entre Chávez y Lula

El presidente venezolano, Hugo Chávez, ha logrado consolidar en menos de una década un polo de influencia que abarca varios países de Iberoamérica. Gracias a la ingente cantidad de recursos financieros de que dispone, ha comprado prácticamente media docena de países ya sea a través de la financiación directa de candidatos afines (véase el caso del maletín con casi un millón de dólares en efectivo que llevaba un funcionario suyo en Argentina) o a base de favores del mismo tenor a los Gobiernos constituidos (en Cuba, puesto que no hay elecciones, no necesitan dinero para campañas electorales). En Bolivia, Ecuador, Nicaragua, Argentina y, naturalmente, Cuba, Chávez entra y sale a conveniencia y capricho.

Uno de esos candidatos a los que presuntamente apoyó con dinero (es ilegal en Brasil, así que el caso quedó sin aclarar) es Luiz Inácio Lula Da Silva, que estaba destinado a ser el más importante miembro de esta alianza populista-indigenista que han bautizado como «Socialismo del Siglo XXI». Para su disgusto, Lula ha demostrado ser un dirigente realista y sensato, y poco a poco empezó a distanciarse de su colega venezolano y de sus ínfulas visionarias porque comprendía que no podía cerrar los horizontes de su país en los proyectos estrambóticos de Chávez. Éste ha intentado una aproximación indirecta con su maniobra de pedir el ingreso en el Mercosur, lo que no ha servido más que para congelar este proyecto de integración. Que la Unión Europea haya decidido firmar un tratado de cooperación privilegiada con Brasil dejando a un lado a los demás países del grupo es el síntoma más evidente de esta situación anormal.

Ahora, los dos están obligados a competir por consolidar su esfera de influencia, asunto en el que ciertos países han cobrado una importancia fundamental. Las giras que se programan y contraprograman uno y otro son el reflejo de esa lucha por la hegemonía de Suramérica. El venezolano va a Uruguay, pese a sus malas relaciones, pero que puede ser la clave de sus intereses en Mercosur dado que Argentina, inexplicablemente para un país de sus características, está ya prácticamente integrado en el engranaje de Chávez, que ha comprado cantidades inmensas de su deuda externa. Lula ha visitado Nicaragua, cuyo presidente, el sandinista Daniel Ortega, es uno de los puntales chavistas, pero a quien las propuestas de desarrollo de los biocombustibles le pueden ayudar en la crisis que ha producido la caída del precio del café. Más allá de los asuntos energéticos, hay mucho en juego en esta disputa y es evidente que lo mejor para todos sería que los buenos oficios de Lula sirvan para contener los delirios de Chávez.

Editorial, ABC, 12–8–2007 (449 palabras)

Anotaciones

2 abarcar: extenderse a, comprender
3 ingente: muy grande, enorme, notable
6 a base de: tomando como fundamento
tenor (m.): tipo
9 a conveniencia y capricho: cuando quiere, cuando le apetece
10 presuntamente: supuestamente
13 bautizar como: dar el nombre de
15 ínfulas (f. p.): presunciones, pretensiones arrogantes, aires
16 estrambótico/a: extravagante
25 pese a: a pesar de
28 engranaje (m.): trabazón, maquinaria
31 caída (f.): bajada, disminución, abaratamiento
33 delirio (m.): despropósito, disparate, quimera

Análisis y comentario

1. Estructure y resuma el contenido del texto.
2. ¿De qué medios se ha servido Hugo Chávez para imponer, cimentar y extender su influencia en algunos países iberoamericanos?
3. Uno de los presidentes clave para la realización de los planes del presidente venezolano era y sigue siendo el presidente brasileño.
   a) ¿Qué sabe usted de Luiz Inácio Lula da Silva?
   b) ¿Por qué no le ha sido posible a Hugo Chávez obtener todo lo que esperaba de él?
4. Explique el significado y la función del título del texto que estamos analizando.

Análisis y comentario

1. El texto que estamos analizando muestra una estructura simple y se puede dividir en los tres párrafos que constituyen su estructura gráfica.

   En la primera parte, que coincide con el párrafo número uno, se expone cómo a Hugo Chávez, presidente de Venezuela, le ha sido posible consolidar su influencia mediante el dinero, «recursos financieros» en la financiación de candidatos afines y «favores» a los gobiernos constituidos.

   En la segunda parte, contenida en el segundo párrafo, se pone en claro que Lula, aunque probablemente apoyado con dinero por Venezuela para su elección, no ha seguido el camino deseado por Chávez.

   En la tercera parte, que se encuentra y coincide con el párrafo número tres, se nos expone la lucha actual entre Lula y Chávez por crear o extender su influencia en el resto de los países latinoamericanos.

2. Los medios de los que se ha servido Hugo Chávez para imponer, cimentar y extender su influencia en algunos países de Latinoamérica ha sido sobre todo el dinero. Dinero que ha puesto a disposición de los candidatos que secundaban sus planes políticos o de los gobiernos que se declaran dispuestos a seguir sus planes.

3. a) Luis Inácio Lula da Silva, político brasileño nacido en Sertão (Pernambuco) el 27 de octubre de 1945. Desde niño fue vendedor callejero, chico de tintorería, mensajero y a los 14 años realizó un curso de técnico tornero-mecánico, dejando sus estudios en el cuarto grado del ciclo escolar básico. Empezó a trabajar en empresas metalúrgicas de São Bernardo do Campo, en el cinturón industrial de la ciudad de São Paulo. Este oficio lo ejerció hasta 1975, fecha en que fue elegido presidente del sindicato de Metalúrgicos de San Bernardo del Campo y Diadema.
   Fundó en 1980, junto con otros sindicalistas, el Partido de los Trabajadores (PT), formado por diversas corrientes marxistas radicales, como trotskistas, maoistas y castristas. Perteneciente a la Internacional Socialista, el PT ha llegado a ser la segunda fuerza política de Brasil y el principal patrocinador de la Central Única de Trabajadores (CUT), sindicato más importante del país, legalizado en 1981.
   En abril de 1978 dirigió una huelga de obreros metalúrgicos contra el Gobierno. Era la primera vez, desde el golpe militar de 1968, que los obreros reivindicaban sus derechos a través de la huelga. A los pocos días fue encarcelado, sin previo juicio, y cesado de su cargo sindical.
   A principios de 1980 fue puesto en libertad y en los meses de abril y mayo de ese mismo año encabezó los principales movimientos huelguísticos producidos en las áreas industriales de São Paulo. Acusado de violar la ley de seguridad nacional, fue juzgado, junto con otros 12 líderes sindicales, en febrero de 1981 y se le condenó a tres años y medio de prisión. Días después fue puesto en libertad por el mismo juez que le condenó, en virtud de una ley según la cual los reos primarios pueden permanecer en libertad provisional hasta que sea interpuesto el recurso correspondiente.
   En 1982 quedó en cuarto lugar de las elecciones para el Gobierno del Estado de São

Paulo y, en 1986, fue el diputado federal más votado de todo el país. En las elecciones municipales del 15 de noviembre de 1988, el Partido de los Trabajadores venció en São Paulo obteniendo la alcaldía de la ciudad. Desde este momento, la popularidad de Lula aumentó considerablemente y ya se le consideraba como serio aspirante a la presidencia de Brasil.
En la primera vuelta de las elecciones presidenciales de noviembre Lula obtuvo el segundo lugar en cuanto a número de votos, lo que le permitió pasar a la segunda ronda; pero finalmente fue derrotado por Fernando Collor de Melo. Después de acariciar la posibilidad de alcanzar la presidencia de la República, renunció a la renovación del escaño de diputado federal por su partido en las elecciones generales del 3 de octubre de 1990. Tomó esta decisión para dedicarse plenamente a la implantación del PT en todo el país.
Consiguió mantenerse en la presidencia del PT en el I Congreso de esta formación, celebrado entre noviembre y diciembre de 1991. En esta primera e importante convocatoria desde su fundación, once años antes, consiguió el giro ideológico desde posiciones radicales a una línea de socialismo democrático, así como la autorización para formar alianza con otros partidos aunque éstos no fueran de izquierda.
Fue uno de los políticos que más acosó al presidente Collor, implicándole en casos de corrupción. Finalmente, en 1992, Collor tuvo que dejar el poder y ceder la presidencia a Itamar Franco. Desde esa fecha, todos los sondeos electorales colocaban a Lula como futuro presidente de la República.
En el VII Encuentro Nacional del PT, en junio de 1993, sus tesis fueron derrotadas por el sector Coalición de Izquierda, aunque permaneció en la presidencia para garantizar la unidad interna. Candidato presidencial por segunda vez consecutiva para las elecciones de 1994, perdió frente a Fernando Henrique Cardoso.
Por cuarta vez en su carrera política, volvió a presentar su candidatura para suceder a Henrique Cardoso en las elecciones presidenciales de octubre de 2002 y, esta vez sí, logró una arrolladora victoria con el respaldo del 61,2 % de los votos frente al 38,7 % de su rival, el candidato oficialista socialdemócrata José Serra. Juró el cargo el 1 de enero de 2003 con el compromiso de transformar el país y luchar para erradicar el hambre y la pobreza en Brasil.
El 29 de octubre de 2006 fue reelegido en segunda vuelta con el 60,8 % de los votos, frente al candidato del Partido de la Socialdemocracia Brasileña, Geraldo Alckmin, que obtuvo el 39,2 %.

Enciclopedia Universal Micronet, 2007

b) A Hugo Chávez no le ha sido posible obtener lo que esperaba de Luiz Inácio Lula da Silva porque, aunque en un principio parece que se mostró totalmente de acuerdo con el presidente venezolano, Lula se fue poco a poco distanciando de él ya que no tardó en darse cuenta que no podía supeditar su país a las extravagancias del autodenominado presidente bolivariano. Chávez intentó posteriormente ganarse a Brasil entrando a formar parte de la Mercosur, pero su entrada sólo sirvió para desactivar el proceso de integración de ambos países. Lula se ha declinado en los últimos tiempos más bien hacia la UE con la que ha firmado o va a firmar un tratado de cooperación privilegiada.

4. El título hace referencia a la contienda que existe hoy entre las dos naciones más importantes de América Latina en su afán por convertirse en líderes de Latinoamérica y su función es claramente resumir el contenido del texto.

El futuro de Bolivia

Los resultados provisionales de la doble consulta popular celebrada el domingo en Bolivia (elecciones legislativas y referéndum sobre las autonomías) confirman la victoria del presidente Evo Morales y del partido que le apoya, el Movimiento al Socialismo (MAS). En concreto, escrutado ya el 82 % de las mesas electorales, ha obtenido el 42,53 % de los votos, un porcentaje que le permitirá tener 134 de los 255 escaños del Parlamento ahora elegido, con el mandato expreso de elaborar una nueva Constitución.

Pese a su victoria, superior en seis puntos a la de las elecciones presidenciales del pasado año, Morales no ha obtenido el cheque en blanco que pretendía para llevar adelante su proyecto de refundación de Bolivia, ya que se ha quedado por debajo de los dos tercios de la nueva asamblea (170 escaños) que necesitaba. Ello, en cambio, será bueno para favorecer una Constitución de consenso que permita equilibrar el poder, evitar los riesgos de caudillismo y frenar los excesos de radicalismo a que parece tentado el presidente, ya que deberá negociar punto por punto con la alianza conservadora Poder Democrático y Social y la centrista Unidad Nacional.

La victoria gubernamental en el referéndum sobre la propuesta de mayor autonomía a las regiones, al haber sido rechazada por la mayoría de la población (56 %), debe ser también analizada con matices, ya que ha sido aceptada en los cuatro departamentos que la exigían –de los nueve que tiene el país– y que son los más ricos y los que tienen petróleo.

Ante este panorama, el presidente Morales se verá doblemente forzado a reorientar su política hacia la moderación y el diálogo para huir de los enfrentamientos, evitar la fractura del país y mantener a flote su débil economía, una actitud que deberá hacer extensiva a la política exterior, ya que no le conviene tener tantos frentes abiertos.

La nueva situación de Bolivia, en lo que a España concierne, podría serle favorable para la defensa de sus intereses empresariales afectados por la política de nacionalizaciones. En la misma línea debería serle también favorable la voluntad expresada ayer por Morales de integrar a su país en el Mercosur, un club que exige respeto a las leyes de mercado.

Editorial, La Vanguardia, 6–7–2006 (363 palabras)

Anotaciones

2 elecciones legislativas: elecciones para la formación del Parlamento
4 escrutado/a: constatado, realizado el recuento / el censo de
8 pese a: a pesar de
13 caudillismo (m.); aquí: dictadura, absolutismo, despotismo
14 tentado/a: atraído, proclive
23 mantener a flote; aquí: robustecer, consolidar
29 Mercosur: el Mercado Común del Sur (en portugués: Mercosul: mercado Comum do Sul) es un bloque económico cuyos estados miembros son Argentina, Brasil, Uruguay, Paraguay y Venezuela. Sus objetivos son, sobre todo, la promoción del libre intercambio y movimiento de bienes, personas y capital entre los países integrantes y el incremento de su integración política y cultural.

Análisis y comentario

1. Estructure y resuma el contenido del texto.
2. Exponga con sus propias palabras los resultados de las elecciones que han tenido lugar en Bolivia.
3. El autor del texto opina que la realidad política tras las elecciones moderará la actitud radical de Evo Morales.
   a) ¿Qué sabe usted de los objetivos políticos que se ha propuesto el presidente boliviano?
   b) ¿Piensa usted que el nuevo presidente de Bolivia obtendrá los fines que se ha propuesto? Justifique su respuesta.
4. Mercosur y sus defensores parecen ser partidarios de la globalización de la economía iberoamericana. Exponga los aspectos positivos y negativos de la globalización.

Análisis y comentario

1. El texto se puede dividir en cuatro partes.
   En la primera parte, que coincide con el primer párrafo, se nos comunica el triunfo provisional del partido MAS y su presidente Evo Morales en las elecciones legislativas de Bolivia que tuvieron lugar el día 2 de julio.

   La segunda parte se compone de dos núcleos. En el primero, párrafo dos, se precisa que Evo Morales no ha obtenido totalmente los fines que se había propuesto. Al no conseguir los dos tercios de los escaños del Parlamento, se verá obligado al diálogo y a la negociación con los otros partidos políticos para obtener la pretendida reforma de la Constitución. En el segundo, párrafo tres, se nos informa de los resultados del referéndum que tuvo lugar en Bolivia en ese mismo día.

   En la tercera parte se pone de manifiesto que los resultados de las elecciones legislativas y del referéndum obligan a Evo Morales a la moderación, actitud que también podría repercutir en las empresas españolas con sede en Bolivia, actualmente amenazadas por la política de nacionalizaciones programada por el presidente de la nación.

2. Las elecciones legislativas las ha ganado el MAS y su presidente Evo Morales. Este partido ha alcanzado, según datos provisionales el 44,53 % (134 escaños). Evo Morales y su MAS se habían propuesto alcanzar un número mayor de votos. Con 170 escaños hubieran obtenido el 75 por ciento y esto le hubiera permitido la elaboración y aprobación de una nueva constitución sin tener que pactar con otros partidos.

3. a) Tres aspectos importantes del programa político de Evo Morales son:
   - ➡ Control estatal de los recursos energéticos (Hasta no hace mucho tiempo hablaba de «nacionalización».)
   - ➡ Acabar con el latifundio improductivo (expropiación de las tierras «ociosas» y distribución de las mismas entre los desposeídos)
   - ➡ Elaboración y aprobación de una nueva Constitución (para dar fin al estado colonial)

   b) Respuesta personal

4. Malos y buenos aspectos de la globalización (En lugar de una respuesta corta e incompetente del autor)
   La cumbre de países ricos del G-8 convocará en Génova, Italia, a mediados de julio, tanto a las personas que protestan contra la globalización como a la Policía antimotines. Los manifestantes y los líderes del G-8 se acusarán mutuamente de no entender las realidades de la globalización. Los líderes del G-8 dirán que la globalización no sólo es inevitable, sino buena para el desarrollo. Los manifestantes dirán que la brecha entre ricos y pobres está creciendo. Ambos grupos hablan de verdades a medias.

Los líderes del G-8 señalan que el libre comercio es vital para que un país pobre logre el crecimiento sostenido, pues un país pobre que está desconectado de los mercados mundiales no se desarrollará. Pero hay una realidad más amplia. El libre comercio, aunque es una condición necesaria para el crecimiento, está lejos de ser suficiente. La globalización ayuda a que parte del mundo en desarrollo crezca, pero deja a cientos de millones, incluso miles de millones, atrás, incluyendo a muchas de las personas más pobres del mundo. Al pretender que la globalización ayude a todos, los países del G-8 están generando una imagen irreal, una que invita a reacciones violentas.

Volverse parte de los sistemas globales de producción de las compañías multinacionales es la forma en la que los países pobres logran el crecimiento más rápido. Estas empresas crean trabajos en países con salarios bajos, ya sea a través de inversiones directas o encontrando proveedores en esos países que fabriquen los productos de acuerdo a sus especificaciones y luego los exporten a los mercados mundiales, con frecuencia de vuelta al país de origen de la firma multinacional.

Este proceso de producción ayuda a los países ricos al permitirles tener productos de bajo costo y a los países pobres al generar trabajos, experiencia con tecnologías avanzadas e inversión. Eventualmente, un país pobre puede «graduarse» y pasar de ser un mero proveedor de componentes a ser un innovador. Korea, Taiwan, Israel e Irlanda empezaron una industrialización rápida hace una generación, produciendo productos estándar para empresas multinacionales. Ahora son economías high-tech con todas las de la ley.

El mayor problema de la globalización es que gran parte del mundo en desarrollo no participa en el proceso. En América, la inversión externa directa está fuertemente concentrada en México, algunas partes de América Central y el Caribe, es decir, países cercanos a Estados Unidos (EEUU). Los países sudamericanos, lejos de EEUU, reciben mucho menos inversión de este tipo. Como resultado, México ha crecido velozmente en los últimos años, beneficiándose de un rápido incremento de los ingresos, los trabajos y las exportaciones a EEUU, mientras Sudamérica ha crecido más lento o de hecho decrecido.

La situación es similar en Europa y en Asia del Este. Las compañías multinacionales europeas invierten mucho en países con salarios bajos, como Polonia, Hungría y la República Checa, los cuales están en la frontera con Europa Occidental, pero no invierten mucho en Rumania, Ucrania o Rusia, que están más lejos. Invierten en países norafricanos como Túnez y Egipto, pero no mucho al sur del Sahara. En Asia, la inversión extranjera de firmas taiwanesas fluye a las provincias costeñas de China, pero no al interior, que es pobre. Japón prefiere invertir sobre todo en la vecina Asia del Este en lugar de la distante India.

Las naciones en desarrollo que son vecinas de las ricas tienen, por tanto, grandes ventajas sobre otros países en desarrollo. Sus ventajas naturales, como menores costos de transporte a los mercados más importantes, son aumentadas por las políticas de comercio de los países ricos. Entonces, los exportadores mexicanos tienen acceso preferencial al mercado estadounidense como parte del Tratado de Libre Comercio de América del Norte y esto le da a México todavía otra ventaja en comparación con los lejanos países de América del Sur. De manera similar, Polonia tiene ventajas de comercio e inversión sobre Rusia, pues Polonia pronto se convertirá en un miembro de la Unión Europea, con acceso garantizado a los mercados de Europa Occidental.

Así, hay grandes ganadores en el mundo en desarrollo gracias a la globalización, pero muchos países no son beneficiarios. De hecho, los estándares de vida de muchos países han caído por completo. Uno de los problemas es que en un mundo en el que la gente y el capital tienen gran movilidad, los trabajadores experimentados se mudan de las regiones remotas a las zonas más favorecidas del mundo. Entonces, aunque África sufre una profunda crisis de salud, miles de doctores africanos emigran a EEUU, Europa y el Medio Oriente en busca de estándares de vida aceptables. En este caso, la globalización puede empeorar la crisis de África.

En las regiones pobres y remotas del mundo (África meridional, los países andinos de América Latina, el Asia Central que no tiene salida al mar y algunas secciones del sudeste de Asia) la crisis económica se está intensificando. Algunas regiones están sucumbiendo ante las enfermedades y el colapso económico. El diálogo sensato entre quienes apoyan y quienes están en contra de la globalización debe empezar con reconocer que, a pesar de que la globalización ha sido muy benéfica para muchos países pobres, muchos otros se están quedando atrás en la miseria, la cual se está quizá intensificando en parte debido a la globalización.

Cuando se reúnan los miembros del G-8, deben enfrentar las duras realidades de África, la región andina y otras partes del mundo. Deberían brindar una cancelación de deuda para los más necesitados de estos países y miles de millones de dólares para la lucha contra las enfermedades, sobre todo el sida, la malaria, la tuberculosis y otras exterminadoras. Deberían crear mecanismos para ayudar a que los más pobres entre los pobres también se beneficien con las nuevas tecnologías.

Si el G-8 le muestra al mundo que sus miembros entienden las realidades de la globalización, buenas y malas, y que están listos para apoyar a aquellos que se están quedando aun más atrás, empezarían a cerrar la creciente y peligrosa grieta que separa a quienes apoyan y a quienes se oponen a la globalización. Al hacerlo, lograrían que el mundo se acercara a la aplicación de soluciones reales.

Jeffrey D. Sachs, El Observador, 8 Julio 2001, Montevideo

El continuo victimismo colonial de Evo Morales

¿Qué efecto haría que los españoles nos pusiéramos a despotricar contra los romanos o los fenicios? Que un presidente electo de un país, como Evo Morales, en el siglo XXI, tenga como argumento para su política los famosos 500 (¿300?) años de la colonia española es patético. Este hecho sólo demuestra que en los 200 siguientes no han sido capaces, una vez liberados del yugo colonial, de salir de la pobreza.

Dice Martín Prieto que Zapatero no conoce América, refiriéndose a la América hispana, aunque nuestro presidente no conoce ni comprende ninguna de las dos y gobierna a base de tópicos. Hace casi 30 años que viví en esa zona y ya nos echaban en cara los famosos 500 años, a los trabajadores españoles de obras públicas contratados por sus gobiernos corruptos, incapaces de producir tecnología para consumo de sus países.

Los hispanoamericanos tienen puesta la máscara del victimismo colonial para encubrir sus propias carencias. Y se lo han inculcado a los indígenas en las escuelas. Cuando algún líder ha logrado erradicar la pobreza, como Uribe en Colombia, Lagos en Chile o Lula en Brasil, lo han hecho con políticas liberales; y no han tenido el reconocimiento que se les prodiga a los caudillos revolucionarios.

No tiene razón Evo Morales cuando exige ayudas incondicionales a España, aduciendo las riquezas expoliadas por los españoles. El oro y la plata ya no servirían para nada en este siglo, ahora tienen riquezas de otro tipo, como el gas, y el país está en sus manos. Si no pueden dar una vida digna a ocho millones de personas en un territorio doble que España, con riquezas naturales superiores a cualquier país del primer mundo, es que tienen uno o varios problemas graves que no saben o no pueden resolver.

Pilar Blasco, El Mundo, 15–5–2006 (306 palabras)

Anotaciones

1 despotricar contra: criticar con dureza, hablar muy mal de
2 Evo Morales: Juan Evo Morales Ayma, nacido en 1959 en las inmediaciones de Orinoca, es dirigente del partido socialista boliviano Movimiento al Socialimo y ha sido un destacado luchador por los derechos de los cocaleros. Evo Morales es desde el 22 de enero de 2006 presidente de la República Boliviana.
5 yugo (m.): dominio, imperio [Joch]
6 Martín Prieto: nacido en 1944 en Madrid, es periodista y en nuestros días escribe periódicamente en el diario El Mundo
8 echar en cara: reprochar, recriminar, censurar
13 carencia (f.): deficiencia, falta, insuficiencia, ineptitud
16 prodigar: dar, conceder
18 expoliado/a: despojado, robado

Análisis y comentario

1. Estructure y resuma el contenido del texto.

2. ¿Ve la autora del texto algún sentido en la acusación actual de los bolivianos a España de haber poseído como colonia a su país durante más de trescientos años?
   Fundamente su respuesta partiendo de lo que se dice en el texto.

3. En el título del artículo que estamos analizando aparece el término «victimismo colonial».
   a) Defina brevemente el término.
   b) ¿Por qué cree Pilar Blasco que una posible restitución por parte de España y los españoles no puede en absoluto contribuir a una mejora de la situación de la nación boliviana?

Análisis y comentario

1. El texto que vamos a analizar se puede dividir en tres partes.
   En la primera parte, que concluye en la línea 5, la autora declara abiertamente que las actuales lamentaciones del presidente Evo Morales sobre los trescientos (en el texto leemos quinientos) años de colonización española son algo extremamente triste y lamentable ya que ponen claramente de manifiesto la ineptitud real de los responsables para sacar a la nación de la pobreza en los doscientos años que han seguido a la colonización española y en los que han tenido tiempo más que suficiente para resolver por si mismos sus problemas.

   La segunda parte, que consta de dos subpartes y que coinciden en su extensión con los párrafos dos y tres, se inicia con la declaración de una persona (¿la autora del texto?) que trabajó en Bolivia de que estas quejas ya existían hace treinta años y que en realidad no eran otra cosa que subterfugios para ocultar la corrupción e incapacidad de los responsables para solucionar los problemas reales de la nación.

   Las ayudas que pide Evo Morales a España como restitución de las expoliaciones que se llevaron a cabo en la larga época de colonización no llevarían en absoluto a la deseada mejora de la situación de la nación. El país tiene riquezas naturales más que suficientes para posibilitar una vida digna a todos sus habitantes. Lo que necesita el país es personas que sepan y quieran resolver el problema. Este es el tema de la tercera parte en la que hemos dividido el texto.

2. La autora del texto no ve ningún sentido en la acusación actual de los bolivianos, o más concretamente del presidente de la nación, de haber poseído trescientos años a su país.
   El oro y la plata cuya devolución exigen no contribuirían a resolver en absoluto los problemas que tiene que afrontar y resolver el país. Concretamente argumenta Pilar Blasco que si Bolivia con ocho millones de habitantes y riquezas en materias primas muy superiores a España no es capaz de garantizar una vida digna a su población no es debido a lo que los españoles les arrebataron, sino a la incompetencia y frecuentemente a la corrupción de los que son directos responsables de la situación deplorable: del hambre y otras carencias existentes en la nación.

3. a) «Victimismo colonial» es la actitud de las personas, sobre todo de los responsables del bienestar de un país, que consideran y declaran abiertamente que la precaria situación en la que se encuentra la nación en la actualidad ha sido originada por la explotación de la que fue víctima en los tiempos en los que el país dependió o estuvo ocupado por una metrópoli colonizadora.

   b) Pilar Blasco está convencida de que la restitución de los bienes expoliados por los españoles no puede en modo alguno contribuir a una mejora de la situación de la nación boliviana por dos motivos:
   - ➠ El oro y la plata que los españoles se pudieron llevar de Bolivia son riquezas cuya valía no alcanzaría las sumas que algunos bolivianos imaginan.

➠ El problema de Bolivia no es la carencia de bienes sino el no tener competencia o voluntad de administrarlos y distribuirlos equitativamente.

Como hemos dicho anteriormente, Bolivia tiene los bienes necesarios para garantizar una vida digna a todos sus habitantes. Si los bolivianos no disponen de lo necesario para vivir es porque no existe una justa distribución de los bienes.

El gran fracaso del chavismo bolivariano

La ola política de gobernantes iberoamericanos que aspira a barrer con los límites constitucionales al poder, a la que algunos autores denominan «neopopulista», tiene su más acabado ejemplo en Hugo Chávez. Su encendida y florida retórica tuvo uno de sus momentos de mayor notoriedad mundial cuando, en la reciente reunión de la asamblea de las Naciones Unidas, llamó «diablo» al presidente de los Estados Unidos. Esta es, probablemente, una de las dimensiones que caracterizan al populismo que padecemos en América Latina: el de las reivindicaciones simbólicas.

Muchos latinoamericanos se sienten identificados con el discurso contrario a los Estados Unidos y al capitalismo que profieren líderes como Chávez, Fidel Castro y Evo Morales, que trasciende las nacionalidades. Hay una fuerte identificación con esa retórica negativa, que es fuertemente alentada por la política exterior venezolana. Ese discurso no tiene consecuencias que puedan satisfacer necesidades materiales, más allá de las permanentes promesas de petróleo barato. Pero para muchos sectores políticos de la izquierda autoritaria resulta altamente motivador el aparente enfrentamiento de Hugo Chávez con los Estados Unidos, cuyo gobierno es seriamente cuestionado en el ámbito internacional por su invasión militar a Irak. Es bien sabido, sin embargo, que la Venezuela bolivariana sigue vendiendo petróleo al país gobernado por el «diablo», por lo que Chávez disimula bien su disgusto ante el olor a azufre en el comercio exterior. Lo simbólico se impone sobre lo fáctico en el enfrentamiento verbal, y el populista Chávez y sus aliados regionales pretenden mostrarse como los pequeños David que luchan contra el gigantesco Goliat boreal.

Ante la incertidumbre y vacío ideológico que dejó libre la caída del coloso soviético, y con él todas las ilusiones –horribles pesadillas para quienes las vivieron– del comunismo, una parte muy ruidosa y activa de la intelectualidad latinoamericana se muestra simpática a la prepotencia de Hugo Chávez, a pesar de su estilo «bonapartista». Lo simbólico, es decir, la lucha contra el «imperialismo», el «capitalismo» y la «democracia burguesa», sigue orientando sus vidas.

Es en el terreno predilecto del chavismo donde se advierte su gran fracaso: la política exterior. Ha debido retirar su candidatura para ocupar un escaño por el período 2007–2008 en el Consejo de Seguridad de la ONU, desde donde buscaba un escenario mundial para las diatribas contra George W. Bush, tras más de medio centenar de votaciones que le han resultado esquivas, a pesar de tanto dinero invertido en seducir gobernantes. Dos de sus candidatos a presidente, Ollanta Humala en Perú y López Obrador en México, fueron derrotados en las urnas. Otra de sus figuras, Rafael Correa en Ecuador, resultó segundo en la primera vuelta electoral para la presidencia. La esperanza queda depositada en el sandinista Daniel Ortega –antiguo aliado de Cuba y la URSS en tiempos de la guerra fría–, que hace todo lo posible para mostrarse moderado ante un electorado nicaragüense que recuerda su mandato anterior, tras el derrocamiento del dictador Anastasio Somoza.

40 Este gran fracaso del chavismo bolivariano tiene un costo enorme para la economía venezolana, porque su presidente se ha empeñado en exportar un modelo que no es aceptado en otros países del continente, porque el populismo empobrece, ahuyenta inversiones, reduce la libertad de prensa y socava las instituciones democráticas.

Ricardo López Göttig, Cadal, 03–11–2006 (545 palabras)

Anotaciones

1 barrer con: acabar con, poner fin a, hacer desaparecer, eliminar
9 proferir: formular, emitir, lanzar
18 olor a azufre; aquí: sospecha de negociar con el «diablo» (George W. Bush)
21 boreal; aquí: del norte, de Estados Unidos
25 prepotencia (f.): poder superior al de los otros, abuso del poder
bonapartista: despótico, dictatorial
31 diatriba (f.): discurso violento, invectiva
39 derrocamiento (m.): destitución, expulsión
Anastasio Somoza: Anastasio Somoza Debayle nació en León en 1925. Era hijo de Anastasio Somoza García. Tras la muerte de su padre en 1956 fue nombrado comandante en jefe de la Guardia Nacional y posteriormente elegido presidente de la República para el período 1967–73. En 1971 disolvió el Parlamento, derogó la Constitución, que impedía su reelección presidencial, y emprendió una nueva etapa de gobierno con el apoyo de las Fuerzas Armadas. Tras elaborar una nueva Constitución, convocó elecciones presidenciales en las que Somoza, sin oposición,fue elegido para el período 1974–80. Gobernó de forma autoritaria, eliminando en la práctica la oposición e incrementando notablemente la ya muy considerable fortuna familiar. El descontento popular se materializó en la aparición de la guerrilla, cuya actividad fue aumentando de modo progresivo hasta enfrentarse abiertamente con la Guardia Nacional. El Frente Sandinista de Liberación Nacional (FSLN), con la participación de todas las fuerzas antisomocistas, logró en julio de 1979 el control del país obligando a Somoza a exiliarse, primero en Miami y posteriormente en Asunción, donde fue asesinado en el año 1980.
43 socavar: ir destruyendo, debilitando

Análisis y comentario

1. Estructure y resuma el contenido del texto.
2. Exponga, partiendo del texto, la actitud de Hugo Chávez frente a Estados Unidos.
3. Al final del texto se hace alusión al fracaso de Chávez en su política exterior.
   a) Nombre y comente dos campos concretos en los que Chávez no ha obtenido lo que pretendía.
   b) ¿Qué sabe usted de Daniel Ortega?
4. ¿Ve usted perspectivas de futuro en la política real de Hugo Chávez? Justifique su respuesta.

Análisis y comentario

1. El texto que vamos a analizar se compone de tres partes.
   En la primera parte, que va hasta la línea 7, el autor muestra que Hugo Chávez, con sus llamadas «reivindicaciones simbólicas» sobre todo frente a Estados Unidos, se ha convertido en un modelo para algunos gobernantes iberoamericanos.

   Muchos latinoamericanos se identifican con las reivindicaciones formuladas sobre todo por Hugo Chávez contra los Estados Unidos, quien, como Fidel Castro y Evo Morales, se presenta como David luchando contra Goliat. Este es el contenido de la segunda parte que va de la línea 8 a la línea 21.

   El fragmento contenido en el párrafo 4 puede considerarse como un pasaje de transición. En él se alude a que Hugo Chávez, quien a pesar de su estilo autoritario, para algunos intelectuales de izquierdas latinoamericanos parece, mediante sus declaraciones antiimperialistas, ocupar en la actualidad el vacío que dejó el comunismo soviético.

   En la tercera parte, que se extiende de la línea 28 a línea 34, se pone claramente de manifiesto el fracaso hasta el momento de Chávez en su política exterior.

   En la parte final Ricardo López Göttig hace referencia a las consecuencias negativas de lo que el llama «chavismo bolivariano» para la economía venezolana.

2. Podemos hacer mención de tres puntos que en el texto nos muestran la actitud del presidente venezolano con referencia a Estados Unidos y su presidente:
   - ➠ En la reunión de las Naciones Unidas Hugo Chávez identificó al presidente de Estados Unidos con el «diablo».
   - ➠ Chávez se presenta como el pequeño David luchando contra Goliat.
   - ➠ Sus reivindicaciones reciben en el texto el nombre de «simbólicas» ya que en realidad Venezuela sigue vendiendo petróleo a los Estados Unidos a pesar de sus ataques verbales.

3. a) Dos campos en los que la política exterior de Hugo Chávez lo ha llevado al fracaso:
   - ➠ No consiguió, a pesar de intentar sobornar con dinero a muchos gobernante, un escaño en el Consejo de Seguridad de la ONU.
   - ➠ Ni en Perú ni en México ni en Ecuador fueron elegidos los candidatos que Chávez favorecía. Las esperanzas que ha puesto en Daniel Ortega no parece que se cumplan ya que en el candidato Nicaragüense parece que no ha quedado mucho del comandante sandinista de otros tiempos.

   b) Ortega Saavedra, Daniel (*1945). Militar y político nicaragüense, presidente de Nicaragua de 1985 a 1990, nacido en la localidad de Libertad, en el departamento de Chontales, el 11 de noviembre de 1945. Desde joven luchó contra el régimen de Anastasio Somoza y en 1959 se inscribió en la juventud patriótica nicaragüense hasta la unión de ésta al Frente Sandinista, siendo nombrado en 1963 responsable del movimiento estudiantil en esta organización.

Tras el triunfo de la revolución sandinista, el 19 de julio de 1979, formó parte de la Junta de Gobierno de reconstrucción nacional de la que fue coordinador desde 1981. Tras la celebración de elecciones el 4 de noviembre de 1984, en las que triunfó el Frente Sandinista, Daniel Ortega fue proclamado Presidente de Nicaragua y tomó posesión de su cargo el 10 de enero de 1985.

En noviembre de 1986, la Asamblea Nacional aprobó la nueva Constitución, que fue promulgada el 10 de enero de 1987. Tres horas después de esta promulgación, se suspendieron las principales libertades. Tras arduas negociaciones para la pacificación de Centroamérica, propiciadas por los países del Grupo Contadora, Nicaragua firmó el acuerdo de Esquipulas, el 7 de agosto de 1987. Posteriormente, Ortega aceptó el nombramiento del cardenal Obando como mediador en las conversaciones entre su gobierno y los rebeldes antisandinistas. El 19 de enero de 1988, anunció el fin del estado de emergencia en Nicaragua y la aceptación de negociaciones directas con los dirigentes de la contra, así como la supresión de los tribunales antisomocistas.

Tras largas críticas por parte de países extranjeros, Daniel Ortega decidió convocar elecciones generales libres, que se celebraron el 25 de febrero de 1990, en las que fue derrotado. El 25 de abril de 1990, Daniel Ortega entregó la banda presidencial a Violeta Chamorro. En 1991 fue elegido secretario general del Frente Sandinista de Liberación Nacional (FSLN) durante el I Congreso Sandinista, y reelegido en 1994.

El 6 de mayo de 1996, su partido lo proclamó candidato a la presidencia de la república para los comicios presidenciales del 20 de octubre pero nuevamente fue derrotado por el líder de la Alianza Liberal, Arnoldo Alemán. También en noviembre de 2001 se presentó con opciones a la carrera presidencial y, por tercera vez consecutiva, perdió los comicios, esta vez en favor de Enrique Bolaños, el nuevo líder conservador del país.

El 5 noviembre de 2006 se celebraron elecciones presidenciales en Nicaragua y José Daniel Ortega consolidó su victoria con un alto número de votos.

Enciclopedia Universal, Micronet, 2007

4. Libre

Un izquierdista con dos caras

El presidente de Ecuador, el izquierdista Rafael Correa, tiene ante sí un doble reto: trabajar a favor de las víctimas de un sistema que condena a más de la mitad de la población a la pobreza sin asustar a los empresarios, capital internacional incluido. Difícil asunto.

5 En realidad, Correa presenta un perfil para contentar a los dos sectores. Para los conservadores, es un economista de 43 años, hecho a sí mismo, nacido en la capital económica del país, la costera Guayaquil, pero procedente de una familia sin grandes recursos. Se dedicó a la docencia durante 12 años y fue durante tres meses ministro de Economía en el actual Gobierno hasta que dimitió, en agosto de 2005.

10 Ese rostro amable y nada inquietante incluye un carácter disciplinado –a los siete años ya mostraba sus dotes de líder en el movimiento «scou»– y religioso. Formado en la Universidad Católica, declara que sus principios de justicia social emanan «de las Sagradas Escrituras y de la doctrina de la Iglesia». En los años 80 participó activamente en labores de evangelización.

15 Sin embargo, los izquierdistas ecuatorianos y las masas más humildes valoran su cercanía a Hugo Chávez –del que se declara «amigo»– y a Evo Morales. Sostiene que «en el neoliberalismo está todo inventado» y promete revisar la política sobre los recursos naturales del país. Y es también un experto económico que ha prometido que Ecuador dejará de pagar la deuda contraída con el Fondo Monetario Interna-
20 cional. Otras de sus grandes bazas que sedujeron al electorado fueron su negativa al Tratado de Libre Comercio con Estados Unidos o su interés en desmantelar la polémica base militar norteamericana instalada en la ciudad de Manta.

El líder del partido Alianza País, creado por él mismo, es un hombre cosmopolita que amplió estudios en Bélgica, donde conoció a su mujer, y en Estados Unidos.
25 Respecto al «vecino del Norte», fue muy claro durante la campaña electoral. «Bush es un presidente tremendamente torpe que ha hecho mucho daño a su país y al mundo», declaró. Cuando su amigo Chávez dijo que el líder de EEUU era el «diablo», Correa suscribió: «El diablo será malvado, pero inteligente». Aunque, deseoso de no granjearse más enemigos de los necesarios, aclaró: «Una cosa es lo que pienso del
30 señor Bush y otra lo que pienso del pueblo norteamericano, al cual quiero mucho y con el cual viví cuatro años». Los dos Correas en uno.

José Manuel Bustamante, El Mundo, 16–01–2007 (412 palabras)

Anotaciones

3 asustar: causar temor/desasosiego, atemorizar, amedrentar, espantar, inquietar, intimidar
6 hecho a sí mismo: que se ha dado / que se ha labrado el mismo su personalidad
7 Guayaquil: Santiago de Guayaquil es la ciudad que cuenta con el mayor número de habitantes (2,5 millones) de Ecuador. En ella se encuentra el puerto más importante y es también el principal centro industrial y comercial del País. En Guayaquil, que cuenta con once universidades y una escuela técnica superior, se encuentran, según dicen, casi 150.000 estudiantes.
10 rostro (m.): aspecto que tiene una persona, cara de las personas, semblante, faz
12 emanar: provenir, ser tomado, venir, derivar, proceder
20 baza (f.): cosa que permite obtener una ventaja
21 desmantelar: cerrar y derribar, deshabitar y destruir
26 torpe: de movimientos lentos, inoportuno, sin soltura, que tarda en comprender
28 granjearse; aquí: crearse, ganarse

Análisis y comentario

1. Presente esquemáticamente a Rafael Correa.
2. Exponga brevemente la actitud de Rafael Correa frente a Estados Unidos.
3. El texto que nos ocupa lleva por título «Un izquierdista con dos caras».
   Comente brevemente este aserto.

Análisis y comentario

1. Presentación esquemática de Rafael Correa:
   - ➠ Nació en Guayaquil en el año 1963.
   - ➠ Estudió economía en la Universidad católica de Guayaquil.
   - ➠ Trabajó como voluntario en las campañas de evangelización de los padres salesianos en Zumbahua, Pujilí y Tungurahua. Durante estas campañas aprendió quechua.
   - ➠ Amplió sus estudios en la Universidad de Lovaina (Bélgica) donde conoció a su mujer (Anne Malherbe) y en Estados Unidos.
   - ➠ Estuvo ocho años de profesor en la Universidad San Francisco de Quito.
   - ➠ Creó el Partido Alianza País.
   - ➠ Fue ministro de Economía en el último Gobierno durante tres meses.
   - ➠ Fue elegido presidente el 22 de noviembre de 2006 y tomó posesión del cargo el 15 de enero de 2007.

2. Actitud de Rafael Correa frente a Estados Unidos:
   - ➠ No está de acuerdo con la política de George Bush. («Es un presidente tremendamente torpe que ha hecho mucho daño a su país y al mundo».)
   - ➠ No es partidario del «Tratado de Libre Comercio».
   - ➠ Quiere que los americanos abandonen la base militar que tienen en Manta.
   - ➠ No es enemigo del pueblo norteamericano. («Quiero mucho al pueblo norteamericano con el cual viví cuatro años».)

3. Las dos caras de Rafael Correa

   a) Para los izquierdistas, Rafael Correa es un presidente que se ha propuesto defender los derechos del más de cincuenta por ciento de los habitantes de su país, víctimas de un orden social que en el pasado los condenó a vivir en pobreza suma. Rafael Correa es contrario al Tratado de Libre Comercio, critica la política concreta de Bush y no acepta la presencia de los americanos en la base militar que tienen en su país. Aunque no se declara seguidor, el actual presidente de Ecuador se muestra cercano a Hugo Chávez y a Evo Morales.

   b) Para los conservadores, Rafael Correa es un buen economista. Sus principios no son comunistas, sino que se sustentan en la doctrina social de la Iglesia. Aunque no está de acuerdo con la política del presidente norteamericano, aprecia mucho a los ciudadanos de Estados Unidos.

El Eje La Habana–Caracas–La Paz

Después de que el régimen comunista cubano encontrase en la Venezuela de Hugo Chávez el benefactor idóneo para sustituir los subsidios soviéticos, el Eje La Habana–Caracas ha llegado a alcanzar una inesperada dimensión continental. La adhesión al eje de la Bolivia de Evo Morales constituye el mayor momento de es-
5 plendor para el presidente venezolano, que está persuadido de que el colosal caudal de riqueza que le proporciona el petróleo le permitirá seguir extendiendo su influencia a Perú, Ecuador, Nicaragua o incluso México, a base de injerencias políticas en los procesos electorales que ni siquiera se toma el trabajo de disimular.

Castro, Chávez y Morales afirman que están obrando para la unidad latinoameri-
10 cana, pero en realidad lo que han logrado es hacer tambalear todas las organizaciones regionales, empezando por la intempestiva retirada de Caracas del Pacto Andino. La Venezuela bolivariana ha estado al borde de la guerra con Colombia y la incontinencia verbal de su temerario presidente ha provocado crisis diplomáticas con México, y en estos días con Perú.

15 En realidad, lo que han hecho es provocar la mayor división que se recuerda en las naciones iberoamericanas, trazando una frontera entre las que quieren beneficiarse de las ventajas de un comercio abierto al mundo y los que insisten en anclarse en los atavismos antiglobalización. Es una alianza rabiosamente antinorteamericana que mira con simpatía a la dictadura de Corea del Norte o al régimen teocrático de Irán y
20 sus veleidades atómicas, todo ello con la sonrisa benevolente del régimen chino, cuyo pragmatismo relativista es sólo comparable a sus ingentes necesidades energéticas. Un cóctel cada vez más peligroso con el que el Gobierno socialista haría bien en marcar sus distancias cuanto antes. Si cuando firmó tratados para venderle aviones y barcos militares a Chávez no lo veía claro, es de esperar que ahora ya se haya dado cuenta de su error.

Editorial, ABC, 1–5–2006 (317 palabras)

Anotaciones

2 subsidio (m.): dinero que durante un tiempo determinado se concede a una persona o a una entidad, ayuda o auxilio económico de carácter extraordinario, donativo
5 caudal (m.): abundancia, gran cantidad, cantidad grande de algo, profusión
7 injerencia (f.): intromisión, intervención de una persona en un asusto ajeno, intrusión, fisgoneo
9 obrar: colaborar, actuar, trabajar
10 tambalear: hacer que estén a punto de derrumbarse, perder totalmente su consistencia, oscilar, caer
11 intempestivo/a: que está fuera de tiempo, que es inoportuno o inconveniente, inadecuado, desacertado, desatinado
Pacto Andino: La Comunidad Andina (CAN) es una organización regional económica y política con entidad jurídica internacional creada por el Acuerdo de Cartagena el 26 de mayo de 1969 que tiene su sede en Lima. Está formada por Bolivia, Colombia, Ecuador y Perú. Antes de 1991 era conocida también como el Pacto Andino o Grupo Andino. Venezuela fue miembro hasta 2006.
13 temerario/a: excesivamente imprudente al exponerse a un peligro, que realiza acciones peligrosas de forma imprudente
17 anclarse: aferrarse, agarrarse, asegurarse, sujetarse, amarrarse, fijarse
18 rabiosamente: extremamente, totalmente, con furia, con violencia
20 veleidad (f.): inconstancia, ligereza, actitud antojadiza
21 ingente: muy grande, enorme

Análisis y comentario

1. Estructure y resuma el contenido del texto.
2. ¿Qué representa hoy Venezuela para Cuba?
3. Los presidentes de los países que forman el denominado Eje La Habana–Caracas–La Paz afirman ser los artífices de la unidad de Latinoamérica.
   a) ¿Comparte el autor del editorial esta opinión?
   b) Fundamente su respuesta partiendo de lo declarado en el texto que analizamos.
4. ¿Qué papel se le reserva a Estados Unidos en la alianza que pretenden extender los actuales miembros del Eje?

Análisis y comentario

1. El texto que estamos analizando lo podemos dividir en tres partes.
   En la primera parte, que se extiende hasta la línea ocho, se nos aclara que el Eje La Habana–Caracas, al que se ha adherido últimamente Bolivia, se va convirtiendo para Hugo Chávez, presidente de Venezuela, en un medio de dilatar su influencia en América Latina, ayudado por la riqueza que pone a su disposición el abundante petróleo que posee su nación.

   En la segunda parte, que va de la línea nueve a la línea 14, se nos informa de que los presidentes de las tres mencionadas naciones del pacto hablan de unidad latinoamericana, pero lo que están ocasionando es todo lo contrario haciendo desaparecer la mayor parte de las organizaciones regionales.

   En la tercera parte, que empieza en la línea 15, se mencionan algunos hechos concretos que pone en claro el declive en varios campos:
   - Se cierran al mundo con su declarada antiglobalización.
   - Ven en Estados Unidos a su enemigo.
   - Simpatizan con casi todas la dictaduras que aún nos quedan en el mundo como Corea del Norte, Irán, China.

   Al final de la tercera parte, el autor del editorial aconseja al Gobierno español prudencia en sus relaciones comerciales de tipo militar con Hugo Chávez.

2. Venezuela es hoy para Cuba lo que fue para la república comunista del Caribe Rusia hasta el desplome de la Unión Soviética. De Venezuela recibe hoy a un precio y condiciones extremadamente asequibles el combustible que necesita y otros tipos de subvenciones a las que no se hace referencia en nuestro texto.

3. La afirmación de Fidel Castro, de Hugo Chávez y desde hace no mucho tiempo de Evo Morales, nuevo presidente de Bolivia, de ser los artífices de la unidad latinoamericana no es compartida en absoluto por el autor del texto. El autor del editorial fundamenta su opinión con los siguientes argumentos:
   - A las organizaciones existentes les han ocasionado crisis graves. De hecho, Venezuela ha abandonado el Pacto Andino.
   - Han creado bandos verdaderamente opuestos, por ejemplo en lo referente a la globalización: partidarios y enemigos de ella.
   - La excesivamente frecuente imprudencia de Hugo Chávez en sus exteriorizaciones ha provocado y provoca crisis diplomáticas, una de las cuales ha llevado casi a una contienda militar entre su país y Colombia.

4. El papel que se le reserva a Estados Unidos en la alianza que pretenden extender los actuales miembros del Eje es el del malo.
   Estados Unidos es la encarnación de todo lo negativo, el imperio que intenta explotar y esclavizar a toda la América Latina. Estados Unidos es demonizado como el imperio invasor.

Morales no es de fiar

Evo Morales no es de fiar, la verdad es que quienes creímos que su llegada a la presidencia de Bolivia significaba un soplo de esperanza para que el machacado país andino tuviera un Gobierno sólido alejado de la corrupción, no tenemos más remedio que reconocer que este presidente ha salido rana. Verán, a mí me parece lógico que el Gobierno boliviano quiera tomar el control de los recursos naturales de su país y poner orden en sus desastrosas finanzas, pero eso se puede hacer de muchas maneras y Morales ha elegido las peores. Lo peor que le puede pasar a Bolivia es que los inversores extranjeros se encuentren con que no hay garantías jurídicas, y que las empresas no sepan a qué atenerse por las decisiones caprichosas de quienes ahora gobiernan.

La última de Morales es pedir a un banco español que le entregue las acciones de las petroleras. La acción del Gobierno Morales ha sido calificada de «*inaceptable*» por nuestro vicepresidente Económico, Pedro Solbes. Conozco América del Sur, y sé que los ciudadanos de sus distintos países han venido sufriendo a gobiernos corruptos que tiene a la mayoría de las poblaciones sumidas en la miseria, y que hay y ha habido empresas que se han venido aprovechando de esas situaciones de corruptelas. Bolivia es un claro ejemplo, pero el camino elegido por Morales es el peor de los que tenía por delante.

Morales además tiene dos discursos, uno cuando se reúne con dirigentes extranjeros, a los que mal que bien intenta tranquilizar sobre sus verdaderas intenciones, y otro el que hace en su país con palabras y hechos. Además, me temo que Morales es de los que creen que la culpa de cuanto pasa en su país es de los de fuera, y puestos a buscar culpas mete en el saco a los españoles que hace más de quinientos años llegaron a América.

Siempre me ha sorprendido esa actitud de algunos americanos de reprochar a España su llegada a América. Se quejan de que se terminó con su cultura, y no voy ahora en desmenuzar en qué consistía su cultura, pero me parece a mí que es más lo que España aportó que lo que destruyó. Pero es que además echar la culpa a los españoles que llegaron hace quinientos años de las causas de la miseria de Bolivia es como hacer un brindis al sol. Que quieren es como si los españoles odiáramos a los italianos porque Roma conquistó Hispania, o a los actuales tunecinos porque Cartago se hizo con media Hispania, o a las tribus godas que se instalaron en nuestro país, o a los musulmanes que estuvieron unos cuantos siglos... No sé, pero ese discurso es cuanto menos infantil.

Pero a lo que vamos, confieso que la elección de Evo Morales me pareció una oportunidad para Bolivia, pero cada decisión que toma parece confirmar lo contrario. Creo también que nuestro Gobierno hace lo que tiene que hacer, es decir intentar negociar y utilizar la diplomacia para resolver los conflictos que desata este gobernante peculiar, pero dicho esto, cada día que pasa se evidencia más y más que Evo Morales no es de fiar.

Julia Navarro, Diario Directo, 16–5–06 (536 palabras)

Anotaciones

1 no ser de fiar: no ser merecedor / no ser digno de confianza, no poderse confiar en
2 soplo (m.): hálito, infusión [Hauch]
machacado/a: deshecho, triturado, aplastado, atormentado, perjudicado en extremo
4 salir rana: defraudar, decepcionar, resultar lo contrario de lo que se esperaba, dar mal resultado
9 atenerse a: ajustarse a, amoldarse a, remitirse a [sich halten an]
11 la última de Morales: la última barbaridad que ha cometido Morales
16 corruptela (f.): pequeña corrupción, soborno
19 discurso (f.): forma/manera de hablar, habla
20 mal que bien: venciendo las dificultades, superando una serie de obstáculos, de una manera o de otra
23 meter en el saco; aquí: culpabilizar, hacer responsable, acusar
27 desmenuzar: examinar con detalle y minuciosidad, exponer detenidamente
30 hacer un brindis al sol: hablar por hablar, no llamar las cosas por su nombre
38 desatar: originar, provocar

Análisis y comentario

1. Estructure y resuma el contenido del texto.
2. ¿Qué sabe usted de Evo Morales?
3. La autora critica tres puntos del programa político y de la política concreta de Evo Morales. Formule y comente brevemente los tres puntos.
4. Exponga contenido y función del título del texto que analizamos.

Análisis y comentario

1. El texto que estamos analizando se puede dividir en tres partes.
   En la primera parte, que va hasta la línea 18, la autora se lamenta de que Evo Morales ha decepcionado las esperanzas que se pusieron en él cuando fue elegido presidente de Bolivia porque, según Julia Navarro, ha elegido el peor de los caminos para resolver los problemas de su país. Al final de esta parte se menciona una exigencia absurda que el nuevo presidente ha hecho valer ante un banco español con referencia a acciones de compañías de petróleo.

   La segunda parte, que va de la línea 19 a la línea 34, se puede dividir en dos subpartes.
   En la primera, después de constatar que Evo Morales se sirve de dos lenguas: una cuando se dirige al extranjero y otra cuando lo hace con los habitantes de su país, Julia Navarro exterioriza el temor de que el presidente continúe culpando a los de fuera de todos los males que tiene que afrontar la nación.
   La actitud de Morales, como constata la autora, de recurrir al descubrimiento y la conquista de América como causas de los males de su nación, algo que está muy extendido en los países latinoamericanos, es algo que actualmente sólo puede recibir el nombre de pueril.

   En la parte final la autora vuelve a mostrar la decepción que le causa el comportamiento de Morales y muestra su acuerdo con el comportamiento del Gobierno español en su intento de resolver los problemas con Bolivia por vía diplomática ya que Morales es una persona de la que hay que desconfiar.

2. Juan Evo Morales Ayma nació en un pueblo minero de Oruro, en el gélido altiplano occidental boliviano. Como miles de paisanos, su familia campesina emigró a principio de los años ochenta al este del país, en busca del calor tropical que habría de traer la prosperidad que durante décadas se había resistido en las secas montañas. Morales es de origen amerindia y su lengua y su etnia es la aymará.
   Allí se dedicaron al cultivo de coca en el Chapare, en el centro del país. Morales de niño fue pastor de llamas, panadero y trompetista de una banda local que amenizaba los días de los jornaleros desnutridos que mascaban alcaloide para mantenerse en pie. Por esa época terminó su educación secundaria y no acudió a la Universidad. A los diecisiete años, y con la sombra de Simón Bolívar sobrevolando las primeras ideas políticas que iba fraguando en el Chapare, Morales hizo el servicio militar, una base importante de su formación.
   Pronto empezó su actividad política, desde el cargo de secretario de deportes de su sindicato. En aquellos años, Morales, como líder cocalero de la región, participó activamente en las marchas, huelgas y plantes que los productores hacían contra las amenazas del entonces presidente Hugo Bazner Suárez de acabar con las plantaciones de coca. Detrás de esta petición del presidente conservador se escondía un acuerdo con la embajada de Estados Unidos de acabar con lo que ellos consideraban el semillero de la cocaína. Para los indígenas de la región no era una opción erradicar una tradición ancestral que está anclada mucho antes de la llegada de los

españoles. A día de hoy, avatares del destino, Bazner Suárez se encuentra en un auto exilio en Norteamérica, y Evo Morales es el presidente electo de la república.
El año 1997 se puede considerar como una fecha clave para Morales, pues es cuando inicia su fulgurante carrera hacia la presidencia. En ese año llega a la Cámara de los Diputados con un respaldo masivo (consigue el 70 por ciento de los votos del distrito, más que ningún otro parlamentario).
Su banca del Congreso se mantuvo intacta hasta el año 2002, en el que se le acusa de terrorismo por los continuos alzamientos para defender las plantaciones de coca. En muchos casos se utilizó la violencia. El incidente que culminó con su salida fue la muerte de cuatro cocaleros, tres militares y un policía en una revuelta. Muchas fuentes indicaron entonces que la fuerza de la embajada estadounidense tenía mucho que ver en su expulsión.
A mediados de ese mismo año, Evo Morales retornó con más fuerza y más popularidad que nunca para las elecciones generales. Su partido era el Movimiento al Socialismo (MAS). Ganó la quinta parte del Congreso a pesar de que las encuestas apenas registraban un 4 por ciento de intención de voto para el líder indígena. Obtuvo el segundo lugar.
La Casa Blanca amenazó entonces con recortar la ayuda financiera si los bolivianos elegían a un narcotraficante para gobernar el país. Morales estaba en el candelero de nuevo.
El MAS siempre se ha caracterizado por ser el partido del pueblo olvidado, de las clases bajas y luchadoras que hasta hace poco se mantenía en la sombra del poder de la minoría. Han sido protagonistas de movilizaciones violentas y el anterior presidente a Evo Morales, Carlos Mesa, se vio obligado a dimitir en marzo de 2005 ante el bloqueo de carreteras que el partido izquierdista estaba dispuesto a llevar a cabo.
Apenas faltaban dieciocho días para las elecciones de 2005 y con los últimos sondeos favorables, un senador de MAS insinuaba la existencia de un plan golpista para instalar a Evo Morales en el poder si finalmente no resultaba ganador. «Será presidente de a buenas o de a malas», decía Román Loayza, «y lo digo con toda sinceridad». Las amenazas de usar la fuerza para instalarle en el poder parecían comprometer la carrera del candidato izquierdista. A pesar de esto, el líder recibió el apoyo de Hugo Chávez, presidente de Venezuela, que lo veía con buenos ojos para sumar fuerzas para el «eje del bien» en contra del imperialismo norteamericano.
Pero las elecciones de diciembre de 2005 reafirmaban lo que se venía gestando desde hace años: Evo Morales obtuvo el 54 por ciento de los votos, frente al 28 de su gran rival, Jorge Quiroga, de tendencia conservadora. Era la primera vez en la historia que un indígena se sentaba donde sólo hasta ese entonces lo habían hecho generaciones de blancos.
Sin haber hecho gabinete aún, en sus primeros días como presidente electo, Morales puso a Bolivia como protagonista del escenario internacional. «Son tiempos nuevos. Este milenio será para los pueblos, no para el Imperio», dijo Morales, y añadió que su objetivo no era otro que cambiar Bolivia y liberar al pueblo boliviano.

Europa Press, 5–1–2006

3. Los tres puntos son:
   - ➠ Creación de inseguridad en los inversores extranjeros y en las empresas en general.
     La compañías extranjeras se sienten inseguras desde el punto de vista jurídico ya que tienen siempre que contar con algún tipo de nacionalización. Las empresas tampoco se sienten seguras porque en la Bolivia actual no existe un programa económico consistente.
   - ➠ Dualidad en sus declaraciones.
     Morales cuando se dirige al extranjero asegura respetar los contratos existentes y su deseo de solucionar los problemas consultando y colaborando con las empresas multinacionales. Cuando habla a los ciudadanos de la nación hace hincapié en la liberación económica del país, de nacionalizaciones y del control de la producción.
   - ➠ Buscar fuera de Bolivia la causa de los males del país.
     En este punto en sus quejas se refiere también a acontecimientos que tuvieron lugar hace quinientos años haciendo a los españoles responsables de los males de la nación.

4. El título, que contiene la frase con la que empieza y termina el texto, es sobre todo una advertencia al gobierno español.

EE UU pretende que Brasil le ayude a contener a Chávez

La preocupación de Estados Unidos por el rumbo de Venezuela con la entrega de plenos poderes al presidente, Hugo Chávez, ha quedado patente tras la visita de Nicholas Burns, el número tres del Departamento de Estado, a Brasil. Burns no sólo ofreció a Brasil una alianza en el prometedor mercado del etanol, también tanteó al presidente Lula para ver si quiere ser el mediador entre Washington y Caracas.

Por las declaraciones que hizo el ministro de Asuntos Exteriores de Brasil, Celso Amorim, tras su reunión con Burns, quedó claro que el tema venezolano fue abordado durante las conversaciones y que Brasil es reticente, al menos de momento y públicamente, a aceptar un papel de mediador con Chávez. Dijo Amorim: «Brasil no da recados a nadie. Estados Unidos tienen embajador allí [en Venezuela]. Existen vías de diálogo sin necesidad de que Brasil enarbole la bandera de la mediación».

Burns acabó por confesar que había hablado mucho con Amorim sobre Venezuela, aunque el diplomático estadounidense afirmó que «un asunto como ése era mejor tratarlo de forma privada». Amorim fue más explícito: «Sí que intercambiamos muchas ideas sobre Venezuela. Lo que yo digo siempre es que es preciso que ambos países quieran dialogar. Hablamos también del pasado, como cuando Brasil supo ayudar en las mediaciones entre Venezuela y otros países de la región. Escuché también de él, que la Casa Blanca está también abierta al diálogo. Pero no hablamos cómo debe canalizarse ese diálogo».

Burns, aparte de para buscar un acuerdo para aumentar la producción y el comercio de etanol, fue al país para preparar el encuentro que los presidentes de Brasil, Luiz Inácio Lula da Silva, y de Estados Unidos, George W. Bush, mantendrán el próximo 9 de marzo en São Paulo, durante la gira del presidente estadounidense por algunos países latinoamericanos. La visita de Burns y sus conversaciones con el ministro Amorim han sido consideradas de alto interés para Estados Unidos, en su afán de recuperar peso político en América Latina. «Brasil es una potencia regional y me espanta el hecho de que aún no tengamos un acuerdo bilateral en el área comercial y de inversiones», dijo Burns.

Lula, por su parte, siempre mantuvo, desde que ganó las primeras elecciones en 2002, magníficas relaciones personales con Bush, que considera al presidente brasileño como la representación del mito del hombre que se hizo a sí mismo. Lula nunca escondió su aprecio por Bush, de quien suele referirse como «su amigo». Aunque Lula también llama a Chávez «su amigo» y viceversa.

Juan Arias, El País, 09–02–2007 (434 palabras)

Anotaciones

1 rumbo (m.): forma en que va desarrollándose algo, dirección que toma algo, camino, derrotero, orientación
4 etanol (m.): alcohol etílico, combustible que se obtiene del azúcar y que se produce sobre todo en Brasil donde más del 80 % de los coches nuevos están equipados para usarlo; el etanol es, por ahora, 60 % más barato que la gasolina
tantear: averiguar con cuidado la aptitud y voluntad de una persona para llevar a cabo una misión, examinar
8 reticente: reservado, no (estar) dispuesto plenamente, esquivo
9 dar recados: servir de intermediario, llevar encargos
11 enarbolar: levantar en alto, alzar, elevar, izar
25 afán (m.): empeño, deseo, interés, anhelo
27 espantar: dar miedo, admirar, sorprender

Análisis y comentario

1. Estructure y resuma el contenido del texto.
2. Enumere y comente brevemente los motivos del viaje de Burns a Brasil.
3. ¿Por qué mostró el Ministro de Asuntos Exteriores brasileño cierta reserva ante la proposición norteamericana de que Brasil hiciese de intermediario entre Venezuela y Brasil?
4. Al comienzo del texto se constata la preocupación de Estados Unidos por la evolución de Venezuela en los últimos tiempos.
   a) Exponga algunas de las causas concretas que pueden motivar la preocupación de Estados Unidos.
   b) Comente la frase con la que termina el texto «... Lula también llama a Chávez su amigo y viceversa».

Análisis y comentario

1. El texto que nos ocupa se puede dividir en cuatro partes.
   En la primera parte, que coincide con el primer párrafo, se nos pone en conocimiento de que un alto representante del Gobierno de Estados Unidos (Nicholas Burns) se ha trasladado a Brasil sobre todo para averiguar si Luis Inácio Lula da Silva («Lula»), presidente de Brasil, estaba (está) dispuesto a hacer de mediador entre Estados Unidos y Venezuela.

   En la segunda parte, que comprende el segundo y tercer párrafo, vemos que la administración brasileña no parece estar muy entusiasmada con la proposición norteamericana de hacer de mediadora. Fue quizá por este motivo por el que el delegado americano y el ministro de Asuntos Exteriores de Brasil no consiguieron llegar a un acuerdo concreto.

   La tercera parte informa de que otro de los fines importantes de ida de Burns a Brasil fue preparar el viaje que el presidente de la nación norteamericana tiene planeado. Bush se encontrará con Lula el día 8 de marzo del año actual. Este es el contenido del cuarto párrafo.

   En la parte final, quinto párrafo, se comenta que ambos presidentes tienen buenas relaciones entre sí e incluso se consideran amigos.

2. Según las informaciones contenidas en el texto, los motivos del viaje de Burns a Brasil eran tres:
   - Informarse de la posibilidad de que Luis Inácio da Silva haga de intermediario entre Estados Unidos y Venezuela. Un contacto directo se ha hecho y se hace muy difícil ya que el presidente de Venezuela no cesa de declarar abiertamente que Bush es su enemigo (en ocasiones ha llegado a calificarlo de «diablo»).
   - Colaborar en la producción y la comercialización del etanol ya que Estados Unidos quiere por todos los medios disminuir su dependencia del petróleo.
   - Preparar la visita de Bush a Brasil, prevista para el mes de marzo de este mismo año.

3. El Ministro de Asuntos Exteriores de Brasil mostró cierta reticencia ante la proposición de que Luis Inácio da Silva hiciera de intermediario entre Venezuela y Estados Unidos porque el ministro opina que hay otros caminos para establecer un diálogo:
   - Existe una embajada norteamericana en Venezuela.
   - Para Brasil no sería bueno inmiscuirse en asuntos que conciernen a otras naciones («Brasil no da recados a nadie.»).

4. a) Lo que puede preocupar a Estados Unidos en la evolución política y económica de Venezuela pueden ser sobre todo tres puntos:
   - La política petrolera de Venezuela está cambiando radicalmente. Extracción y elaboración están siendo nacionalizadas.
   - Hugo Chávez se va convirtiendo en un gobernante absolutista, por no decir en un dictador.

➠ En la política exterior Chávez intenta crear la llamada «alternativa bolivariana para las Américas» (ALBA), programa opuesto y contrario a los planes norteamericanos para el resto de América y en el que está previsto una estrecha colaboración con Cuba, China, Corea del Norte e Irán.

b) «... Lula también llama a Chávez su amigo y viceversa.»

Esta frase hace ver claramente que aunque Lula suele hablar de Bush como de «su amigo» esto no es ninguna garantía de que Bush pueda contar incondicionalmente con él. El presidente de Brasil también habla de su amigo «Chávez» para quien George Bush, como hemos visto más arriba, es la personificación de la maldad. En una conferencia de las Naciones Unidas, le llegó a dar el nombre de «diablo».

¿Por qué contra Chávez?

A veces se manipulan las noticias tergiversando los datos disponibles. Por ejemplo, los asesinatos de ciudadanos palestinos perpetrados por el Ejército israelí se nos dan como «Soldados israelíes matan a dos terroristas que viajaban en un coche...». ¿Quién dijo que lo fueran? ¿Acaso han sido juzgados? ¿La información de los servicios de inteligencia de un Estado sustituye a la justicia?

Pero también con el silencio se pueden transmitir al lector noticias escoradas hacia la defensa de la ideología de la agencia de noticias, el periódico, el periodista, o directamente, el poder. Las actuaciones de Chávez, el tan denostado presidente de Venezuela, llegan siempre cargadas de oprobio. Pero ¿cuándo se nos habla de los logros alcanzados por él en un país rico que encontró sumergido en la miseria y la corrupción?

Nos los cuenta Ignacio Ramonet en Le Monde Diplomatique de este mes: «Más de tres millones de hectáreas de tierra distribuidas entre los campesinos. Millones de niños y adultos alfabetizados. Millares de dispensarios médicos instalados en los barrios populares. Decenas de miles de personas sin recursos con afecciones oculares operadas gratuitamente. Los productos alimentarios básicos son subvencionados y ofrecidos a los pobres a precios inferiores a un 42% respecto de los del mercado. La duración del trabajo semanal ha pasado de 44 horas a 36, y el salario mínimo asciende ya a 204 euros mensuales (el más alto de América Latina)».

Según el informe de mayo del 2006 del Center for Economic and Policy Research, de Washington, estas medidas han dado como resultado que entre 1999 y 2005 la pobreza cayera en Venezuela del 42,8% al 33,9% y la economía sumergida, del 53% al 40%. Y según Business Week (Nueva York, junio del 2007), el crecimiento en los últimos tres años alcanzó el 12%, de los más altos del mundo, con una subida del consumo del 18% anual.

Nadie habla de esos aciertos de Chávez. Más bien nos dedicamos a ponerle de vuelta y media por presentar «una reforma constitucional por la que pueda ser elegido de forma indefinida». Como nuestros presidentes, aquí, en España.

Rosa Regàs, El Periódico, 20–8–2007 (349 palabras)

El relojero Chávez

Los venezolanos no saben si llegan tarde o temprano al trabajo, a la escuela o a una cita. Hay muchas dudas sobre cuál es la hora oficial. La confusión es general desde que el presidente Hugo Chávez anunció que adelantaría el reloj 30 minutos, pero después dijo que se retrasaría. Dijo que intenta ejercer una «influencia del sol en el cerebro», emulando el cambio de calendario que implantó Napoleón Bonaparte. El cambio estaba previsto para las cero horas de hoy, lunes, pero el desconcierto es tal que el proceso de ajuste se demorará al menos tres semanas.

«Ahora sí que nos fregamos (fastidiamos), estamos sin hora. La hora que viene no llega y la que tenemos ya no es, porque perdió legitimidad. Es que se levanta uno a las 5.30 de la mañana sin saber si son las cinco o son las seis, si la vaina es pa´lante o pa´trás». Lo comentó el humorista Laureano Márquez en el diario Tal Cual. Chávez anunció el cambio horario en su programa de televisión Aló presidente. La gente quedó estupefacta al escucharle decir que el reloj se adelantaría-retrasaría media hora. La prensa que todavía no controla el Gobierno destacó el comentario sarcástico que publicó sobre el tema The New York Times: «Mucha gente recordó la escena de la película Bananas, de Woody Allen, cuando un revolucionario convertido en presidente de un país latinoamericano anuncia que a partir de ese momento ´la ropa interior se usará del lado de afuera´».

Chávez justifica el cambio arguyendo que el ajuste beneficiará a los niños porque al levantarse más tarde irán a la escuela con la luz del día y rendirán más. El ministro del Poder Popular para la Ciencia y Tecnología, Héctor Navarro, va más allá en esta tesis. Dice que el nuevo huso horario mejorará el rendimiento en los estudios y el trabajo «por un efecto metabólico donde el cerebro humano está condicionado por la luz del sol». Subraya que el cambio «es muy importante porque hay elementos del metabolismo de los seres humanos que están asociados al ciclo solar; eso es lo que se conoce como ciclo circadiano, que sincroniza el crecimiento y la actividad intelectual, entre otras».

Los venezolanos han recibido con incredulidad estas explicaciones. Incluso se comenta si las autoridades están en sus cabales al imponer una zona horaria que no se comparte con ningún otro país. Con este mensaje antiglobalización se une a los pocos países que fraccionan su hora oficial: Irán, Afganistán, Birmania y Nepal. Sabedor de los comentarios jocosos de que es objeto, Chávez ha dicho por televisión: «A mí no me importa que me digan loco, la nueva hora va. Que me digan lo que les dé la gana. Se han estado burlando de mí. Yo ni siquiera soy el culpable, a mí me lo recomendaron y yo dije sí, me gusta la idea».

¿Hay que adelantar o hay que atrasar el reloj? Es lo que se preguntan los venezolanos después de escuchar a Chávez por televisión. En Aló presidente, el mandatario y el ministro de Educación, su hermano Adán Chávez, se comportaron como actores de un programa cómico. El ministro ni siquiera entendía que si se adelantaba la hora 30 minutos, el sol aún saldría más tarde.

«Tenemos que mover la manecilla del reloj media hora hacia adelante: a la media noche del domingo 23, media hora hacia adelante», dijo Hugo mirando su lujoso reloj de pulsera. «¡Hacia atrás!», gritó una persona sensata sentada entre el público. «Adán, acláranoslo», dijo Chávez visiblemente desconcertado. «No, hacia adelante», reiteró el hermano. «Es decir, los muchachos, para poner un ejemplo, van a comenzar las clases el lunes 24 a las siete de la mañana, pero serían las siete y media de hoy. Es decir, los niños van a llegar con el sol media hora más arriba en el cenit». Más tarde, alguien le aclaró a Chávez que por mucho ministro de Educación que fuera, su hermano Adán no tenía ni idea sobre la luz solar y el huso horario.

Joaquim Ibarz, La Vanguardia, 24–9–2007 (672 palabras)

El éxodo de la revolución bolivariana

El «socialismo del siglo XXI», propugnado a los cuatro vientos por Hugo Chávez asusta. Por lo menos, a una parte de la sociedad venezolana que, tras la promesa del líder bolivariano de radicalizar su revolución, se arremolina a las puertas de las embajadas occidentales en Caracas para tramitar sus papeles.

A las 08.30 horas, la cola en el Consulado de España ya supera las 50 personas. Dalia Albero es la última de la fila. Con su pelo canoso y unos ojos que parecen haberlo visto todo explica su primera diáspora de hace ya 58 años. «Huí de España con mis padres en 1949. Mi familia era republicana y tuvimos que salir corriendo de allí cuando tenía seis años por culpa del régimen franquista», explica esta anciana de origen catalán. «Por esta razón, nunca tramité el pasaporte español, siempre había renegado de mi nacionalidad. Sin embargo, con este loco de carretera las cosas han cambiado.»

Tras una larga pausa, Albero prosigue su relato: «Mi mayor preocupación es que me quiten la patria potestad de mis hijos y nietos. Mientras no les toquen yo seguiré en Venezuela, luchando. Mis hijos no quieren irse de aquí, porque saben lo que yo sufrí como emigrante. Es muy triste... Me fui de España por un dictador y me voy a tener que ir de aquí por culpa de otro», explica con cara de desesperación.

La oficina atiende una media de entre 800 y 1.000 personas diarias, según explicaron fuentes del Consulado. Sin embargo, hace meses que su ritmo de trabajo no era tan frenético. En verano, la Embajada española atendía entre 200 y 300 solicitudes diarias y a finales de este año (coincidiendo con las elecciones presidenciales del pasado 3 de diciembre) ya eran 600 peticiones al día.

La mayoría de las personas que aguardan pacientemente en la fila es gente joven, como Albani Segura, un hijo de canarios que emigraron a Venezuela después de la Guerra Civil. «Me quiero ir a Tenerife a trabajar», comenta este caraqueño de 22 años. «En Venezuela no hay ningún futuro. La vida es cada vez más peligrosa por la delincuencia y, encima, no hay casi trabajo o pagan muy mal», explica. Desde que el líder bolivariano asumió el poder, en 1999, han salido del país cerca de 40.000 hispano-venezolanos, de una comunidad de más de 150.000.

Los jóvenes también buscan otras vías para abandonar Venezuela, como las becas de estudios. Según la Embajada de España, las solicitudes de este tipo de ayudas se han duplicado. Las peticiones han aumentado de 500 a más de 1300. «La semana pasada acudí a la Embajada de España y éramos tantas personas que no cabíamos en la aula donde facilitan la información», señala Lourdes García, una venezolana que estudia Comunicación Social. «Estoy realizando los trámites para las Becas Carolina, pero son muy difíciles de conseguir. Somos mucha gente y hay muy pocas plazas», destaca.

La imagen de decenas de personas arreglando sus papeles para salir del país se repite en la mayoría de legaciones occidentales: Italia, Portugal, EEUU, Canadá, Australia ... «Hemos pasado de ser un país receptor durante las décadas de los 50 a los 80 a uno expulsor. Nos hemos inaugurado como país emigrante. Nunca se había dado esta tendencia en Venezuela», explica Amalio Belmonte, catedrático de sociología de la Universidad Central de Venezuela (UCV).

«Apostar por el futuro en Venezuela es difícil para muchas personas. Lo peor es que esto ocurre con unos ingresos petroleros históricos y una buena situación económica. Sin duda, la actual emigración tiene un fuerte condicionamiento político», explica Belmonte. «El principal problema es para la gente joven. En los discursos [de Hugo Chávez], se cuestiona el éxito, el uso de la corbata, la meritocracia... ‹¿Tienes dos casas o dos coches? Hay que compartir la propiedad›», explica este facultativo, mientras parafrasea los numerosos discursos del mandatario nacional.

Jaime L. García, El Mundo, 31–5–2007 (652 palabras)

Réquiem por Venezuela

La última bufonada de Chávez comparando a Aznar con Adolf Hitler, que como el venezolano fue un fracasado golpista que logró al final el poder, ha causado la habitual hilaridad en la Europa del bienestar. Y es que las palabras de Chávez son cada vez más motivo de *zappings* televisivos que de telediarios. Se ha convertido en el bufón ideológico de la izquierda, en el saltimbanqui grotesco y deformado que ameniza las sobremesas de una sociedad opulenta que le ríe las gracias y las muecas obscenas.

Pero esta bufonización de Chávez está teniendo una doble consecuencia. En primer lugar, obviar que bajo la apariencia grotesca de sus intervenciones se esconde un imperialismo que, a golpe de petrodólar, extiende la miseria moral y económica por el continente. Aquí se enmarca la humillación constante del antes orgulloso tirano Fidel Castro; tanto defender el orgullo de la «Revolución cubana» para acabar arrastrándola bajo la bota petroleada de un nuevo rico llamado Hugo Chávez.

Y en segundo lugar, no se puede pasar por alto que Chávez está hundiendo la economía y las libertades venezolanas a un ritmo sólo comparable al castrista, que convirtió a Cuba en el burdel pedófilo de medio mundo que es hoy. La escasez de determinados productos, azúcar o pollo, ni siquiera propia de economías subdesarrolladas, es un patético ejemplo de cómo Venezuela se hunde ante nuestros ojos, bufonada tras bufonada, con el beneplácito de la progresía internacional, a la que la miseria ajena importa menos que las gracietas anti-Bush y anti-Aznar.

La presencia constante y machacona del petrotirano en los medios de comunicación obliga a entonar un réquiem sincero y doloroso por la nación venezolana. Convertida en el circo de Hispanoamérica, con un bienestar económico descendiendo en picado y al servicio de las bufonadas de su tirano, se está convirtiendo en la pesadilla, no ya de Hayek o Popper, sino de Marx: una clase económica aristocrática y parasitaria y unas masas cada vez más hambrientas y alienadas por el discurso chavista.

Hoy, las televisiones de medio mundo hablan de Venezuela solamente para mostrar las bufonadas de su máximo dirigente, que lo mismo habla con Bolívar que culpa a Bush y Aznar del maltrato al que somete a su país. Las risas que provocan sus astracanadas ideológicas en Europa no deben esconder el hecho de que está arrastrando a la miseria económica y moral a una nación a la que ha condenado a ser el hazmerreír de medio mundo. Queda saber si podrá recuperarse en el futuro, y cuanto tardará en hacerlo.

GEES , Libertad Digital, 2–5–2007 (428 palabras)

Chávez no es Fidel

¿El verborrágico presidente venezolano es ya, como pretende, el heredero de Fidel Castro en el imaginario revolucionario de una Latinoamérica que hoy vive la mayor bonanza del mercado internacional que se recuerda en el siglo? ¿Es el legatario de un antiimperialismo militante que un día tras otro ataca a los EE UU, haciéndolo fácil presa de su trágica aventura en Irak? ¿Encenderá la ilusión de los jóvenes desencantados de una democracia que no termina de ofrecer los paraísos prometidos?

Enzarzado en su fallida aventura asiática, el equipo de Washington no ha tomado el tema demasiado en serio, habida cuenta de que la exportación venezolana depende en un 90 % del mercado norteamericano. Tampoco ha querido, deliberadamente, ofrecerle la oportunidad de un papel de víctima que ha sido tan ampliamente redituable para el régimen cubano. Últimamente, el propio presidente Bush ha mirado hacia Latinoamérica y su reciente viaje por cinco países parece ser el signo de una preocupación que crece. Pese al bombardeo periodístico, en todo momento ha eludido hablar de Chávez y su régimen, y a su retorno a Washington, sólo un funcionario ha considerado inamistoso el acto popular (en un estadio de fútbol de Buenos Aires) en que el presidente venezolano agravió a destajo a su colega yanqui, cuando –del otro lado del río de la Plata– visitaba Uruguay y Brasil. Dos semanas después de la visita de Bush a Brasil, el presidente Lula ha pernoctado en Camp David, donde no pisaba un latinoamericano desde los tiempos en que Salinas de Gortari firmaba su acuerdo de libre comercio y ligaba la economía mexicana a la de la potencia del Norte.

No hay que ser demasiado suspicaz para advertir que detrás de este repentino interés norteamericano está la preocupación por las andanzas de Chávez, que chequera en mano trata de comprar voluntades y ejercer su influencia en la región. Venezuela ha ido construyendo, en el ínterin, un régimen autoritario: la sola transferencia de las facultades legislativas al presidente de la República acordada por su Congreso en enero de este año definen la situación, especialmente si pensamos que en ese Parlamento no hay un legislador de la oposición, a raíz de su abstención electoral. Su abandono de la Comunidad Andina y consiguiente incorporación al Mercosur, marcó un punto de inflexión importante, que paradójicamente ha oscurecido a un Brasil cuyo peso específico en la región ha sido histórico. La visita de Lula a Washington parece marcar una reacción que ya se demoraba demasiado, pues resultaba insólito que el venezolano pudiera lucir de líder latinoamericano a mera fuerza de retórica.

Shakesperianamente hablando, ésa es la cuestión: ¿cuánto hay de real en ese presunto liderazgo? La primera respuesta es que la revolución bolivariana no es la cubana, por la sencilla razón de que no ha sido el resultado de una lucha armada contra una dictadura, sino apenas el eslogan de un régimen nacido de un golpe de Estado y luego legitimado en las urnas a fuerza de fraude y dinero. El llamado socialismo del siglo XXI por ahora no ofrece otra cosa que agresiones a la prensa, nacionalizaciones de empresas y una cansadora retórica antinorteamericana. Por otra parte, mientras el socialismo cubano, con todo su totalitarismo, fue durante treinta años la avanzada en América de un enorme poder mundial, aquel otro sólo se parece al anterior en que es caribeño.

Podremos pensar todo lo mal que se quiera de Fidel (no me encuentro por cierto entre sus partidarios), pero nadie puede negar el efluvio misterioso de una personalidad que, asociada al mito del Che Guevara, es el icono de un sueño que, aunque fallido, todavía alienta en la mente de muchos como un intento hacia lo mejor. Por más buena voluntad que se ponga, cuesta colocar a Chávez en ese santoral, cuando su revolución es sólo una gastada reedición del viejo populismo latinoamericano. Por cierto, influye en Bolivia, intenta lo propio en Nicaragua, se abraza con Ecuador, pero tiene enfrente un México fuerte, una Colombia vigorosa, un Perú aguerrido y muy lejos al Chile moderno y abierto. Brasil es notorio que sólo lo ha contemplado tratando de amansarlo, y Argentina –la siempre desconcertante Argentina– es demasiado país para que marque el paso, más allá de gestos y estampas publicitarias. Paraguay y Uruguay aceptan los regalitos mientras adolecen de un Mercosur deformado e ineficiente.

Hay una carrera armamentista en Venezuela, es verdad. Pero sus vecinos no se la toman demasiado en serio y pocos creen que la presencia militar bolivariana en Venezuela pueda ser una real amenaza para las poderosas Fuerzas Armadas Chilenas. Una molestia, sin duda, hasta una provocación inelegante, pero no mucho más.

No sostenemos que el régimen venezolano sea irrelevante. Por cierto que no. Lo que sí decimos es que Chávez no es Fidel y que su influencia no será ni parecida. No vemos a jóvenes prontos a salir a la calle a pecho descubierto como lo hacían para defender a Cuba. Lo triste es el despilfarro de una fortuna que podría hacer de Venezuela un vergel y el intento de arrastrar algunos países latinoamericanos a la reiteración de las fórmulas perimidas de un nacionalismo económico estrecho y sin futuro. Cuando China se abre al mundo y Corea se transforma en potencia, cuando el propio Chile ha mostrado ya los beneficios de una economía insertada en la globalidad, retornar al viejo camino de poner el dinero en nacionalizar empresas para que funcionen igual o peor y no invertir en las alternativas de cambio, es asunto de condolerse. Sobre todo cuando el intento, además, reniega de libertades que ya no debieran estar en cuestión.

Julio María Sanguinetti, El País, 12–4–2007 (940 palabras)

Por la unión

La I Cumbre Energética Suramericana arrancará el lunes en la venezolana Isla de Margarita, donde se ultiman los preparativos para la cita de una decena de presidentes de América del Sur. Bajo el lema «Por la Unión del Sur», los jefes de Estado suramericanos acudirán el lunes y martes de la próxima semana a esta isla del Caribe venezolano para buscar mecanismos «que garanticen el suministro necesario de energía para el desarrollo», ha afirmado el anfitrión del encuentro, el presidente venezolano, Hugo Chávez.

Once de los doce presidentes de la Comunidad Suramericana de Naciones han confirmado su asistencia a la cumbre que estará precedida hoy, domingo, por reuniones de expertos y altos funcionarios de los países de la región y de organismos multilaterales latinoamericanos.

Los debates de hoy constituyen el tercer encuentro de los altos funcionarios que se reunieron en Caracas a finales del pasado mes de marzo para definir la agenda temática de esta cita que incluye propuestas de planes de acción e implementación de políticas y proyectos específicos en materia de energía. Entre esos proyectos figuran el Gran Gasoducto del Sur, que partirá de Venezuela para llegar hasta Argentina, y el Gasoducto Transguajiro entre el occidente venezolano y el oriente colombiano.

Asistirán a la I Cumbre Energética Suramericana, acordada en la reunión presidencial de la Comunidad Suramericana en diciembre en Cochabamba (Bolivia), los presidentes de Colombia, Álvaro Uribe; Ecuador, Rafael Correa; Bolivia, Evo Morales; Brasil, Luiz Inácio Lula da Silva; Perú, Alan García; y Chile, Michelle Bachelet. Participarán también los mandatarios de Argentina, Néstor Kirchner; Paraguay, Nicanor Duarte; Guayana, Bharrat Jajdeo; y Suriname, Ronald Venetiaan, con el primer ministro de Trinidad y Tobago, Patrick Manning, como invitado especial. El presidente de Uruguay, Tabaré Vásquez, no acudirá al encuentro, aunque ha enviado una importante delegación de su país, han informado fuentes diplomáticas.

Más de 2.500 funcionarios de la policía y el ejército se encargarán de la seguridad del evento que se celebrará en un gran hotel de la turística isla venezolana, a unos 300 kilómetros de Caracas. Grandes carteles que anuncian la cita, con las palabras «Por la Unión del Sur», han sido desplegados en la sede donde tendrán lugar las reuniones, pero también en Caracas y en las autopistas de acceso a la capital para promover un encuentro en el que, según el gobierno anfitrión, «Suramérica re-escribe su historia energética».

Tras las reuniones previas de hoy, los ministros de Energía suramericanos y los cancilleres tienen previsto respectivos encuentros el lunes, día en que llegarán los jefes de Estado a la isla. Para ese día 16 están anunciadas ya varias entrevistas bilaterales de los presidentes, antes de una cena que ofrecerá el mandatario venezolano. La Cumbre presidencial comenzará el martes por la mañana, con la foto oficial del encuentro, y se prevé que termine a primera hora de la tarde.

EFE, El País, 15–04–2007 (478 palabras)

Chávez saca pecho con la «petrodiplomacia»

Los habitantes de Londres son los más recientes destinatarios del maná de Petróleos de Venezuela (PDVSA), la compañía petrolera estatal del país presidido por Hugo Chávez. Pero el acuerdo con el alcalde de la capital británica, Ken Livingstone, para suministrar petróleo un 20 % más barato al transporte público londinense, sólo es el último de una larga serie de programas de ayuda venezolana que se reparten por el mundo.

Desde que llegó al poder en 1999, Chávez ha comprometido a Petróleos de Venezuela a suministrar crudo y productos derivados a no menos de 20 países, la mayoría latinoamericanos, los cuales disfrutan de laxos mecanismos de financiación y en algunos casos pueden intercambiar los hidrocarburos recibidos por bienes y servicios.

Este modelo comercial se ensayó con Cuba. La isla recibe desde hace siete años miles de barriles de crudo venezolano a diario. Originalmente eran 53.000, pero desde 2004 se incrementó formalmente a 92.000 y hoy se mandan 98.000. Una parte se paga en efectivo, mientras que la otra se considera compensada con el envío de personal médico y deportivo: en Venezuela hay más de 10.000 médicos y 2.000 instructores deportivos.

«Si uno se pusiera a sacar la cuenta de lo que Cuba nos manda en médicos, medicinas, asesores y tecnología, se encontraría que ellos nos dan mucho más de lo que nosotros le enviamos en petróleo», aseveró Chávez recientemente en respuesta a los que le señalan como fuente de financiación del régimen de Fidel Castro.

Ex gerentes de Petróleos de Venezuela han calculado que la factura energética de la isla caribeña le costó a la petrolera unos 850 millones de dólares (630 millones de euros) hasta 2005, pero la cifra es de imposible confirmación, porque Chávez ha hablado varias veces de la condonación de la deuda que Cuba ha ido acumulando.

Venezuela garantiza petróleo financiado a países tan pobres como Haití, Nicaragua o El Salvador, en virtud del Acuerdo Energético de Caracas, firmado hace siete años. En 2005, Chávez lanzó Petrocaribe, iniciativa que permite a 13 países caribeños la adquisición de crudo venezolano y sus derivados; también les promete inversiones venezolanas para instalar refinerías e instalaciones de almacenamiento de petróleo en su territorio. Algunos especialistas calcularon en 2005 que este acuerdo supone a PDVSA un sacrificio anual de 1.600 millones de dólares (1.185 millones de euros), pero la cifra real podría ser superior, puesto que aumenta en sintonía con los precios del petróleo.

Chávez ha acudido igualmente en ayuda de Argentina, Uruguay, Paraguay, Bolivia e incluso Ecuador, que también es un país petrolero. Con Buenos Aires y Montevideo, el mandatario venezolano ha acordado un intercambio de gas, diésel y otros productos a cambio de vacas, maquinaria agrícola y programas informáticos.

Mientras tanto, el suministro a Estados Unidos, el principal comprador de crudo venezolano, ha descendido en los últimos años. En 2003, el 56% de la producción petrolera tenía como destino el gigante del norte, pero en 2006 pasó al 45%, según las cifras de PDVSA. Sin embargo, la compañía Citgo –una firma estadounidense propiedad de Petróleos de Venezuela– suministra combustible para calefacción a precios subsidiados a comunidades con escasos recursos en una veintena de Estados de EE UU.

En su reciente gira por Argentina, Uruguay, Bolivia y Ecuador, el presidente venezolano firmó los Tratados de Seguridad Energética. Tales instrumentos «garantizarán a estos pueblos toda la energía que necesiten por 100 años», dijo Chávez. Esos acuerdos también les abren las puertas para explorar y explotar crudos en Venezuela.

Todos estos ofrecimientos no son gratuitos, según Maruja Tarre, especialista en asuntos internacionales. «Chávez pasa factura», asegura. Y recurre a un caso ocurrido en 2003 para sostener su argumentación. En aquel año, el presidente venezolano cortó el suministro de petróleo a República Dominicana porque allí estaba alojado Carlos Andrés Pérez, el ex presidente venezolano al que Chávez intentó derrocar en 1992. El suministro sólo se restableció cuando Carlos Andrés Pérez salió del país. «Chávez usa el petróleo como un arma política», dice la experta.

Meses después, Caracas amenazó al Gobierno de Costa Rica, encabezado entonces por Abel Pacheco, con no enviarle ni una gota de crudo hasta que expulsara de su territorio a varios opositores que, según el mandatario venezolano, conspiraban contra él. Los partidos de la oposición sostienen que Chávez utiliza el petróleo para comprar gobiernos, logrando así que situaciones polémicas como la no renovación de la concesión a Radio Caracas Televisión (RCTV) no sean discutidas en foros internacionales. Desde el Gobierno, se reconoce el empleo de los hidrocarburos como un instrumento de la política exterior.

El reciente pacto energético con Londres ha generado polémica tanto en el Reino Unido como en Venezuela. En esta última nación se han reavivado las acusaciones contra el mandatario de estar regalando el petróleo y de utilizar este valioso recurso para hacerse con aliados internacionales. «Este asunto de dádivas sin ningún control a países mucho más ricos es absolutamente insólito, no sólo en Venezuela, sino a nivel mundial», señala Tarre. «Chávez actúa como un reyecito. Él no solicita el permiso absolutamente de nadie para establecer esos acuerdos».

Juan Francisco Alonso, El País, 02–09–2007 (852 palabras)

Chávez exige disculpas a Benedicto XVI por negar la evangelización de América Latina

El papa Benedicto XVI debe disculparse con los indígenas de América por haber negado en su reciente visita a Brasil «el holocausto» en su contra, ha dicho hoy el presidente de Venezuela, Hugo Chávez.

«Aquí ocurrió algo mucho más grave que el holocausto en la Segunda Guerra Mundial y nadie puede negar a nosotros esa verdad (...), ni su Santidad puede venir aquí, a nuestra propia tierra, a negar el holocausto aborigen», ha dicho en una alocución nocturna reproducida obligatoriamente por las emisoras de radio y televisión venezolanas.

«Así que, como jefe de Estado, pero vestido con la humildad (...) de un campesino venezolano (...), yo le ruego a su Santidad que ofrezca disculpas a los pueblos de nuestra América», ha agregado. Benedicto XVI aseguró el domingo en Brasil que la evangelización de América «no supuso en ningún momento una alienación de las culturas precolombinas, ni fue una imposición de una cultura extraña».

El gobernante izquierdista venezolano ha revelado que estuvo «muy pendiente de todo lo que dijo» el Papa en Brasil y que tras escucharlo decir que la evangelización católica no le fue impuesta a los indígenas llamó a la ministra para los Pueblos Indígenas, Nizia Maldonado, de una de las etnias amazónicas.

Ella ya había dado una respuesta «y la felicité» por ello, y exclamó que lo dicho por el Papa «¡es algo muy difícil de compartir, muy difícil de sostener, por Dios!». De inmediato Chávez se ha preguntado si «¿será por eso que la Iglesia católica cada día pierde más creyentes?» y se ha respondido a sí mismo: «Yo creo que es por eso».

El papa Benedicto XVI «parece que vino» por primera vez a América desde que fue investido como tal, ha proseguido Chávez, «a darle más fuerza a la Iglesia católica, pero con esas declaraciones lo que hace es debilitar aún más a la Iglesia católica». «Yo le he dado vuelta por todos lados (a lo dicho por el Papa), pero la conclusión es una sola: está terriblemente equivocado su Santidad, no hay otra forma de decirlo», ha añadido.

«¡Cómo va a decir el Papa aquí, en esta tierra, donde todavía deben estar calientes los huesos de los mártires indígenas que fueron masacrados por el imperio de los imperios europeos, cómo va a decir, (porque) prácticamente dijo (...), que no hubo ninguna imposición», ha insistido.

El gobernante ha adelantado que lo llamaría al Vaticano «ahora mismo» y ha previsto que «mañana amanecerán los grandes titulares» diciendo que «Chávez arremete contra el Papa». «No me importa que digan lo que digan, yo con la verdad no ofendo ni temo (...), así que no importa que digan lo que digan dentro de un minuto las agencias noticiosas», ha remarcado.

El pasado lunes, la ministra venezolana para los Pueblos Indígenas, Nizia Maldonado, criticó la versión difundida en Brasil por el Papa y también mantuvo que «la invasión imperial trajo el genocidio más grande de América Latina».

«Me gustaría que saliese un sacerdote y diga que le da vergüenza oír que dicen que los pueblos indígenas estaban esperando la evangelización», agregó. Maldonado señaló también que el objetivo de imponer a los indígenas una religión extraña a su cultura como la cristiana, no ha cesado y citó como prueba a «los misioneros que siguen actuando en la región fronteriza» entre Venezuela y Brasil.

Editorial, El País, 19–05–2007 (569 palabras)

Correa se desmarca de Chávez y Morales tras su triunfo electoral

En América Latina no se recuerda un triunfo tan contundente como el obtenido por Rafael Correa en las elecciones para la Asamblea Constituyente. «No tenemos un proyecto totalitario, ni seguimos modelos extranjeros. El Gobierno de Ecuador no tiene agenda oculta. Aquí no hay caudillismos. Somos gente con personalidad fuerte, apasionada por la patria, pero no somos déspotas ni autoritarios. Somos gente buena», señaló Correa poco después de darse a conocer que su movimiento Acuerdo País ha obtenido una victoria aplastante en las elecciones para la Asamblea Constituyente.

A falta de resultados oficiales, que tardarán días en conocerse, el escrutinio de un amplio muestreo de urnas realizado por Participación Ciudadana, una organización muy fiable, otorgaba a Correa mayoría absoluta en la Asamblea.

De una tacada, Correa ha barrido con los partidos tradicionales que durante décadas dominaron Ecuador, ahora sumidos en el mayor desprestigio por la corrupción y antidemocracia de sus dirigentes. Esta clase política moribunda es la que contribuyó a derrocar a tres presidentes –Bucaram, Mahuad y Gutiérrez– en pocos años.

Correa aprovechó su primera comparecencia en público para desmarcarse en lo posible de Hugo Chávez, con quien ha mantenido mucha cercanía desde el principio de la campaña electoral que lo llevó a la presidencia. Sin citar al presidente bolivariano, dijo que Venezuela y Ecuador tienen proyectos distintos y por ello «no se seguirá ningún modelo extranjero», en respuesta a las críticas de sus opositores, que lo acusan de querer imitar el proceso venezolano.

Correa ratificó que pondrá su cargo a disposición de la Asamblea y que el Parlamento debe ser disuelto, «porque ha demostrado que no está a la altura del momento histórico que vive la patria». «El Congreso –señaló– tendrá que disolverse, entrar en receso, como quieran llamarlo, pero mientras funcione la Asamblea, no funcionará. Tendrá que establecerse una comisión de los constituyentes para que legisle y fiscalice», señaló.

En un encuentro con un grupo de periodistas extranjeros, también se desmarcó del camino seguido por Evo Morales en Bolivia y repitió dos veces que en Ecuador no se nacionalizará nada porque no hay necesidad. Dijo que los recursos naturales del subsuelo -hidrocarburos y minería- son propiedad del Estado y ya están nacionalizados. Incluso elogió el papel de dos grandes empresas españolas –Repsol y Telefónica– con importantes intereses en Ecuador. «Este Gobierno no es fundamentalista, es pragmático», enfatizó.

A una pregunta de La Vanguardia sobre si la nueva Constitución podría afectar los intereses de Repsol y Telefónica, Correa fue contundente: «En absoluto». Para aclarar conceptos, añadió: «Lo que hay que hacer es respetar la presente Constitución. Se están revisando los contratos petroleros, algunos tremendamente perjudiciales para el Estado. Pero mantenemos una negociación amistosa, ya estamos conversando con cuatro petroleras, no recuerdo si entre ellas está Repsol, para revisar contratos. Tenemos total apertura. Saben bien que obtienen ganancias extraordinarias con un recurso que es del Estado. No hay que inventar nada nuevo. Las empresas petroleras reconocen que esos contratos se firmaron cuando el precio del barril estaba a 15 dólares, hoy está a 80. Hay que sentarse a renegociar. En eso no vemos ningún problema».

Después, se refirió a Telefónica: «Con Movistar tampoco existen problemas. Hasta diciembre habrá que negociar las concesiones de telefonía celular. Sinceramente, Movistar ha sido mucho más cumplidora que la otra gran multinacional que tenemos aquí, Porta (del magnate mexicano Carlos Slim). Movistar tiene la tercera parte del mercado de Porta, pero paga tres veces más impuestos».

Correa fue claro al abrir los brazos al capital extranjero: «No hay absolutamente nada en contra de la inversión del exterior. La inversión que todavía nos cree colonia, que vulnera los principios legales, no es bienvenida y tendrá una respuesta clara de un país y de un gobierno soberanos. Pero si es una inversión honrada, que viene a dar trabajo, a crear riqueza, a pagar impuestos, a respetar al consumidor y al país, más que bienvenida, tendrá todo el apoyo del Gobierno. Me complace decir que dentro de esa inversión extranjera hay muchas empresas españolas».

Joaquim Ibarz, La Vanguardia, 2–12–2006 (687 palabras)

El petropopulismo

Acompañado de la peculiar retórica que le caracteriza, el presidente de Venezuela, Hugo Chávez, ha desplegado durante los últimos días una nueva ofensiva diplomática y económica para consolidar un bloque latinoamericano liderado por Caracas y su influencia basada en los recursos petroleros. En Tarija, en Bolivia, Chávez se reunió con el presidente boliviano, Evo Morales, y con el presidente argentino, Néstor Kirchner, para constituir la Organización de Países Productores y Exportadores de Gas del Sur (Opesur). Por otro lado, en Ecuador, el mandatario venezolano firmó un acuerdo con su homólogo Rafael Correa para impulsar la construcción de una refinería que procesará crudo de ambos países y, en Uruguay, garantizó al presidente Tabaré Vázquez el suministro de petróleo durante los próximos cien años.

El autoproclamado líder de la llamada revolución bolivariana trata de ganar terreno internacional apareciendo como el principal prestamista de América Latina a la vez que divulga sus mensajes ideológicos basados en el antiimperialismo y las recetas antineoliberales. A pesar de que el nivel de vida y las libertades de los venezolanos no hacen más que retroceder, Chávez entrega recursos en el exterior a cambio de pactos que le permitan incrementar su preponderante influencia en la región. Si bien para la población venezolana los beneficios de esta política son invisibles, los bancos del país se ven favorecidos por compras de bonos al cambio oficial del dólar y posteriores reventas al precio de la moneda estadounidense en el mercado negro.

En Argentina, Chávez ha comprado quinientos millones de dólares en deuda, cantidad que puede doblarse antes de final de año. El Gobierno de Kirchner, contrario al Fondo Monetario Internacional (FMI), se ha puesto en manos de los petrodólares venezolanos para conseguir reflotar las perspectivas económicas. Esta operación va unida a una próxima inversión de trescientos millones de euros en una planta regasificadora que convertirá Venezuela en el primer vendedor de gas natural a Argentina.

El petropopulismo de Chávez ha encontrado un inesperado nuevo socio en el dirigente argentino Kirchner, que se aleja así del bloque más moderado de centroizquierda que encabeza el Brasil del presidente Lula da Silva y en el que se inscriben también los gobiernos de Chile y de Perú.

La esposa del primer mandatario argentino y candidata a la presidencia en las próximas elecciones de octubre, Cristina Fernández, se ha convertido en una propagandista del régimen bolivariano, enfatizando el perfil populista y los guiños al viejo peronismo para lograr suceder a su marido en el cargo. Una parte importante de la sociedad argentina ve con preocupación este desplazamiento hacia el bloque chavista, especializado en criticar y penalizar las inversiones extranjeras en la zona, en especial las españolas. Ello, como es lógico, acaba pasando factura, pues crea enorme desconfianza y puede bloquear muchos proyectos que serían decisivos para el desarrollo económico y social.

Las recetas populistas, a medio y largo plazo, no auguran nada bueno para Venezuela, en primer lugar, ni para Bolivia, Ecuador ni, ahora, tampoco para Argentina. El dinero del petróleo no puede sostener indefinidamente una situación como la actual. Está demostrado que el exceso de intervencionismo del Estado en la economía, las nacionalizaciones, la vulneración de las reglas del mercado y la inseguridad jurídica que todo ello comporta generan un clima de desconfianza tal para la inversión, tanto nacional como extranjera, que puede crear serios problemas a esos países.

La ola populista que Chávez alimenta tiene, afortunadamente, un contrapeso relevante en el presidente brasileño, Lula da Silva, tanto desde el punto de vista político como desde el económico. Es un modelo ideológico que parte de posiciones progresistas, pero que respeta las reglas de juego internacionales. El pulso entre los dos bloques que se están configurando en Latinoamérica va unido, además, al choque de intereses entre países productores de petróleo y países que han apostado por el biocombustible.

Editorial, La Vanguardia, 13–8–2007 (638 palabras)

II

Turismo y sus límites España y su «industria» turística

ZP no cree en el calentamiento global

Las predicciones de la subida del nivel del mar a consecuencia del cambio climático oscilan entre dos metros y veinticinco, según el realizador del documental que se tome como referencia. Metro arriba metro abajo, lo que resulta indudable para los profetas del nuevo apocalipsis es que las ciudades costeras desaparecerán 5 por las olas enfurecidas que la diosa Gaia enviará en castigo por nuestros muchos pecados ecológicos.

Ante esta perspectiva, cualquier ciudadano respetuoso con la sostenibilidad y mentalizado con los riesgos medioambientales elegiría construirse una casa en lo alto de una colina en plena cordillera central antes de hacerlo en primera línea de 10 playa. Y, sin embargo, Zapatero ha hecho esto último, a pesar de La ministra de Medio Ambiente, Cristina Narbona, que en repetidas ocasiones ha aconsejado a la gente que huya de las cercanías de la costa ante la inminente subida de los mares. La residencia veraniega de nuestro presidente estará por tanto entre las primeras que serán engullidas por el océano en cuanto lo del cambio climático pegue el petardazo tantas 15 veces anunciado. Pero como ZP es un tipo bragado, no sólo ha comprado una casa peligrosamente cercana al mar, sino situada además justo en la desembocadura de una rambla, con dos cojones.

El lugar elegido para la segunda residencia de la familia Rodríguez es la ciudad almeriense de Vera, cuyo ayuntamiento ha conseguido la proeza de convertir ese bo- 20 nito pueblo costero en el primer municipio del mundo mundial que declara urbanizable la totalidad de su superficie. Ciento quince mil viviendas se construirán próximamente en la zona, lo que no está nada mal para un pueblo de once mil habitantes. Con esta inversión, Zapatero hace un flaco favor al discurso de su partido en todas las localidades costeras (en las que no gobierna, me refiero), denunciando incansa- 25 ble la tragedia del urbanismo salvaje, de la que al parecer tan sólo la derecha es responsable. Pues a ZP no le parece tan salvaje, y si se lo parece lo disimula bastante bien.

En sus últimas intervenciones dentro de la actual precampaña electoral, Zapatero ha hecho hincapié en su firme determinación de luchar contra el cambio climático. 30 Lo que no sabíamos es que iba a combatir en primera línea de fuego. Una de dos, o es un farsante que mide nuestras luces en función de las de su gabinete, o es todo un valiente. En cualquier caso, ¡qué tío!

Pablo Molina, Libertad Digital, 4–5–2007 (409 palabras)

Anotaciones

3 metro arriba metro abajo: metro más, metro menos; metro más o menos, aproximadamente, sin ser excesivamente exactos
5 Gaia (f.): diosa «Tierra»
7 sostenibilidad (f.): que se puede defender, que se puede sostener
9 colina (f.): pequeña montaña, elevación de terreno no muy alta, cerro, loma
14 engullir: tragar, devorar, destruir
pegar el petardazo: irrumpir, comenzar repentinamente, explotar
15 bragado/a: valiente, decidido, firme en sus resoluciones, resuelto
17 rambla (f.): cauce natural del agua de la lluvia cuando cae en abundancia
con dos cojones: lenguaje muy vulgar: fuerte; aquí: caudaloso
19 Vera: ciudad costera que se encuentra en la provincia de Almería, a 91 kilómetros al noreste de la capital y que tiene unos 12.000 habitantes; regada por el río Antas, Vera cuenta en la actualidad con una agricultura muy próspera, un turismo creciente y una industria emprendedora
21 115.000: cifra, a mi parecer, extremamente exagerada
23 flaco favor: mal servicio
31 medir las luces en función de: creer que se es como

Análisis y comentario

1. Estructure y resuma el contenido del texto.

2. A José Luis Rodríguez Zapatero se le presenta en el texto como un tipo valiente. Explique por qué.

3. Pablo Molina tilda, en parte, al presidente del Gobierno español de inconsecuente.
a) ¿Qué le reprocha concretamente?
b) ¿Considera usted el reproche justificado?
Fundamente su respuesta.

Análisis y comentario

1. El texto que vamos a analizar se puede dividir en cuatro partes.
   La primera parte, que se extiende hasta la línea 6, se abre con la predicción del desastre catastrófico de la desaparición de poblaciones costeras a causa de la subida de nivel de las aguas del mar.

   En la segunda parte, que va de la línea 7 a la línea 17, se expone la decisión del presidente del Gobierno de la nación de construirse una casa en la primera línea de una playa, desoyendo incluso los consejos de la ministro de Medio Ambiente de huir de la cercanía de la costa a la hora de construir.

   En la tercera parte, que se extiende de la línea18 a la 27, vemos que el lugar elegido por el presidente ha sido Vera, una población con mucho futuro en la costa de Almería. En esa zona está previsto construir más de 100.000 viviendas lo que lleva claramente a que el presidente no tenga ningún inconveniente en inmiscuirse en lo que llamamos especulación inmobiliaria.

   En la cuarta parte, Pablo Molina constata una contradicción en la manera de actuar del José Luis Rodríguez Zapatero. Por una parte anuncia su firme determinación de luchar contra el cambio climático y por otra no parece que este cambio le preocupe mucho ya que no tiene ningún miedo a vivir en zonas amenazadas.

2. Al presidente se le presenta como un tipo valiente en este texto por dos motivos:
   - ➠ Ha adquirido a pesar de los pronósticos pesimistas de la posibilidad de un cambio climático con la consiguiente ascensión del agua de los mares en la playa de Vera un domicilio en una zona costera.
   - ➠ La casa se encuentra muy cerca del mar y además cercana a la desembocadura de una rambla bastante caudalosa en los días de lluvia.

3. a) Pablo Molina hace tres claros reproches a José Luis Rodríguez Zapatero:
   - ➠ Tomar parte en lo que en España recibe el nombre de «urbanismo salvaje» (construcciones que destruyen la naturaleza principalmente en las zonas costeras).
   - ➠ Participar consciente o inconscientemente en la especulación inmobiliaria. Una compra en esa zona puede ser muy rentable ya que se va a convertir en un centro turístico y residencial muy importante.
   - ➠ Contradicción, como hemos dicho antes, entre lo que propaga y lo que hace. Para el autor, una persona de estas características recibe el nombre de farsante.

   b) Yo considero el reproche justificado en los tres puntos:
   - ➠ La construcción de la casa en esa zona es una contribución clara a lo que se podría llamar «urbanismo salvaje».
   - ➠ Se trata realmente de una especulación inmobiliaria en la que se puede ganar mucho dinero. El presidente acusa a la oposición de promover tales especulaciones y él no tiene ningún inconveniente en tomar parte directa en el negocio inmobiliario de la costa de Almería.
   - ➠ Para mí, la contradicción entre dichos (lo que se dice) y hechos (lo que se hace) en este caso concreto también es clara.

Turistas e ingresos

Parece augurar un buen año turístico el balance de los cuatro primeros meses, a juzgar por el aumento del 6% en el número de visitantes con respecto al mismo período del ejercicio anterior. De entrada, el incremento de turistas extranjeros es una buena noticia para un sector que se ha convertido en uno de los más dinámicos de la economía española, juntamente con el de la construcción. Pero hay que tener en cuenta, sin embargo, que un aumento del número de visitantes ya no es directamente proporcional a mayores ingresos, que es lo que realmente interesa para la buena marcha del país.

El espectacular éxito que han tenido las aerolíneas de bajo coste ha sido clave para el incremento de la afluencia de turistas. Es cierto. Pero también lo es en la determinación de nuevos estilos y hábitos que reducen el gasto per cápita. En este sentido se está generalizando la tendencia de los visitantes a contratar directamente por internet sus billetes de avión y sus hoteles, así como a realizar estancias más cortas, y a reducir sus demás gastos en el país. Esto explicaría que, según las estimaciones del Banco de España, los ingresos por turismo hayan bajado del orden del 8% en los primeros meses. Y eso no es tan positivo.

Para que realmente pueda hablarse de un buen año turístico, el sector debe ser capaz de mejorar su oferta para lograr un mayor gasto por persona. Este es un reto que se ha planteado reiteradamente en los últimos años la industria turística y en el que hay que insistir, sobre todo en Catalunya, que vuelve a destacar como primer destino turístico del Estado, y en donde el incremento de turistas ha sido el doble que el de la media nacional.

F. Peirón, La Vanguardia, 24–5–2006 (305 palabras)

Anotaciones

1 augurar: predecir, prever, presagiar, pronosticar
2 a juzgar por: partiendo de, teniendo en cuenta, considerando
3 ejercicio (m.); aquí: año (año comercial)
de entrada: en primer lugar, para empezar
9 clave (f.): un elemento decisivo, algo fundamental
13 estancia (m.): permanencia en un lugar durante un período de tiempo
14 sus demás gastos: el resto de sus gastos
18 reto (m.): desafío, incitación, estimulación [Herausforderung]
19 reiteradamente: repetidas veces

Análisis y comentario

1. Estructure y resuma el contenido del texto.

2. El autor afirma en el primer párrafo del texto: «el número de visitantes ya no es directamente proporcional a mayores ingresos».
   a) Explique con sus propias palabras el significado de la frase.
   b) ¿Qué factores han contribuido en el pasado reciente y contribuyen en nuestros días a la reducción de los gastos en la época de vacaciones?

3. ¿Qué propone F. Peirón a la industria turística para afrontar de una manera eficiente el problema?

Análisis y comentario

1. El texto que vamos a analizar se puede dividir en tres partes.
   En la primera parte, que va hasta la línea 8, se informa a los lectores de que el número de turistas que se han trasladado a España en el primer cuartal del año en curso ha aumentado en un 6 por ciento. Pero se nos advierte directamente que eso no quiere decir necesariamente que se haya incrementado por ello los ingresos totales en el turismo en ese mismo porcentaje.

   En la segunda parte, que se extiende de la línea 9 a la línea 16, se explica con un par de ejemplos que hay ciertos factores que han contribuido a que los ingresos reales hayan disminuido en un 8 por ciento.

   El sector turístico debe mejorar la oferta. Es la llamada que dirige el autor del texto en la parte final a los industriales de este sector. Cataluña, que se esfuerza en este sentido desde hace algunos años, puede servir de ejemplo. Se lo ha propuesto y se ha convertido en el primer destino turístico incrementando el número de turistas en el doble de la media nacional.

2. a) El hecho de que lleguen a España más visitantes no quiere siempre decir que a la nación le llegan más ingresos por turismo. Dicho de otra forma: los ingresos reales por el turismo no son siempre incrementados por el número de turistas que nos visitan.

   b) En el texto se nombran tres razones para ilustrar este hecho:
   - Los nuevos estilos de vida de los turistas reducen notablemente los gastos de cada persona durante la época de vacaciones.
   - Los billetes, sobre todo las personas jóvenes, los compran en Internet directamente a los transportadores. Este hecho merma considerablemente los beneficios de las agencias de viajes.
   - El tiempo de permanencia en España se reduce ya que los vuelos baratos dan al turista mucha mayor movilidad.

3. F. Peirón propone a la industria turística como medio adecuado para hacer frente de una manera eficiente al problema de la recesión del turismo mejorar la oferta con el fin de incrementar el gasto por persona. La propuesta no es nada nuevo. Es algo que la industria turística se ha propuesto repetidas veces en los últimos años. Cataluña ha sido una de las primeras comunidades que ha sido consciente de ello y ha doblado en los últimos años la media nacional del número de turistas albergados.

Sol y playa: días contados

Ecologistas en Acción comparte las declaraciones de la ministra de Medio Ambiente, Cristina Narbona, en las que afirmaba que «el turismo de sol y playa tiene sus días contados«, ya que la gran presión urbanística a que se encuentra sometido el litoral es inaceptable ambientalmente e insostenible económicamente. Además la or-
5 ganización ecologista solicita al Ministerio de Medio Ambiente que se elabore un Plan Estratégico para la gestión integrada de las zonas costeras.

La ocupación obsesiva de la proximidad al mar, de la primera línea de playa, la zona más frágil y sensible, está provocando, según *Ecologistas en Acción*, la destrucción de las playas o líneas costeras en las que se basa fundamentalmente el sector
10 turístico. Este modelo turístico ha empezado a dar claras señales de agotamiento, como lo han puesto de manifiesto expertos del sector turístico y de la ordenación del territorio.

Ante esta situación, *Ecologistas en Acción* considera urgente la elaboración por parte del Ministerio de Medio Ambiente de un «Plan Estratégico para la gestión inte-
15 grada de las zonas costeras«, que tenga carácter legal vinculante, y que analice los diversos ecosistemas litorales y establezca medidas concretas para asegurar la protección de los más representativos.

Los casi 8.000 kilómetros de costa de España sufren una gran presión de usos que afecta a sus valores naturales, especialmente al paisaje, con la permisividad de las
20 administraciones competentes. *Ecologistas en Acción* responsabiliza de esta situación a las administraciones competentes, que se han plegado a los intereses de las empresas promotoras, autorizando crecimientos urbanísticos, regeneraciones de playa, la construcción de puertos deportivos y comerciales, ampliando las carreteras existentes, instalando campos de golf y parques recreativos, etc.
25 Ante esta situación el Ministerio de Medio Ambiente ha desvirtuado el procedimiento de Evaluación de Impacto Ambiental, permitiendo proyectos muy impactantes, las Comunidades Autónomas (CCAA) están incumpliendo la Ley de Costas permitiendo usos urbanísticos y cómputos de edificabilidad en la servidumbre de protección del Dominio Público Marítimo terrestre. Y muchos Ayuntamientos se
30 ven abocados al círculo vicioso de tener que permitir nuevas recalificaciones y construcciones para disponer de ingresos. Además, los ayuntamientos costeros se lanzan a diseñar nuevos planes de ordenación antes de desarrollar y concluir los que tienen vigentes.

Editorial, La insignia, 1–9–2004 (371 palabras)

Anotaciones

1 *Ecologistas en Acción*: es una confederación de más de 300 grupos ecologistas distribuidos por pueblos y ciudades; forma parte del llamado ecologismo social, que entiende que los problemas medioambientales tienen su origen en un modelo de producción y consumo cada vez más globalizado, del que derivan también otros problemas sociales que hay que transformar si se quiere evitar la crisis ecológica

7 obsesivo/a: que padece obsesión, que se obsesiona con algo, insistente

10 agotamiento (m.): cansancio muy grande, extenuación

15 vinculante: obligatorio, que se debe cumplir

19 permisividad (f.): tolerancia excesiva, acuerdo pleno, actitud permisiva

21 plegarse a: someterse a, adaptarse a, acceder a, ceder a

25 desvirtuar: desvalorizar, quitar a algo su valor

26 Evaluación de Impacto Ambiental: se llama EIA al análisis de las posibles consecuencias de un proyecto sobre la salud ambiental, la integridad de los ecosistemas y la calidad de los servicios ambientales que éstos están en condiciones de proporcionar

26 impactante: que choca contra todo, que causa una gran impresión, que impacta

28 cómputo (m.): cuenta, cálculo
en servidumbre; aquí: en servicio

29 Dominio Público Marítimo terrestre: tierra de la costa

30 abocado/a a: que es conducido ineludiblemente a algo
recalificación (f.): procedimiento mediante el cual se otorga a un terreno una consideración, rústica o urbana, distinta de la que tenía

Análisis y comentario

1. Estructure y resuma el contenido del texto.
2. Formule con sus propias palabras los peligros que amenazan, según Ecologistas en Acción, al turismo español en nuestros días.
3. ¿Qué se reprocha en el texto a las administraciones locales de las regiones y localidades turísticas?
4. Comente el contenido y la función del título del texto que analizamos.

Análisis y comentario

1. La primera parte, que va hasta la línea 6, nos informa que, tanto Cristina Narbona, ministro de Medio Ambiente española, como la organización *Ecologistas en Acción* sostienen que un turismo que sólo se basa en la expansión de las construcciones lo más cercanas al mar no tiene futuro.

   Expertos en turismo, por lo que vemos en la segunda parte, que va de la línea 7 a la línea 17, han puesto claramente de manifiesto que la ininterrumpida destrucción de las playas y del paisaje exigen la elaboración de un plan que proteja los ecosistemas existentes y tenga para todos carácter obligatorio.

   En la tercera parte, que empieza en la línea 18, se extiende hasta la linea 24, se nos dice abiertamente que responsables de lo que está sucediendo son las administraciones locales que en lugar de proteger a la naturaleza se doblegan a los intereses comerciales de las empresas de la zona.

   En la parte final vemos que, dados los claros y frecuentes abusos a la hora de revalorar los terrenos, la ministra de Medio Ambiente se ha visto obligada a desacreditar y desvalorizar el procedimiento empelado (Evaluación del Impacto Ambiental). Muchas localidades e incluso regiones se ven casi obligadas para disponer de los impuestos que tienen necesidad a tener que permitirse lo que no deberían consentir.

2. Entre los peligros que amenazan, según *Ecologistas en Acción*, al turismo español en nuestros días hay que destacar:
   ➠ La presión urbanista a la que se somete a la costa al querer construir siempre lo más próximo a la playa.
   ➠ La destrucción del paisaje con la venia de autoridades a las que compete su defensa.
   ➠ La ampliación de las infraestructuras ya existentes sin considerar las consecuencias mediatas e inmediatas.
   ➠ La recalificación y revalorización de terrenos motivados por móviles especulativos.

3. Entre otras cosas se reprocha en el texto a las administraciones locales de las regiones y localidades turísticas lo siguiente:
   ➠ no elaborar planes ecológicos para la gestión de las zonas costeras y no dotarlos de carácter obligatorio en caso de elaborarlos.
   ➠ de que las autoridades administrativas se doblegan más de lo que cabría desear a los intereses de las empresas de la zona.
   ➠ incumplir la Ley de Costas.
   ➠ de que lo importante para algunas administraciones locales y regionales no es la defensa del medio ambiente sino los ingresos que obtienen con los impuestos.

4. En el título del texto que estamos analizando se anuncia el declive del turismo tradicional de sol y playa. En el título se da de una manera comprimida el contenido del texto que es una advertencia y una amenaza a quienes teniendo obligación no respetan ni defienden los bienes ecológicos que sustentan nuestro turismo.

Turismo y confusión de lenguas

El nacionalismo en materia lingüística no sólo es una imposición contraria al pluralismo social, sino también una rémora para el desarrollo económico. Así lo denuncia la Mesa del Turismo, que representa a uno de los sectores más dinámicos e influyentes de la economía española. Aeropuertos, carreteras, mapas y otros elementos de señalización inducen a confusión a los visitantes extranjeros puesto que algunas comunidades autónomas no respetan la cooficialidad del idioma español. La dispersión legislativa provoca frecuentes conflictos, sin que desde el Ministerio de Industria se haga una labor eficaz en favor del conjunto del sector y del cumplimiento de las leyes. Los empresarios advierten de que la situación puede repercutir en inversiones futuras de entidades foráneas, sin olvidar que el turismo es un sector muy sensible al malestar de los clientes. Cuando la competencia crece de día en día y otros países ofrecen también opciones atractivas, resulta absurdo tirar piedras contra el propio tejado. El turista que busca un nombre propio y no lo encuentra por culpa de una absurda decisión política, tal vez prefiera en el futuro pasar sus vacaciones en un lugar donde no le creen problemas innecesarios. Lo mismo que la calidad de las infraestructuras o la eficacia de los servicios, las facilidades para la organización y desarrollo del desplazamiento determinan el grado de satisfacción de unos usuarios que suelen ser exigentes y que tienen a su alcance otras muchas posibilidades. Sin duda, los competidores del turismo español se estarán frotando las manos ante este gol en propia puerta que encaja nuestra industria.

El nacionalismo fundamentalista hace de la lengua un arma política en contradicción con su función natural como elemento de comunicación. La lengua española ocupa una posición de privilegio en el ámbito internacional. Es absurdo desperdiciar las ventajas competitivas que ello conlleva y por eso algunos nacionalistas deberían aprender de otros modelos, por ejemplo de Irlanda o de la India, donde la lengua inglesa es uno de los secretos del éxito económico.

La Constitución es muy clara al establecer que «el castellano es la lengua española oficial del Estado». El nombre de las localidades, el menú de los restaurantes o las cartas de servicios turísticos deberían figurar siempre en el idioma que los visitantes mejor pueden conocer e identificar, sin perjuicio de que se haga constar también en las otras lenguas. Cualquier turista sabe que no es sencillo orientarse en un país extraño, en especial cuando los carteles son confusos y no se corresponden con las guías que se manejan desde el lugar de origen o con los conocimientos más o menos amplios que se tengan de la lengua española. Algunos políticos nacionalistas ponen su aldeanismo cultural por delante de cualquier otra consideración. Por eso es muy positivo, como en este caso, que la sociedad civil llame la atención sobre los problemas que realmente importan a los ciudadanos.

Editorial, ABC, 8–8–2007 (481 palabras)

Anotaciones

2 rémora (f.): impedimento para llevar algo a buen fin, obstáculo, inconveniente
5 puesto que: porque, ya que, dado que
10 foráneo/a: que es de fuera o de otro lugar, extraño, extranjero
12 tirar piedras contra el propio tejado: perjudicarse, hacerse daño a sí mismo
19 frotarse las manos: alegrarse, regocijarse
20 encajar: asestar, aceptar, recibir
23 desperdiciar: no aprovechar debidamente, desaprovechar, perder
33 manejar: emplear, utilizar, usar
35 aldeanismo (m.): falta de amplitud de miras, incultura y tosquedad propia de una sociedad aislada

Análisis y comentario

1. Estructure y resuma el contenido del texto.
2. ¿En qué medida puede ser el bilingüismo de algunas regiones españolas un inconveniente para su desarrollo turístico?
3. ¿Qué reprocha el autor del editorial a los nacionalismos fundamentalistas?
4. ¿Qué es lo que puede suceder a algunos turistas concreta y frecuentemente cuando llegan a España?
5. Defina y explique el término «aldeanismo cultural».

Análisis y comentario

1. El texto se puede dividir en las tres partes que presenta su estructura tipográfica.

   El nacionalismo en materia lingüística puede tener repercusiones muy negativas en la industria turística española. El turista no se siente a gusto en lugares en los que tiene que enfrentarse con problemas innecesarios, originados por miembros de comunidades autónomas que no se atienen a la cooficialidad del español.

   En sí es algo incomprensible, incongruente y absurdo no aprovecharse de las ventajas que lleva consigo para nuestro turismo el que el castellano ocupe un lugar de privilegio en el ámbito internacional desde ya hace bastantes años.

   Las informaciones más importantes destinadas a los turistas deberían estar escritas en castellano.

2. El bilingüismo puede ser un inconveniente para el desarrollo turístico de algunas regiones turísticas:
   - ➠ cuando en dichas regiones no se tiene en cuenta ni se respeta la cooficialidad de la lengua castellana.
   - ➠ cuando al ministerio de Industria le es totalmente indiferente que se cumplan las leyes o no.
   - ➠ cuando a los turistas se les crean problemas innecesarios a causa de las lenguas de las comunidades.

3. El autor del texto reprocha a los nacionalismos fundamentalistas de hacer de la lengua, que en sí es un instrumento de comunicación, un arma política con las consecuencias negativas que esto puede implicar para el turismo.

4. A algunos turistas les puede suceder que cuando llegan a España tienen que darse cuenta que no les ha servido de nada haber adquirido conocimientos más o menos amplios en castellano porque en la región que los ha acogido no se usa o está casi prohibido este idioma. Tampoco es muy grato constatar que las guías con las que se han preparado las vacaciones están escritas en otra lengua de la que pensaban que les esperaba en España.

5. «Aldeanismo cultural» designa la cortedad de miras, la pobreza de espíritu, la incultura, presunción y tosquedad de una sociedad aislada, que en ingenuidad e ignorancia se cree ser el ombligo, el centro de todo el mundo.

«Marea negra» en Ibiza

Tres playas cerradas, un daño ambiental difícil de precisar, aunque sin duda elevado, en el parque natural de Ses Salines, y la presunción de una crisis grave para el turismo balear durante esta temporada es, por el momento, el balance del hundimiento del mercante *Don Pedro* en las proximidades de Ibiza con 150 toneladas de fuel a bordo. El naufragio carece de los tintes dramáticos y la magnitud del *caso Prestige,* pero indica, a menor escala, la indefensión frente a las contingencias, accidentes y vertidos marítimos que castigan de vez en cuando a las costas españolas. Esta indefensión es más grave en cuanto que el turismo es una fuente de ingresos insustituible para la economía española y que una *marea negra* es tóxica para los ecosistemas de las costas y para la ocupación turística de playas y zonas de ocio.

En el caso del *Don Pedro*, la indefensión se manifiesta primero en el hecho de que siguen produciéndose hundimientos con cargas contaminantes. Al parecer, ni las autoridades españolas ni las europeas son capaces de imponer normas que eviten las *mareas negras,* porque de eso se trata. Después, se aprecia la escasez de personal que se dedica a las tareas de limpieza de las playas y una cierta lentitud en la respuesta de las instituciones baleares y nacionales en poner en marcha los dispositivos de control y limpieza que eviten el caos turístico en la zona. El vertido no fue excesivo, pero había que contar con que provocase una lógica alarma entre la población y los visitantes de las playas.

Con todo, donde las administraciones tienen que demostrar más capacidad de reacción y firmeza es en fijar rápidamente las responsabilidades del accidente, en exigir que la empresa Iscomar-Contenemar corra con los gastos de limpieza de la zona contaminada y reciba, en el plazo más breve posible, la sanción adecuada por un error que acabó en naufragio. Todas las circunstancias de ese error deben investigarse a fondo, porque no es normal que se ordene un rumbo equivocado y que en el curso de ese rumbo se embista de proa contra un islote bien señalado en las cartas.

Editorial, El País, 14–7–2007 (362 palabras)

Anotaciones

2 presunción (f.): sospecha, conjetura, suposición, barrunto
3 hundimiento (m.); aquí: naufragio, pérdida de una embarcación en un lugar navegable
4 mercante (m.): buque mercante, barco destinado al transporte de mercancías
5 fuel (m.): combustible líquido obtenido del petróleo natural por refinación y destilación, que se destina especialmente a la calefacción
tinte (m.): característica, apariencia, aspecto, carácter
6 contingencia (f.): lo que tiene posibilidad de suceder, cosa que puede acontecer, eventualidad, percance
7 vertido (m.): material de desecho que se vierte, resto de procesos industriales que se echa en las aguas
10 ocio (m.): tiempo libre, vacación, interrupción voluntaria de una actividad; tiempo de ocio
15 lentitud (f.): tardanza con la que se ejecuta una acción, duración exagerada, morosidad
22 correr con: encargarse de, asumir
26 embestir de proa: acometer, lanzarse con la parte delantera
islote (m.): isla pequeña y despoblada, peñasco muy grande en el mar

Análisis y comentario

1. Estructure y resuma el contenido del texto.
2. ¿Por qué han tenido que cerrarse en Ibiza tres playas al público?
3. Las llamadas «mareas negras» son bastante frecuentes en las costas españolas.
   a) ¿A qué se le da el nombre de «marea negra»?
   b) ¿De qué se acusa en nuestro texto a las autoridades competentes con referencia a las «mareas negras»?
4. ¿Qué es lo que lleva a afirmar que en el hundimiento del *Don Pedro* la propietaria del navío es la responsable del accidente?

Análisis y comentario

1. El texto presenta un estructura clara y puede ser dividido en tres partes.

   Las consecuencias del hundimiento del Don Pedro en las cercanías de Ibiza, tanto directas como indirectas, para el turismo (se han cerrado tres playas a los bañistas) y la economía española son el tema de la primera parte, que se extiende hasta la línea 10.

   En la segunda parte, que va de la línea 11 a la línea 19, se expone la indefensión que el hundimiento ha provocado en la población al ver la limitación de los recursos con que cuenta la isla para afrontar este tipo de catástrofes y adversidades.

   En la última parte, que comienza en la línea 20, se exige a la empresa propietaria que se haga cargo de todos los gastos ya que, según parece, su culpabilidad en el incidente es bastante clara y evidente.

2. En la isla de Ibiza han tenido que cerrarse tres playas a bañistas, veraneantes y turistas a causa del hundimiento de un barco mercante que transportaba fuel. El *Don Pedro*, ese es el nombre del barco que se hundió, llevaba en su interior 150 toneladas de carburante y su naufragio (amenazaba) amenaza contaminar las tres playas que, como hemos dicho, han tenido que ser cerradas al público.

3. a) Se denomina *marea negra* a la masa oleosa que se crea cuando se produce un derrame de hidrocarburo en el medio marino. Se trata de una de las formas de contaminación petrolífera más graves, pues no sólo invade el hábitat de numerosas especies marinas, sino que su dispersión alcanza igualmente costas y playas destruyendo la vida a su paso, o alterándola gravemente. Las *mareas negras* generan grandes costos o inversiones en la limpieza, depuración y regeneración de las zonas afectadas.

   b) A las autoridades competentes, tanto españolas como europeas se les acusa de:
   - ➠ No ser capaces de imponer normas que eviten las *mareas negras*.
   - ➠ Destinar demasiado poco personal que se dedique a la limpieza de las playas.
   - ➠ Reaccionar con excesiva lentitud en el caso de accidentes.
   - ➠ Poseer, en general, poca capacidad de reacción.

4. La empresa propietaria del navío es la responsable del accidente porque el naufragio fue aparentemente debido a un error evitable. A la embarcación se le ordenó una maniobra equivocada y en el curso de esa maniobra el barco se estrelló contra un islote que estaba suficientemente señalado en las cartas de navegación. Tendrá que llevarse a cabo una investigación a fondo, pero parece que el barco se hundió por un error que acabó en naufragio.

Turistas maltratados

Se puede comer mal hasta en el País Vasco, lo que tiene delito. Pero lo de Madrid bate records. Nos estamos quedando sin uno de los atractivos turísticos de nuestro país, el de una gastronomía elaborada y suculenta. Hoy, a diferencia de unos años atrás, proliferan en la costa mediterránea, desde Rosas a Tarifa, inmundos chiringui-
5 tos que esquilman a los guiris a cambio de unos guisos incomestibles.

No sé cuándo ni porqué empezó la caída en picado de la calidad de nuestros restaurantes. Ignoro si tiene que ver con la entrada del euro, la sensación de impunidad de los intrusos en el sector de la hostelería o la contratación de inmigrantes que desconocen la diferencia entre una paella y un cocido. Pero el mal ya está hecho.

10 Tampoco es que uno hile muy fino. No critico pifias sutiles, como girar la botella al descorchar un vino de marca o no poner una servilleta junto a la cubitera para que no nos gotee encima al servir la bebida. Eso sería para nota. Me basta simplemente con que los camareros no metan el dedo en los platos y que las fritangas no sean apestosas, la carne resulte comestible y no nos sepan absolutamente igual las nati-
15 llas, las mousses y los helados.

Ya ven que uno no pide mucho. Simplemente, volver adonde estábamos. Hace veinte años, las naciones emergentes en turismo, desde Túnez a Yugoslavia, dejaron de enviar sus gentes a aprender hostelería y restauración en Suiza o Francia, países cimeros del sector, porque pensaron que España era un alumno aventajado al que
20 imitar. Pues ya no.

La relación calidad–precio, antes tan favorable, se ha invertido. Sobre todo, en Madrid. Hasta en ese triste ranking nuestra capital va en cabeza. Comer ya no bien, sino regular, es misión casi imposible en los alrededores de la Plaza Mayor, Puerta del Sol o Plaza Santa Ana, lugares del laico peregrinaje turístico.

25 Uno entiende, entonces, que muchos de nuestros visitantes prefieran el bocata de mortadela comprado en el supermercado, a sentarse en una terraza en la que les van a dar un palo sin dejarlos satisfechos. Situación, ésta, de la que se quejan ya muchos restauradores, como si ellos, pobrecitos, no tuvieran la culpa.

De todo esto es de lo que menos se habla cuando se alude a un posible estanca-
30 miento del sector, a la retracción del turismo exterior, a la competencia de nuevos destinos o a la falta de efectivo de los viajeros por la subida de las hipotecas.

Todo eso está muy bien, pero si diéramos mejor de comer no tendríamos de qué preocuparnos.

Enrique Arias Vega, Diario directo, 21–08–07 (438 palabras)

Anotaciones

1 tener delito: no estar nada bien, no ser correcto
5 esquilmar: agotar una fuente de riqueza sacando de ella mayor provecho del debido, sacar el dinero abusivamente, exprimir, estrujar, explotar, empobrecer a una persona, estafar
guiri (m.): extranjero, forastero, turista
9 cocido (m.): guiso típico madrileño, preparado con garbanzos, carne y hortalizas que se cuecen todos en una misma olla
10 hilar fino: ser exigente, proceder con minuciosidad, ser muy sutil, discurrir considerando todas las posibilidades existentes
pifia (f.): error, hecho desacertado, desliz, imprudencia, incorrección, descuido, desacierto, golpe en falso dado con el taco en el juego del billar
11 cubitera (f.): recipiente para hacer y servir cubitos de hielo, hielera
13 fritanga (f.): conjunto de alimentos fritos normalmente grasientos
19 cimero/a: que está en la cima/cumbre, líder
24 laico/a; aquí: ignorante, mal informado
27 dar un palo: hacer pagar mucho dinero, estafar
28 restaurador (m.): persona que tiene un restaurante

Análisis y comentario

1. Estructure y resuma el contenido del texto.
2. ¿Qué ha comprobado Enrique Arias Vega con respecto a la calidad culinaria de las refacciones ofrecidas hoy a turistas en España?
3. ¿Qué se puede decir de la relación calidad– precio en los servicios de restaurante de algunas zonas madrileñas?
4. ¿Cómo reaccionan no pocos turistas ante las subidas de precios?
5. Explique el contenido y la función del título del texto que estamos analizando.

Análisis y comentario

1. El texto que nos ocupa podemos dividirlo en tres partes.

   En la parte introductoria del texto, que termina en la línea 5, el autor constata y lamenta el empeoramiento de la oferta culinaria a los turistas en España, tanto en tierra firme como en la costa.

   En la segunda parte, que va de la línea 6 a la línea 24, Enrique Arias Vega declara que, aunque no puede nombrar las causas concretas, España ya no es el modelo a imitar que fue para otras naciones que intentaban abrirse al turismo y que la relación calidad–precio se ha invertido. El autor concluye esta parte diciendo que hoy comer bien en el centro de Madrid se ha hecho enormemente difícil.

   Muchos visitantes se deciden a no frecuentar ni hoteles ni terrazas, forneciéndose de lo que precisan para alimentarse en los supermercados. Quizá la crisis del turismo tenga que ver, observa el autor al final de su artículo, con la calidad y sobre todo con los precios de la comida. Este es el contenido de la tercera parte que comienza en la línea 25.

2. Enrique Arias Vega ha constatado con respecto a la calidad culinaria de las refacciones ofrecidas hoy a los turistas en España:
   - ➠ En la costa mediterránea se han extendido enormemente los chiringuitos.
   - ➠ Las comidas de los chiringuitos son bastante poco variadas y bastante deficientes.
   - ➠ La calidad de refacciones ofrecidas incluso en los restaurantes se ha deteriorado mucho en los últimos años.
   - ➠ La relación precio–calidad se ha invertido. Hoy se exige alto precio por escasa calidad.

3. De la relación precio–calidad en los servicios de restaurante de algunas zonas de Madrid se puede decir que ya no es lo que era. En otros tiempos se decía que en Madrid se podía comer bien por relativamente poco dinero.
   Hoy Madrid es la ciudad en la que más se paga por comer de toda España.
   En las zonas céntricas comer bien o incluso regular se ha hecho casi imposible, mismo en los llamados itinerarios turísticos.

4. Ante la subida de los precios de las comidas en los restaurantes la reacción de no pocos turistas es frecuentemente proveerse de comida en los supermercados y evitar la entrada en los restaurantes. En el texto se dice que hoy muchos turistas prefieren comprar en los supermercados y hacerse un bocata de mortadela a sentarse en una terraza para que se les lleven no poco dinero sin dejarlos satisfechos.

5. En el título del texto se nos adelanta que los turistas ya no reciben el trato que recibían en otro tiempo. El título podemos decir que resume el contenido de texto. No dejemos de ver el doble significado del adjetivo «maltratado»: a) no tratado bien y b) agredido físicamente.

Costas de cemento

Los excesos inmobiliarios transmiten últimamente pésimas noticias para los partidarios de compaginar las reglas del mercado con desarrollos urbanísticos respetuosos con el medio ambiente. Greenpeace ha presentado un informe que confirma y extiende a casi toda la línea de costa española la denuncia elaborada por el Parlamento Europeo, que el año pasado pidió una moratoria en los proyectos de la Comunidad Valenciana para frenar una urbanización desenfrenada. En el litoral, las autoridades autonómicas y locales han aprobado la construcción de 1,5 millones de viviendas para este año, el doble que las proyectadas en 2005, 303 campos de golf y 116 puertos deportivos. Están en trámite más de un centenar de denuncias por presunta corrupción urbanística en poblaciones costeras, con mención especial a Valencia y Andalucía.

A lo que más se parece el *boom* de la construcción en la periferia española es a una destrucción pertinaz y sistemática de la costa por los intereses especulativos, la presión de los ayuntamientos para conseguir ingresos y la desidia de las autonomías a la hora de poner orden en este caos. La relación de daños que origina debería incitar a las autoridades públicas a una reacción inmediata. El calentamiento del agua y los vertidos están en el origen de fenómenos como la explosión de medusas que se cierne sobre las playas españolas o la destrucción de especies con gran valor económico, como el atún rojo.

Para el turismo, fuente principal de ingresos para la economía nacional, el espeso cinturón de cemento que asfixia la línea de costa es un tóxico que acabará por despachar a los visitantes, hartos de ladrillos en lo que antes fueron playas tranquilas y localizaciones naturales. El modelo de plusvalías rápidas basadas en la construcción sin límite –y en muchas ocasiones al margen de la ley, como se ha demostrado en Marbella– expulsa a los turistas con más poder adquisitivo.

No se trata de contraponer la libertad de construcción y el derecho de los demandantes de segundas o terceras residencias con la necesidad de proteger bienes económicos y ecológicos de gran valor para la sociedad española. Se trata simplemente de que, a través de una nueva Ley del Suelo y de otras medidas complementarias, los poderes públicos garanticen que no habrá recalificaciones para proyectos de construcción que no dispongan de suministro de agua, depuradoras u otras condiciones de sostenibilidad. Y de que, finalmente, entre todos no matemos la gallina de los huevos de oro que son nuestras costas y playas.

Editorial, El País, 6–7–2006 (417 palabras)

Anotaciones

2 respetuoso/a con: que respeta, que tiene en cuenta, que guarda/observa respeto a, que tiene consideración con
5 moratoria (f.); aquí: retraso o paralización de una determinada actividad, período de tiempo en el que se reflexiona antes de tomar decisiones, pausa, moratorium
6 frenar: limitar el aumento, moderar, disminuir
13 pertinaz: constante, persistente, duradero, que no cesa, obstinado, terco
14 desidia (f.): pasividad, dejadez, desinterés, negligencia, indolencia
17 vertido (m.): restos que se echan al mar, basura
medusa (f.): [Schirmqualle, Meduse]
19 atún (m.) rojo: pez marino muy apreciado [Thunfisch]
21 asfixiar: destruir, matar no dejando respirar, sofocar
despachar: poner fuera, enviar a su casa, hacer irse, expulsar
22 ladrillo (m.): pieza de barro que se emplea en la construcción [Ziegelstein]
30 recalificación (f.): revaloración de un terreno, cambio de la calificación de un terreno para hacerlo edificable y normalmente de más valor
32 sostenibilidad: cualidades que hacen aceptable una cosa

Análisis y comentario

1. Estructure y resuma el contenido del texto.
2. ¿Qué ha hecho público Greenpeace con referencia a las costas españolas?
3. El editorialista critica abiertamente la política turística de la Administración española.
   a) ¿Qué echa en cara concretamente el autor a las autoridades competentes?
   b) ¿Qué consecuencias negativas puede tener para la nación española la llamada «desidia» de las autonomías?
4. En la última parte del texto se habla de la «muerte de la gallina de los huevos de oro».
   Exponga el contenido de esta imagen.
5. Hay algunos españoles que desconfían de una economía nacional que se basa esencialmente en la industria turística.
   Enumere y comente algunos de los componentes que pueden motivar su escepticismo.

Análisis y comentario

1. El texto que nos ocupa se compone de tres partes.
   La primera parte del texto, que va hasta la línea 11, contiene un informe de Greenpeace, que se hace eco de la denuncia del Parlamento Europeo sobre la calamitosa y desenfrenada urbanización costera de la Comunidad Valenciana diciendo que va extendiéndose alarmantemente, basando su afirmación en datos concretos, al resto de casi toda la costa española.

   El boom de la construcción costera, leemos en la segunda parte, que va de la línea 12 a la línea 19, se convierte en una destrucción sistemática de la costa que origina graves daños y que viene dada por la especulación, por el egoísmo y la codicia de los ayuntamientos en obtener los ingresos de los impuestos y la indiferencia, dejadez y el pasotismo ante estos hechos por parte de las autonomías. El cinturón de cemento y los ladrillos que asfixian la costa acabaran ahuyentando a los turistas.

   Al final del texto se aclara que no se trata de acortar los derechos de nadie, sino de no autodestruirnos, de no matar a la gallina que nos pone los huevos de oro en nuestras playas y en nuestras costas.

2. Greenpeace ha hecho público que las autoridades autonómicas han aprobado para el año en curso un millón y medio de viviendas costeras, el doble de las aprobadas en 2005, año en el que ya se consideraron excesivas, 303 campos de golf y 116 puestos deportivos. También ha puesto en conocimiento de la sociedad el centenar de denuncias por corrupción urbanística que se han expedido y dirigido, sobre todo, a entidades de Valencia y de Andalucía.

3. a) El autor acusa a lo largo del texto a las autoridades competentes de:
   - ➡ Haber aprobado la construcción de millón y medio de viviendas costeras para 2006; lo que representa muchísimo más del doble de las proyectadas.
   - ➡ Avaricia, sobre todo en los ayuntamientos, ya que lo único que parece interesarles es aumentar sus ingresos con los impuestos que obtienen mediante la ampliación de las zonas construidas.
   - ➡ Despreocuparse totalmente a la hora de solucionar los problemas.

   b) La despreocupación de las autoridades competentes puede tener como consecuencia una degradación de las zonas turísticas que puede llevar a la huida de los turistas o por lo menos a la ausencia de los turistas con poder adquisitivo elevado.

4. En lugar de grandes comentarios me he decidido por adjuntar dos versiones de la fábula dejando el comentario y la reflexión al que lea o corrija el análisis y comentario.

   «Tenía cierto hombre una gallina que cada día ponía un huevo de oro. Creyendo encontrar en las entrañas de la gallina una gran masa de oro, la mató; mas, al abrirla, vio que por dentro era igual a las demás gallinas. De modo que, impaciente por conseguir de una vez gran cantidad de riqueza, se privó él mismo del fruto abundante que la gallina le daba.»

(*Esopo*)

Érase una Gallina que ponía
un huevo de oro al dueño cada día.
Aun con tanta ganancia mal contento,
quiso el rico avariento
descubrir de una vez la mina de oro,
y hallar en menos tiempo más tesoro.
Matóla; abrióla el vientre de contado;
pero, después de haberla registrado,
¿qué sucedió? que muerta la Gallina,
perdió su huevo de oro y no halló mina.

¡Cuántos hay que teniendo lo bastante,
enriquecerse quieren al instante,
abrazando proyectos
a veces de tan rápidos efectos,
que sólo en pocos meses,
cuando se contemplaban ya marqueses,
contando sus millones,
se vieron en la calle sin calzones!

(Félix María Samaniego)

5. Motivos de escepticismo:
   - ➠ El turismo es una fuente de ingresos relativamente insegura. Basta que se den algunos incidentes (catástrofes naturales, inseguridades políticas, contagios etc.) imprevistos para que los visitantes no aparezcan o se ausenten.
   - ➠ El turismo ofrece en muchas zonas y a muchos de los que ocupa una actividad temporal, limitada a la estación estival.
   - ➠ Los perjuicios ecológicos, si no hay una coordinación competente, pueden ser irreparables.

Pollos, turistas y exquisitos

Los más veteranos recordarán aquellos exquisitos pollos de antes de la industrialización intensiva del sector avícola. Eran pollos de carne tersa y fragante que, recién asada, excitaba los sentidos y emocionaba el espíritu. Nada que ver con esas pobres aves grasientas y de muslos flojos e insulsos que inundan hoy los mostradores. Pero tenían un problema, y muy grave, aquellos excelentes pollos: había poca producción y, por tanto, sólo se posaban en las mesas pudientes. En las de los trabajadores, apenas se dejaban ver una o, a lo sumo, dos veces por año. La industrialización empeoró la calidad de las aves, pero facilitó la generalización de su consumo.

Una evolución similar ha experimentado el turismo. Hasta hace muy pocas décadas, aquí sólo viajaban los señoritos, o los hippies, que en su mayoría eran hijos de esos señoritos. La ampliación y consolidación de las clases medias y el desarrollo enorme de la industria turística han conformado un mercado de masas. Como el pollo, el producto turístico medio actual es mucho menos exquisito, excitante y enigmático que el viaje de antaño, pero está al alcance de muchos. ¿Masificado? Sí, y democratizado.

En Barcelona, estos días, alguna gente pretendidamente progresista se afana en dar cuerpo a una curiosa e incipiente moda. Se trata de culpar a los turistas de los males de la ciudad, de caricaturizarlos como toscos invasores, seres molestos, zafios y horteras, usurpadores de una Barcelona malentendida como propiedad privada de los barceloneses. Cuando los exquisitos impulsores de esta moda viajan a Nueva York o a Roma –o al Empordà, o a Alella a por vino algún domingo– no son bobos turistas, por supuesto, sino inteligentes viajeros.

Aparte de su impacto económico, la gran aportación del turismo al mundo es su potencial pacificador: el viaje, el conocimiento del otro, es una vacuna contra el odio.Otra cosa muy distinta es el debate sobre la voracidad hotelera o sobre cómo gestiona este fenómeno el ayuntamiento, o sobre la conveniencia de imponer una tasa turística.

Luis Mauri, El Periódico, 27–9–2004 (342 palabras)

Anotaciones

1 más veterano (m.): mayor, más viejo, de más edad, más avanzado en edad
2 avícola: de la cría y explotación comercial de aves [Geflügelzucht]
terso/a: liso, tenso, bruñido
3 nada que ver; aquí: no tenían nada que ver, no eran en ningún punto comparable
4 muslo (m.): pierna, pantorrilla [Keule]
insulso/a: contrario de sabroso, falto de sabor, desustanciado
mostrador (m.); aquí: lugar donde se exponen las mercancías, tablero que hay en las tiendas para presentar los géneros
6 posarse en: ir a parar a, llegar volando a, aterrizar suave de las aves y los insectos sobre una superficie u objeto tras una maniobra relativamente vertical
12 conformar: dar forma, llamar a la existencia, crear, originar, hacer surgir
16 afanarse en: entregarse a un determinado objetivo con gran anhelo, esforzarse mucho para, poner mucho empeño en
18 tosco/a: poco cultivado, rudo, mal educado, basto, grosero
21 Alella: Localidad de la provincia de Barcelona que cuenta con unos 10.000 habitantes; los vinos de Alella son muy conocidos y apreciados
bobo/a: necio, estúpido, idiota, cretino
24 vacuna (f.): medicamento que preserva de una enfermedad, inmunización, antídoto

Análisis y comentario

1: Estructure y resuma el contenido del texto.

2. ¿Qué nos dice el autor en concreto de la consumición de pollos antes de la industrialización extensiva de la producción de carne de aves.

3. El autor critica en este texto a algunos ciudadanos de Barcelona.
a) ¿Qué les echa en cara?
b) ¿Por qué considera el autor la actitud de los criticados ilógica y contradictoria?

4. ¿Qué aspectos positivos de turismo se mencionan en la última parte del texto?

Análisis y comentario

1. El texto que vamos a analizar puede estructurarse en cuatro partes.

   En la primera parte, que va hasta la línea ocho, el autor constata que la industrialización en la producción de la carne (cárnica, se dice ahora) de aves ha extendido el consumo, pero ha mermado notablemente la calidad del producto (alimento). (industrialización en la producción cárnica avícola)

   Lo mismo que ha sucedido con el consumo de la carne de pollo se ha dado también en el turismo, en la industria turística. Los viajes turísticos (los «veraneos»), privilegio de las clases acomodadas en otros tiempos, están hoy al alcance de casi todas las carteras, tarjetas bancarias y presupuestos. Esta comparación es el contenido de la segunda parte, que se extiende de la línea 9 a la línea 15.

   En la tercera parte, contenida en el fragmento que va de la línea 16 a la línea 22, se hace alusión a una actitud frente a los turistas que se ha divulgado mucho en Barcelona en los últimos tiempos. A los turistas se les culpa de muchos males de la ciudad.

   En la cuarta parte el autor concluye el texto acentuando los aspectos positivos del turismo.

2. El autor hace referencia a dos puntos en la época preindustrial de la cría de aves:
   - La calidad de los pollos que se ofrecían en el mercado no se puede comparar, de ningún modo, con la de hoy. Los pollos eran criados en el corral y eran verdaderas delicias culinarias.
   - Los pollos eran un manjar que solamente se podían permitir las gentes ricas. El ciudadano normal sólo comía pollo el día de Navidad. Los había también entre los menos adinerados que se permitían este lujo una segunda vez cada año. *En mi casa comíamos pollo el día de Navidad y el día de la Fiesta Mayor del pueblo*.

3. a) Algunos consideran a los turistas como invasores y los tildan de ser incultos, maleducados y de perturbar la calma y ensuciar las calles de la ciudad de Barcelona.

   b) La actitud de estos barceloneses se puede considerar ilógica y contradictoria ya que ellos mismos consideran sus viajes al extranjero como algo que sólo llevan a cabo las personas inteligentes.

4. En la parte final del texto se mencionan dos aspectos positivos del turismo:
   - Aspecto económico (aspecto que no se comenta directamente)
   - Aspecto pacificador. El turismo posibilita el conocimiento de países y culturas. El conocimiento del otro lleva normalmente a su valoración objetiva y es el mejor antídoto contra prejuicios. El autor dice que es «la mejor vacuna contra el odio».

Líderes en turismo

España puede estar satisfecha por la evolución de su sector turístico. En el 2006, después de un ejercicio récord, ha mantenido su posición como segunda potencia turística mundial en número de visitantes detrás de Francia. También ha sido el segundo país del mundo con mayor cifra de ingresos detrás de Estados Unidos.

Estos datos, presentados en Madrid por la Organización Mundial del Turismo (OMT) en vísperas de la inauguración de Fitur –también la segunda feria turística más importante del mundo después de la ITB de Berlín–, suponen un reconocimiento a los atractivos y al buen hacer de nuestro país en un sector altamente competitivo. El turismo en España ha sido una suma de progreso constante desde hace cincuenta años y ha contribuido decisivamente a nuestro desarrollo.

El actual ranking turístico mundial, sin embargo, se verá indefectiblemente alterado por la entrada de China en este mercado. En la actualidad está a punto de arrebatar el tercer puesto a Estados Unidos, en el 2010 ocupará el segundo lugar que ahora tiene España y en el 2020 destronará a Francia como líder, según los pronósticos realizados por la OMT. La gran ventaja es que, además de su enorme capacidad receptora, China empieza a ser también un gran emisor de turistas.

No cabe duda de que España sabrá hacer frente con éxito a los nuevos retos y oportunidades que presenta el turismo mundial, al igual que lo ha hecho en el pasado, y que sabrá avanzar en la reconversión de su modelo de sol y playa –amenazado por el cambio climático–, hacia un modelo de turismo cultural, gastronómico, de negocios y congresos, deportivo, ecológico o de medicina y salud. Atractivos no nos faltan.

Editorial, La Vanguardia, 31–1–2007 (288 palabras)

Anotaciones

5 en vísperas de: tiempo inmediatamente anterior a, poco tiempo antes de
6 Fitur: Feria Internacional de Turismo
7 ITB: «Internationale Tourismus Börse»
8 buen hacer: gestión/actividad que lleva al éxito, buen trabajo
14 destronar: quitar de un puesto de preponderancia, suplantar, reemplazar, vencer

Análisis y comentario

1. Estructure y resuma el contenido del texto.
2. ¿Qué nos dice el texto en concreto de la evolución del turismo en España en el año 2006?
3. ¿Qué consecuencias tendrá para la industria turística internacional la futura entrada de China en el mercado del turismo?
4. ¿Se puede decir que el autor del editorial es pesimista frente al futuro del turismo en España?
   Justifique su respuesta.

Análisis y comentario

1. El texto que vamos a analizar consta de tres partes.

   En la parte introductoria, comprendida en los párrafos uno y dos, se informa al lector de que en la actualidad, tras el año 2006, España ocupa el número dos tanto por la cantidad de huéspedes recibidos como por el importe de los ingresos obtenidos.

   En la segunda parte, que coincide con el párrafo tres, se hace referencia a la futura modificación del mercado turístico que llevará consigo la no lejana entrada de China en este campo económico.

   En la tercera parte el autor muestra su optimismo ya que está seguro de que España sabrá afrontar en el futuro los retos que la industria turística le depare.

2. España ha obtenido en el año 2006 un nuevo récord en el incremento de su industria turística. Por el número de visitantes, está detrás de Francia, que es la nación que más turistas recibe en el mundo y por el volumen de sus ingresos en concepto de turismo se pone también en segundo lugar detrás de los Estados Unidos que ocupan el primer lugar en el ranking mundial.

3. La entrada de China en el mercado del turismo alterará la lista actual de las naciones más afectadas y beneficiadas por el turismo:
   - ➠ Ocupará muy pronto el tercer puesto, que actualmente le corresponde a Estados Unidos.
   - ➠ Sacará a España del segundo lugar en el 2010.
   - ➠ Destronará, como dice el texto, a Francia en el 2020.

4. El autor no es pesimista con referencia al futuro turístico de España por dos razones:
   - ➠ España sabrá adaptarse, como lo ha hecho hasta ahora a los nuevos, desafíos y exigencias.
   - ➠ Los atractivos de España permanecerán.

Turismo contra industria

Tarragona se enfrenta a una situación peculiar derivada de una crisis de crecimiento. La colisión de intereses entre los sectores turístico y químico, que se disputan un mismo territorio, puede hipotecar su futuro. Para el alcalde, Joan Miquel Nadal (CiU), el conflicto demuestra la prosperidad de la ciudad. Siempre es mejor, dice, «solventar problemas derivados de la riqueza que de la miseria». Sin embargo, el candidato socialista Josep Félix Ballesteros ha advertido contra el peligro «del desequilibrio entre los dos grandes motores de la economía tarraconense».

Algunas cifras dan cuenta de la magnitud de la batalla y de la importancia de una coexistencia pacífica. La Federación Empresarial de Hostelería y Turismo reúne 3.000 empresas, 100.000 puestos de trabajo y genera 2.800 millones de euros (467.000 millones de pesetas) anuales. Sus inversiones en los próximos años superarán los 3.000 millones de euros. La Asociación Empresarial Química agrupa 31 fábricas, que sólo en los dos últimos años han destinado a la zona 1.380 millones de euros (230.000 millones de pesetas) y mueven a 30.000 trabajadores.

El puerto de la ciudad, gracias a este entorno industrial, es el cuarto de España en movimiento de mercancías, unos 30 millones de toneladas, y las inversiones públicas y privadas en el enclave hasta el 2014 suman 750 millones de euros (125.000 millones de pesetas). «Durante años se ha producido la cohabitación entre química y turismo, y nuestra supervivencia pasa por hallar la fórmula que la garantice«, apunta Lluís Badia, presidente de la Autoridad Portuaria.

Sin embargo, la actividad de la industria química daña la imagen turística. «No se puede tolerar que se produzcan episodios de pestilencias cuyo origen las administraciones son incapaces de determinar», afirma Àngel Juárez, presidente de la ONG Mediterrània.

Otro desafío histórico es el urbanismo. El espectacular proyecto de reforma de la fachada marítima, con el soterramiento de las vías del tren, coincide con la revisión del plan general, que establece un techo de 175.000 habitantes. La media de licencias para construir viviendas oscila entre las 2.224 de 1999 y las 1.573 del pasado año. Tarragona ocupa el 12° lugar en las ciudades españolas por su nivel de vida y el cuarto en las catalanas.

Otro hito importante ha sido la declaración del legado romano como patrimonio de la humanidad, que ha colocado a la ciudad en el mundo. Sus monumentos son visitados por más de 400.000 personas. Cada año llega un millón de turistas.

Ferrán Gerhard, El Periódico, 8–5–2003 (409 palabras)

Anotaciones

1 derivado/a de: originado por, motivado por, causado por, ocasionado por, determinado por
3 hipotecar: condicionar, poner limitaciones, obstaculizar, dificultar, poner en peligro
5 solventar: dar solución a, resolver, liquidar, solucionar, aclarar
17 enclave (m.); aquí: zona, lugar, territorio
18 cohabitación (f.): coexistencia, convivencia
19 pasar por: tener que, verse obligado/a a
21 dañar: perjudicar, deteriorar, empeorar, destruir
22 pestilencia (f.): malos olores
25 desafío (m.): reto, enfrentamiento [Herausforderung]
26 soterramiento (m.): enterramiento, ocultamiento, conducción subterránea de
31 hito (m.): hecho, acontecimiento, suceso

Análisis y comentario

1. Exponga brevemente la importancia económica que tienen para Tarragona tanto el turismo como la industria química.
2. ¿Cómo piensa Lluis Badia que se puede resolver en Tarragona la coexistencia de la industria turística y la industria química?
3. Los monumentos romanos tarraconenses son visitados por medio millón de personas.
   ¿Qué sabe usted de la historia de la ciudad y de estos monumentos?

Análisis y comentario

1. a) El turismo:
   - ➠ Cuenta con más de 3.000 empresas.
   - ➠ Da trabajo a 100.000 personas.
   - ➠ Genera 2.800 millones de euros.
   - ➠ Sus inversiones pasarán en los próximos años los 3.000 millones de euros.

   b) Industria química:
   - ➠ Cuenta con 31 fábricas.
   - ➠ Las inversiones que ha creado se elevan a 1.300 millones de euros.
   - ➠ Da trabajo fijo a 30.000 empleados.
   - ➠ El puerto de Tarragona es el cuarto de España en movimiento de mercancías y mueve unos 30 millones de toneladas.

2. Lluís Badia, presidente de la autoridad portuaria de Tarragona, piensa que la coexistencia de la industria turística y la industria química en Tarragona se puede resolver buscando y elaborando una fórmula que garantice la ya desde hace mucho tiempo existente convivencia de las dos industrias. En el texto el presidente de la autoridad portuaria no menciona ni expone planes concretos.

3. Tarragona y sus monumentos romanos
   a) Historia de Tarragona
   La región en la que se encuentra hoy Tarragona estaba habitada por una tribu ibérica y fue sometida por los Escipiones. Estos establecieron una base militar en el lugar llamado *Tarakon*, que pasó a ser centro administrativo cuando fueron expulsados los cartagineses, y más tarde, capital de la Hispania Citerior. Julio César la convirtió en Colonia *Julia Urbis Triumphalis Tarraco,* época en que comenzó su florecimiento. Fue residencia de los emperadores Augusto (en el 27 a.C.) y Adriano Séptimo Severo que fue gobernador de la provincia antes de ser emperador. En el 716 cayó en poder de los musulmanes y, según los cronistas árabes, era ciudad despoblada por estar situada en la frontera de las posesiones de musulmanes y cristianos. En el 1117 se empezó su reconstrucción tras 400 años de dominio árabe.

   b) Monumentos romanos
   - ➠ Las murallas romanas
     Las *murallas romanas* rodean el núcleo antiguo. El recinto militar fue construido en el siglo III a.C. Se conserva casi 1 kilómetro de este muro ciclópeo, formado por bloques de piedra de 3 metros de ancho por 4 metros de largo, en el que se abren 5 poternas para el paso de los peatones, como la romana de El Roser, la neoclásica de San Antonio y la torre del Arquebisbe, que fue reformada en época medieval, la del Cabiscol, y la de Minerva con un bajorrelieve de la diosa Minerva.

➠ Anfiteatro
Construido por los romanos a principios del s. II, junto al mar, tiene forma elíptica, y de él se conservan parte de las gradas. Se celebraban combates de gladiadores y fieras y tenía capacidad para 12.000 espectadores. En él sufrieron martirio el primer obispo de Tarragona y sus diáconos en el año 259. Los visigodos construyeron en el centro del anfiteatro una basílica martirial en memoria de estos hechos. En el s. XII se superpuso la iglesia románica de Santa María del Milagro.

➠ Foro provincial
Residencia del gobernador y dependencias administrativas, construida por Vespasiano, consistía en una plaza central llena de estatuas, un pórtico con columnas más elevado Pretorio, el muro que separaba el foro del circo y tenía adosadas dos torres. Una de las torres es la de la Audiencia que conserva una puerta abovedada, la otra, el Pretorio o castillo de Pilatos, reconstruido en época medieval llamado *Castell del Rei.*

➠ Foro ciudadano
Plaza pública con pórtico en su perímetro rodeado de templos y edificios administrativos. Se puede ver parte de la plaza con los basamentos de estatuas o columnas, restos de la basílica jurídica de finales del siglo I a.C. con tres naves cubiertas.

➠ El Circo
Fechado en tiempos de Domiciano, del que quedan restos de las bóvedas que sostenían las gradas, del que fueron aprovechados sus cimientos en edificios posteriores. En él se celebraban carreras de bigas, cuadrigas y otros espectáculos. De planta rectangular con los extremos redondeados, las gradas estaban en los extremos largos y en el lado Este. Los carros salían a la arena por las *carceres; el podium*, muro de grandes sillares, protegía al público y en el centro estaba la *spina,* muro longitudinal, decorada con templetes y monumentos.

➠ El Teatro
Situado fuera del recinto amurallado, sólo se conservan restos de cinco gradas. El lugar aprovechaba la pendiente del terreno para construir la *cavea* o gradería; enfrente estaba la orquesta. Se puede distinguir el *pulpitum* o escenario con los agujeros para los palos del telón. Se ha recuperado una estatua de mármol con restos de policromía que corresponden al s. I d.C., época en que se debió construir.

Enciclopedia Universal, Micronet, 2007

Tarragona fue declarada «Patrimonio de la humanidad» por la UNESCO el 30 de noviembre del 2000. En el año 45 antes de Cristo, después de construir los muros y el puerto, Julio César designó a esta colonia con el nombre de «Colonia Urbs Triumphalis Tarraconensis».
Tarragona es una hermosa ciudad que cuenta con unos 120.000 habitantes.

Turismo salvaje

Calella, vacaciones de sol, alcohol y sexo. Con este señuelo, miles de jóvenes turistas, en su inmensa mayoría daneses y holandeses de entre 15 y 25 años, aterrizan cada semana en la población del Maresme de la mano de turoperadores extranjeros que les prometen juergas interminables y alcohol sin límite a unos precios irrisorios.

5 El lucrativo negocio, sin embargo, puede tener los días contados. El alcalde de la localidad, Josep Basart, ya ha iniciado su particular cruzada para acabar con este modelo de turista ebrio y cochambroso que con sus juergas ocasiona anualmente destrozos en el municipio por valor de más de 120.000 euros (20 millones de pesetas). El edil está decidido a lavarle la cara a Calella, aunque se trate de una tarea nada fácil.

10 Para estos jóvenes, este pequeño municipio se ha convertido en los últimos años en lo más parecido a un paraíso, un lugar donde huir de las bajas temperaturas, los precios prohibitivos del alcohol y las restricciones legales de sus países de origen. Los empresarios del ocio nocturno lo saben y año tras año, se alían con algunas agencias de viajes, como las danesas Ung Rejs y Viby Ungdomsrejser, para ofrecer unas 15 ofertas sin competencia. Por poco más de 269 euros (unas 45.000 pesetas), estos jóvenes viajan hasta municipios como Calella o Lloret de Mar, donde disfrutan de 10 días de alojamiento en hoteles de tres estrellas, con piscina, descuentos en las discotecas de moda, viajes en limusina, camisetas y hasta 25 copas gratis.

Algunos pubs les ofrecen incluso barra libre desde las diez de la noche hasta la 20 una de la madrugada por sólo 22 euros (3.660 pesetas) y hay locales en los que se puede consumir una jarra de sangría por poco más de un euro.

Se trata, por tanto, de beber, beber y beber hasta que el cuerpo aguante. Aunque a muchos, las copas demás les acaban jugando malas pasadas. El Hospital Sant Jaume de Calella atiende cada semana a tres o cuatro jóvenes por coma etílico. La mayoría 25 de los pacientes no superan los 16 años.

Otros acaban la noche en la comisaría después de protagonizar peleas u ocasionar destrozos en el mobiliario urbano. Con suerte, algunos consiguen llegar a su hotel, a pesar de que la mayoría acaba durmiendo la mona en algún banco, en la playa o en «compañía». (...)

30 Otros abandonan Calella sin cumplir sus expectativas sexuales, lo que ha supuesto alguna que otra reclamación a los turoperadores que prometen «sexo fácil». El alcalde asegura que estos jóvenes «menosprecian la realidad del país y espantan al turismo familiari». Basart ha anunciado que reforzará la presión sobre los empresarios y las agencias que fomentan estas drukferie (vacaciones de borracheras) para que 35 cambien de estrategia.

Algunos hoteles de Calella han vetado la entrada a este tipo de turistas, a raíz de los altercados que protagonizó el pasado 6 de julio un joven danés. Mikkel Aaquist Johansen, de 18 años, atemorizó durante más de 20 minutos a los huéspedes del Hotel Olympic, hasta que pudo ser inmovilizado por cuatro agentes de policía, uno de 40 los cuales le propinó una brutal paliza. La escena, difundida por la TV2 danesa, ha abierto la caja de Pandora.

Sandra Oñate, El Periódico, 3–8–2003 (578 palabras)

Anotaciones

1 Calella: Ciudad costera a unos 60 kilómetros al sur de Barcelona que cuenta en la actualidad con unos 15.000 habitantes; vive principalmente del turismo y el número de sus habitantes puede alcanzar en los meses de verano hasta los 50.000
señuelo (m.): incentivo, cebo, atractivo, gancho; publicidad
3 Maresme: comarca de la costa mediterránea, en la provincia de Barcelona
4 juerga (f.): diversión bulliciosa, jaleo, orgía, crápula
6 cruzada (f.): lucha, combate, batalla, pelea
7 ebrio/a: borracho, que consume mucho alcohol, embriagado, bebido
cochambroso/a: sucio, asqueroso, desaliñado, andrajoso
8 edil (m.): alcalde, persona que tiene un cargo de gobierno en un municipio
13 aliarse con: asociarse con, ponerse en contacto con, juntarse con
19 barra (f.) libre: consumo gratuito de bebidas alcohólicas
23 jugar malas pasadas: crear problemas, originar graves dificultades
28 mona (f.); aquí: trastorno mental producido por el consumo excesivo de alcohol, borrachera, embriaguez
32 espantar: asustar, ahuyentar, atemorizar
36 vetar: prohibir, proscribir, excluir
41 caja de Pandora: caja que contiene malos presagios, campaña destructora

Análisis y comentario

1. Estructure y resuma el contenido del texto.

2. El autor ha titulado su artículo «Turismo salvaje».
a) Exponga con sus propias palabras el tipo de turismo al que se refiere.
b) ¿Por qué constituye este tipo de turismo una amenaza grave para las zonas y localidades turísticas?

3. ¿Cómo quiere solucionar el alcalde de Calella el problema?

4. Enumere y comente algunos de los aspectos negativos de la realidad turística española de nuestros días.

Análisis y comentario

1. El texto que estamos analizando puede ser divido en cuatro partes.
   En la primera parte, que se extiende del comienzo a la línea 9, se nos informa de que el alcalde de Calella ha tomado medidas contra un tipo de turismo destructor que le cuesta al municipio 120.000 euros anuales en concepto de reparación de destrozos de bienes públicos. Se trata de un turismo que se anuncia publicitariamente en el Centro y el Norte de Europa como «Turismo de sol, alcohol y sexo».

   En la segunda parte, que va de la línea 10 a la línea 21, constatamos que las agencias de viaje ofrecen por relativamente muy poco dinero diez días con alojamiento barato con descuentos en discotecas de moda. Algunos pubs ofrecen a estos turistas «barra libre» por poco más de 20 euros.

   La tercera parte nos pone al corriente, sobre todo, de que el consumo excesivo de alcohol de estos huéspedes europeos los lleva a acabar más de una noche en el hospital o en la comisaría de policía.

   En la cuarta parte, que comienza en la línea 30, se nos informa concretamente de las reacciones del alcalde y de algunos hoteles que han prohibido la entrada a gamberros extranjeros.

2. a) Se trata de un turismo de masas, organizado comercialmente, según el texto, en los países del centro y del norte de Europa y que va dirigido a los jóvenes de 15 (muy improbable en mí opinión) a 25 años. Los oferentes son agencias de turismo que se asocian para hacer ofertas sin competencia. Garantizan a los jóvenes turistas juergas interminables y alcohol sin límite a precios que hacen reír y que en esas zonas casi todo el mundo puede pagar.

   b) Este turismo constituye una amenaza grave para las zonas y localidades turísticas principalmente por tres motivos:
   - Destruye el mobiliario público de los municipios.
   - Ahuyenta al turismo familiar que es una buena e incomplicada fuente de ingresos para los receptores.
   - Origina frecuentes y graves altercados difamando a los establecimientos que frecuenta este tipo de turistas.

3. Al principio del texto se nos dice sólamente que el alcalde de Calella, Josep Basart quiere lavarle la cara a la localidad, desea esforzarse por mejorar el aspecto externo de la población. Del cómo quiere llegar a ello no se nos dice nada. Al final del texto constatamos que quiere entrar en contacto con los empresarios de Calella y con las agencias de viaje que organizan el llamado «Turismo salvaje» para que cambien radicalmente de estrategia.

4. Aspectos negativos del turismo español en nuestros días:
   - ➠ Desaparición de parte de la fauna y de la flora en las playas y sus cercanías debido a la construcción de zonas residenciales y las infraestructuras necesarias.
   - ➠ Aceleración del calentamiento atmosférico y desertización.
   - ➠ Inversiones nacionales y privadas en una industria arriesgada y por tanto insegura y que solo da una ocupación temporal.

El turista

Tiene ya el billete en el bolsillo para viajar al Nilo o a Katmandú, para recorrer una semana las islas griegas o los fiordos noruegos, la India o Nueva York. Todo habrá dependido de los precios, de las temporadas, de las fechas justas, casi del estado de ánimo en el momento mismo de acodarse sobre el mostrador de la agencia. Este personaje, que acabará confundiendo los nombres de las frutas con los de los aeropuertos, los monumentos de aquí con los de allá, que terminará agobiado por los Uffizi, decepcionado por la estatura de las pirámides, asqueado en Calcuta o enamorado de Venecia, es el turista moderno, conspicuo e ideal; el ser que busca perderse y desaparecer en el viaje sin aventuras.

De hecho, de la misma manera que unos turistas se sumergen en la aglomeración de las playas para deshacerse de su identidad, los turistas viajeros se adentran en la estela del viaje para disipar las huellas visibles de su procedencia. Una diferencia capital les separa, a unos y a otros, de los tradicionales viajeros del siglo XIX. Aquellos hombres o mujeres afirmaban su peculiaridad, adensaban su biografía y ganaban consistencia a través de las peripecias que sobrevenían en sus trayectos, pero al turista de hoy no le sucede nada parecido. Una condición muy primordial del actual itinerario turístico es su garantía de seguridad y puntualidad, de vigilancia y de orden en el grupo. El turista viaja para ver a salvo de percances e incluso a resguardo del contacto con los indígenas y sus enfermedades posibles. Porque mientras el viajero auténtico de antes presumía de haber contraído la malaria, el paludismo o una deshidratación subsahariana, la única relación con el entorno que mantiene el turista vacunado es la de ver.

El viajero tradicional llegaba de su odisea y no paraba de contar los hechos que le habían acaecido, hazañas y sobresaltos que constituían el argumento de su audacia. El viajero regresaba y escribía libros, colaboraba en las secciones de los periódicos, se convertía en el ascua de las tertulias. Pero el turista contemporáneo, por el contrario, cuando regresa, no importa el lugar donde haya estado ni el tiempo transcurrido, no tiene nada que decir. Su completa transcripción de la experiencia se agota en unos minutos sin relieve. Ha cruzado parajes innumerables, ha visitado santuarios y lugares celebérrimos, ha visitado la selva personalmente, y no se ve que le haya pasado nada. No le ha pasado nada ni tiene nada que decir porque todo se encuentra de antemano dicho. Todo lo que ha visto y ha pasado ante sus ojos está censado y fotografiado ya, y forma un sistema tópico y consumado.

No es extraño así que se aluda al turismo como un concepto de muerte, vinculado a las metáforas de un mundo convertido en museo y a los turistas trasmutados en coleccionistas de vestigios, porque su viaje no se orienta a descubrir nada ni a establecer vidas nuevas, sino sólo a dar cuenta de que lo previsto se encuentra allí, quieto e indemne. Mientras el viajero tradicional se dirigía a una captura vivencial, en busca de sensaciones desconocidas y parajes por inaugurar, el turista se conforma con personalizar con el objetivo de su cámara lo que se encuentra de antemano consolidado. El viajero pretendía llegar a ser más de lo que es tras realizar el viaje, mientras el turista lo que secretamente anhela es, ante todo, volver con buena salud, que no haya

pasado nada. Definitivamente, mientras el viajero cree afianzar la peculiaridad de su yo con la proeza del periplo cocinado personalmente, el turista se sume en el menú
45 que se reparte colectivamente por el *tour operator*. Mientras el primero aspira a reconstruirse o reencontrarse, la ilusión del segundo es dejarse llevar, olvidarse mecido por los traslados.

Vicente Verdú, El País, 27–7–2000 (636 palabras)

Anotaciones

4 acodarse; aquí: poner los codos, apoyarse, colocarse, acomodarse
6 agobiado/a: cansado, hostigado, atosigado, abatido, agotado
7 Uffizi: El Museo o La Galeria de los Uffizi (Florencia) es la más importante de las pinacotecas italianas y una de las mayores del mundo
8 conspicuo/a: destacado, notable
14 adensar: aumentar, consolidar, robustecer, vigorizar
18 a salvo de: protegido de, sin arriesgarse a
26 ascua (f.): elemento que origina, chispa, punto de partida
38 captura vivencial: experiencia vital
39 paraje (m.): lugar, sitio
44 periplo (m.): viaje, travesía
cocinado/a; aquí: preparado con todo detalle anteriormente

Análisis y comentario

1. Estructure y resuma el contenido del texto.
2. Elabore un cuadro en el que aparezcan esquemáticamente tres o cuatro diferencias entre el «turista moderno» y el llamado « viajero tradicional» contenidas en el texto.
3. Comente la frase: « ... la única relación con el entorno que mantiene el turista vacunado es la de ver».
4. ¿Se puede decir que «el turista moderno» descrito por Vicente Verdú refleja el fenómeno del turismo en nuestros días?
   Justifique su respuesta.

Análisis y comentario

1. El texto que analizamos consta de tres partes.
   El texto se inicia con una breve descripción del turista «moderno», del turista standard de nuestros días. Esta parte se extiende hasta la línea 9.

   En la segunda parte, que va de la línea 10 a la línea 22, se compara al «turista moderno» a los llamados «tradicionales viajeros de siglo XIX» y se puede subdividir en dos partes. Para el viajero del siglo XIX, el contacto con lo desconocido lo enriquecía. El turista de hoy no tiene contacto real con los que visita e intenta masificarse. El grupo le da seguridad, pero también elimina casi completamente su identidad personal. La repercusión del viaje en la vida era para el viajero tradicional trascendental, para el turista de hoy es en la mayoría de los casos prácticamente nula. Todo lo que ha encontrado le es tanto a él como al entorno conocido.

   En la parte final, que se inicia en la línea 22, el autor declara que mientras que el viajero buscaba en el viaje la vivencia personal que lo enriqueciese, el turista no espera ningún tipo de enriquecimiento personal, se limita a consumir lo que el *tour operator* distribuye colectivamente.

2. a) «Turista moderno»
   ➠ El turismo funde al turista moderno casi totalmente en el anonimato.
   ➠ No tiene prácticamente ningún contacto con los habitantes del país que visita.
   ➠ No tiene nada que contar de sus viajes ni de sus vivencias.
   ➠ En realidad en su viaje no le ha pasado nada nuevo porque todo estaba previsto y programado.

   b) «Viajero tradicional»
   ➠ Ganaba personalidad con las vivencias y los conocimientos que adquiría en sus viajes.
   ➠ Incluso presumía de haber contraído enfermedades de los indígenas en los frecuentes contactos que había tenido con ellos.
   ➠ Escribía libros, colaboraba en secciones de periódicos y se convertía en el centro de las tertulias cuando contaba sus vivencias.
   ➠ Cuando volvía de su odisea no cesaba de contar con todo detalle y como algo único todo lo que le había acontecido.

3. «Turista vacunado» es el turista de nuestros días. El turista que no deja nada para el riesgo. El turista moderno solamente ve. No tiene ningún contacto con lo que le rodea que no sea ver. Ni habla con los nativos porque desconoce la lengua y tiene miedo de contagios, no arriesga con su comportamiento ningún tipo de peligros. El turista viaja y ve, no para y mira. No se detiene y observa para estar a salvo de los percances y posible contacto con los indígenas.

4. La pregunta no es muy fácil de responder. El fenómeno del turismo y sobre todo el del «turista» es extremadamente complejo. Realmente existe un turismo de masas en el que la participación del «turista» se reduce a consumir y pagar. Hoy existe tam-

bién otro tipo de turismo que lleva a los hombres, principalmente a jóvenes y a gente de edad que ha permanecido joven, a enfrentarse con lo desconocido para conocer, valorar y apreciar cosas nuevas. El turista moderno que describe Vicente Verdú es sin duda el más corriente. Es el «turista provinciano». La persona que no está dispuesta a admitir valores que vengan de fuera. Lo extraño en el fondo le da miedo. Al «turista abierto» lo extraño le despierta la curiosidad.

Turismo: su valor en la aldea global

El mensaje es siempre el mismo: el turismo es una megaindustria y constituye un fenómeno que indudablemente perdurará. Y eso es así sea cual sea el número de artículos leídos sobre el tema, los documentos estudiados, verificados y comprobados, las fuentes analizadas. Pero la pregunta es otra: ¿nos hallamos ante una imagen promocional, ante un ejercicio sociocultural, ante una combinación de distintos ingredientes o ante un poco de todo esto?

Ciertamente pueden plantearse numerosas preguntas sobre esta cuestión, pero parece que hay acuerdo acerca de un par de puntos. El primero consiste en que el turismo constituye hoy una necesidad que todas las personas experimentan, a pesar de que un día fue patrimonio de unos pocos privilegiados. El turismo proporciona una apertura de nuevos horizontes a gente física y mentalmente necesitada de una renovación en su existencia. Para muchas personas, el turismo es un derecho sin cuyo ejercicio la vida se torna insoportable y el trabajo, poco útil y productivo. El segundo punto, es que el turismo muestra todos los signos de perdurar a través de las épocas. Y cobra pleno sentido decirlo reafirmando al propio tiempo que el turismo perdurará a pesar de las tendencias y sorpresas posibles.

El ocio, los pasatiempos y diversiones y la realidad virtual ejercitados en el ámbito doméstico y familiar no están reñidos con las imágenes de lo distante y con las fantasías que nos brinda el turismo. Todas las señales y estímulos que nos salen al paso nos señalan la dirección a seguir para salir del lugar en que nos encontramos y para alejarnos de él, rumbo a destinos que el marketing se encarga de vestir de hermosos colores, lejos de las fuerzas y solicitaciones que operan habitualmente cuando estamos en casa. Para muchas personas, el turismo nacional –una forma de «endogamia« demasiado cerca de casa para aportar suficiente solaz– no reemplaza con ventaja a los destinos extranjeros, que proporcionan una palanca que, ella sí, nos permite el extrañamiento a tierras lejanas, y esto es así en la medida en que la longitud de las vacaciones pagadas (cinco semanas o más para muchas personas) sigue actualmente creciendo. En cualquier caso, ¿cuál será la suerte de quienes durante las vacaciones –cuando uno abandona el trabajo y huye de todo– no están en disposición de experimentar renovadas energías y recargar las pilas hallando inspiración en horizontes lejanos? ¿Qué recursos les restan a las sociedades llenas de multitudes extenuadas física y mentalmente? Y los países que se ven en la necesidad de medirlo todo en términos económicos pero que no dan respuesta ni satisfacen las necesidades de sus ciudadanos, que procuran reponerse y restablecerse de situaciones difíciles y problemáticas, tales países ¿qué pueden hacer? ¿Qué les queda a las empresas gobernadas y llevadas por personal ya «fundido« en términos de sociología laboral e industrial y que apenas puede aumentar la productividad? Es evidente que el turismo desempeña un importante papel tanto en la sociedad en general como en el lugar de trabajo en particular y sus múltiples facetas alcanzan mucho más allá de su simple dimensión pecuniaria.

En este sentido, se me ocurren algunas cuestiones que han sido escasamente analizadas. Por ejemplo, ¿no constituyen los países de destino turístico precisamente los que en realidad ayudan a engrasar la maquinaria económica de los países generadores del mismo turismo? Fíjense en el caso de España. Alemania y el Reino Unido deben a España (sus dos mercados principales) mucho más de lo que sus ciudadanos gastan en vacaciones en este último país. ¿Por qué? Sencillamente, porque sus exhaustos y agotados ciudadanos utilizan España como su clínica de recuperación y restablecimiento saludable y su recurso sanitario; es un «turismo saludable» o «sanoturismo» por así decir. Los mencionados países, y otros que podrían citarse, no están de hecho resarciendo a su anfitrión en una verdadera medida acerca del valor que significan los tratamientos rejuvenecedores capaces de poner de nuevo a punto a sus ciudadanos y, por tanto, de hecho no entienden la auténtica función que ejerce el turismo ni la magnitud de su deuda con respecto a los países que cumplen esta función restauradora. Y es verdaderamente una ironía que se complazcan en añadir que, gracias a sus turistas que pasan allí sus vacaciones, contribuyen generosamente a la prosperidad de la economía del país que les recibe. Sí, digamos que es cierto, pero los países generadores de turistas pasan por alto y minimizan el hecho de que ellos están enterrando su basura industrial –en este caso el tiempo correspondiente a su fatiga industrial y laboral– en el patio trasero de la casa de los demás: en tales jardines crecen y se desarrollan fenómenos con consecuencias de indudables dimensiones socioculturales y medioambientales que se tiene buen cuidado en ocultar. Y, de acuerdo con tales acciones, debe añadirse un suplemento: en otras palabras, arbitrar y aplicar por ello el correspondiente precio y cuota de responsabilidad.

Asimismo, presenta notable interés el hecho de que la propia industria aborda la cuestión del turismo de forma inconexa. Por ejemplo, del mismo modo que investigaciones al respecto sugieren que un consumo moderado de vino tinto es beneficioso, existen análisis y estudios que muestran que el mencionado «sanoturismo« o turismo saludable mejora el estado mental, el estado de salud en general e incluso promueve la longevidad. Cuando podría pensarse que tales hallazgos pueden revertir en un crecimiento mayor del turismo, resulta que la industria no se ha asociado ni ha unido esfuerzos con la profesión médica a fin de articular este proyecto realmente prometedor (ni tampoco se ha asociado en muchos otros campos, con relación a otros descubrimientos).

Si, por una parte, el turismo constituye un arte y una ciencia, hasta ahora solamente ha progresado el arte de «envolverlo« con los señuelos de las tres eses: «sun, sand, sex» («sol, arena, sexo»).

Tanto la industria como los gobiernos se comportan, no obstante, de una forma miope acerca de la investigación sobre el turismo: no lo abordan de forma sistemática, no aprenden de pasados errores, no marcan tendencias de futuro en lugar de ir a remolque. Y ¿por qué? Porque conceden un valor limitado al proceso de análisis y elaboración científica de la realidad, un proceso que verdaderamente se esfuerza en plantearse nuevos interrogantes y en dar respuestas y, de ahí, abrir nuevos horizontes y oportunidades al progreso.

El turismo es más de lo que el presente parece ofrecernos: no es sólo una manera de evadirse fuera del propio entorno, a tierras lejanas, sino –lo que reviste mayor importancia– es una vía de volver sobre sí mismo en el sentido más hondo, tras haberse repuesto con renovadas energías y la mente despierta. Para muchas personas, se trata de una experiencia vital, una ventana a la vida y una celebración de ella. Si tienen dudas, pregunten por favor a los millones de ciudadanos alemanes y británicos que visitaron España en el año 2001 sobre lo que para ellos representa el turismo y por qué eligieron España. O pregúntenles si los resultados hubieran sido los mismos si hubieran pasado las vacaciones en sus respectivos países.

Así son las cosas, hay algo que es cierto: el turismo está aquí y aquí se va a quedar. Si adquirimos la debida conciencia de lo que es en realidad y de sus potencialidades, esta actitud entusiasta y esperanzada sabrá ver más allá de la pura economía. Acaso los turistas –en mayor medida que la industria y los gobiernos – son quienes mejor saben los motivos para salir de viaje, lo que el turismo les aporta y cuál es su papel en la aldea global que el propio turismo, sin pretenderlo, ha contribuido a producir.

Jafar Jafary, La Vanguardia, 2–2–2002 (1279 palabras)

Sol, playa y lifting

Cada vez más los occidentales pasan sus vacaciones en el Magreb para hacerse un lifting, un *maná* que la región quiere aprovechar. Para millones de turistas procedentes de Europa y Estados Unidos que pasan sus vacaciones en el Magreb, el norte de África no es solamente sinónimo de playas de arena y *trekking* en el Sahara. Para miles de ellos la región también se ha convertido en un destino de elección para hacerse una operación de cirugía estética. Es necesario decir que las ventajas son numerosas: tarifas de senos atractivos –del 50% al 70% más baratos, de media, que en los países desarrollados– y, sobre todo, posibilidad de disfrutar de la vida durante la convalecencia.

Pionero en la región, Túnez se ha convertido en pocos años en un referente en materia de turismo médico. Más de 1.000 occidentales se han sometido a una intervención de cirugía estética en el 2005, contra únicamente 500 en el 2004.

Preocupada por no dejar desperdiciar un mercado prometedor basado en liftings, injertos de cabello, cirugía de los senos, liposucción, etcétera, Argelia también se ha lanzado al turismo médico. El país está llevando a cabo numerosos proyectos para poder acoger a pacientes extranjeros. Está en marcha la construcción de más de sesenta hospitales, así como un vasto programa para mejorar los cuidados médicos destinados a la belleza y la puesta a punto física. Pero es también, y quizá sobre todo, en la Ciudad Sanitaria de Argel, que se inaugurará próximamente, donde cristalizan todas las esperanzas.

Sonia Mabruk, La Vanguardia, 24–2–2007 (259 palabras)

Turistas en toples en el conservador Egipto

La localidad egipcia de Sharm el Sheij actúa como un imán para los turistas del norte de Europa ávidos de sol. Atraídos por los bajos precios, en un abrir y cerrar de ojos se plantan con vuelos chárter en este oasis bañado por el mar Rojo, situado en la punta sur de la desértica península del Sinaí. Pasan el día en las piscinas de los grandes complejos hoteleros, o en las playas, y al caer la noche se lanzan a las calles a comprar y a disfrutar de una buena cena a orillas del mar, envueltos en la luz tenue de las velas o de la luna llena.

Sharm, como se la conoce popularmente en Egipto, respira Occidente por todas partes. No tiene nada que ver con el ambiente conservador que se vive en el resto del país. El toples de las turistas, desparramadas sobre la fina arena o junto al agua dulce de las piscinas, contrasta con el velo islámico que domina el paisaje urbano de El Cairo y Alejandría. Nadie diría que forman parte del mismo país.

La localidad costera mima al visitante. Está limpia, ordenada y llena de jardines de cuidado diseño, algo impensable en la capital del país del Nilo. La calle peatonal Sultán Qutab y la del rey de Bahrein, situadas en la céntrica bahía de Naama Bay, son un auténtico hormiguero por las noches. Luces de colores y anuncios de neón dan la bienvenida a los extranjeros, a los que se les ofrece restaurantes de todo tipo, bares de copas, joyerías, comercios de suvenires y modernas discotecas, como la Little Buda o Pachá. No lejos se levanta el Sinaí Gran Casino, de estilo faraónico, y una mezquita. Menudo contraste. A uno le da la sensación de que, a diferencia de El Cairo, en Sharm, el Corán se lee o se recita en la intimidad.

Los locales vomitan música occidental a todo volumen. Los camareros del restaurante Friday's, vestidos con camisetas a rayas rojas y blancas, se lanzan a la pista de baileoteo entrada la madrugada. A la fiesta se suman parte de los clientes, la mayoría turistas ligeras de ropa, de piel blanca enrojecida por el sol y sellada de tatuajes. Con una coreografía estudiada al milímetro, mueven el cuerpo a ritmo de Village People.

Pero Sharm no solo ofrece sol, playa y música disco sino que también permite al extranjero descubrir las bellezas que esconde el fondo marino. El mar Rojo es famoso por sus ricos corales y sus peces de colores. Es como una inmensa pecera natural. Para ser testigo del gran espectáculo no hace falta siquiera enfundarse el traje de buzo. Basta con sumergir la cabeza bajo las aguas turquesas para quedar deslumbrado. El colorido y la vida que habitan bajo el agua contrasta con las montañas áridas que cercan como gigantes el centro vacacional.

Algunos turistas aprovechan su estancia para escaparse un día al monte Sinaí, que con sus 2.637 metros es la montaña más alta de Egipto. Ahí es donde la Biblia explica que Moisés recibió de Dios las Tablas de la Ley. A los pies del monte se levanta el impresionante monasterio de Santa Catalina, del siglo IV, que guarda como oro en paño en su biblioteca 3.500 viejos manuscritos. De la pista de baile de Sharm a las centenarias celdas monacales hay tan solo un par de horas en coche.

Kim Amor, El Periódico, 9–5–2007 (576 palabras)

Síndrome de retorno

Le gustaba despedirse del verano dándose un paseo con su mujer por la playa, mientras los niños mayores acababan de empaquetar las cosas del apartamento. Caminaban sin apenas hablarse, con las sandalias en la mano para mojarse los pies en la espuma y la mirada puesta en el horizonte de la aún fresca mañana, como empapándose de la luz marina que tardarían meses en volver a disfrutar, acaparando en esa última caminata al sol las fuerzas para afrontar el momento de la partida, el atasco, la vuelta a la ciudad ya amarga de claxons y de prisas, a la inminencia de la oficina, del traje, de la presión, de los gastos de cada curso que aguardaban al otro lado de un fin de semana entristecido por el espeso síndrome del retorno.

Como cada año tomaron un último café en el bar de la entrada de la urbanización, ya menos concurrido y como más amplio, demorando en cada sorbo el momento inexorable de la partida. Les sirvió como de costumbre un mozalbete veinteañero y sonriente que gastaba coleta y un piercing en la oreja, y que no quiso cobrarles –«hoy invita la casa»– en un gesto de deferencia que se sintieron obligados a devolverle con una breve conversación de despedida. El muchacho tenía ganas de hablar, y se detuvo unos minutos al otro lado de la barra.

«Qué, de vuelta a casa, ¿eh? Con pocas ganas de trabajar, supongo, ya se sabe. Bueno, si les consuela piensen ustedes en los que nos quedamos, que no está fácil la cosa, no. Mañana mismo acaba mi contrato, y ésta es la hora en que no sé lo que voy a hacer. Antes tiraba el otoño en la construcción, si había suerte, o haciendo suplencias en los hoteles de la zona, pero ahora dicen que hay menos obras porque la gente tiene miedo a la subida de las hipotecas, y también parece que algún que otro hotel va a cerrar de noviembre a marzo. A la vendimia o al verdeo ya no se puede ir, porque casi sólo cogen a inmigrantes, que cobran menos, y en el comercio tampoco están renovando contratos ahora que la costa se queda medio vacía. A mi novia, que está de cajera en un híper, la echan el quince de septiembre y no tiene nada a la vista. ¿Ustedes ven lo animado que está esto en verano? Pues a partir del lunes se queda todo como un erial, que da pena verlo. Nos defendíamos con las obras, pero ya le digo que eso va a menos, fíjense en la de carteles de venta que hay en los pisos y en los chalés. Seguro que algo sale, pero vaya, que ha habido años mejores, más seguros... En fin, buen viaje, y hasta el año que viene, espero.»

Respondieron con una sonrisa y una frase de afecto que trataba de ser solidario, y cuando se marchaban él se detuvo en la puerta un momento a mirar de nuevo el bar semivacío de sus desayunos veraniegos. Entonces se fijó en un letrero situado junto al bote de las propinas en el que apenas había reparado durante todo el mes. Decía «Delphi no se cierra» y quién sabía el tiempo estéril que llevaba allí colgado.

Ignacio Chamaco, ABC, 1–9–2007 (549 palabras)

Mala cosecha de turistas

En las hermosas praderas de montaña del Pirineo de Huesca hubo este año una primavera muy lluviosa, después de un invierno que de tan raro sólo se puede calificar como soso. Los dos han sido irregulares, aunque al menos la combinación de dos rarezas ha permitido que el verano sea verdoso a pesar de que aún no hemos visto las lluvias. Hace unos años, este habría sido un buen verano para cortar y recoger la hierba seca para que las vacas coman en invierno. Como apenas quedan vacas, ahora estos aspectos de la climatología ya no inquietan a nadie. A nadie menos a los turistas, que son la nueva «cosecha» del valle, y que han comprado los apartamentos que se han construido en los solares de las viejas cuadras y en los huertos, si les importa que haga buen tiempo. A los montañeses ya sólo les importa que vengan turistas.

Pues bien, este año y teniendo en cuenta que ya hemos empezado agosto, la cosecha no va bien. No hay negocio que no se queje de que le está llegando la mitad de los clientes que el año pasado. La subida de la hipoteca –muchas veces la del apartamento de vacaciones – parece que está asfixiando a muchas economías. Aquí, desde luego, restaurantes y terrazas son testigos de que el presupuesto de los que se han atrevido a venir es bastante modesto.

La situación se parece en parte a la que se produjo cuando España ingresó en la Unión Europea y se hundió la ganadería láctea que había sostenido durante siglos la economía de los valles de montaña. Todas aquellas manadas de vacuno se desvanecieron porque la leche no valía nada. Los campos se abandonaron y los pueblos se llenaron de apartamentos. Los pastos de montaña son ahora una estupenda estación de esquí.

Resulta que ahora que el turismo empieza a flaquear como no esperaba nadie y, más inesperadamente aún, los precios de la leche empiezan a subir porque el portentoso mercado chino se a puesto a «mamar» a toda velocidad. Si alguien lo hubiera dicho hace una década, nadie le habría creído. Moraleja: no hay negocio que sea para siempre y el que crea que el suyo durará más que el del vecino, que lo piense dos veces.

Enrique Serbeto, ABC, 5–8–2007 (386 palabras)

Europa lleva a sus ancianos a residencias en España

Compañías de asistencia médica en Europa llevan cada vez más a sus clientes y pacientes, sobre todo gente mayor necesitada de cuidados en una residencia, a las costas españolas. El buen clima, el menor coste de personal y el deseo de mucha gente de pasar la tercera edad a orillas del Mediterráneo son las principales razones para esta nueva forma de inmigración que ha llevado a promotores británicos, alemanes y holandeses a construir sus propias residencias en España.

En Holanda, el propio Gobierno ya se ha sumado a esta iniciativa. Ancianos holandeses que no quieren o pueden esperar más una plaza en una residencia en su país, donde hay largas listas de espera, pueden instalarse en centros en España sin pagar un euro. Desde la semana pasada, la Seguridad Social de Holanda les abona la estancia y los cuidados en residencias privadas en la costa alicantina, donde el personal y los médicos son holandeses o hablan su lengua. Según el Gobierno holandés, cuidar a sus ancianos en España le sale un 15% más barato.

La medida del Gobierno holandés puede ser secundada en un futuro próximo por otros países, como Gran Bretaña, Bélgica y Alemania, que también sufren una gran falta de plazas en residencias. Además, varias sentencias del Tribunal Europeo obligan a los países miembros de la Unión Europea a permitir a sus pacientes escoger médicos en el país que quieran.

La única exigencia de la Seguridad Social holandesa es que los pacientes cumplan ciertos criterios de dependencia, edad y minusvalía para poder disfrutar de una estancia breve o larga en la costa alicantina. La semana pasada llegaron las primeras cuatro mujeres a la residencia Villa Augusto de Guardamar de Segura para unas vacaciones de tres semanas. A su vuelta a Holanda, tendrán ya plaza disponible en una residencia, pero quienes finalmente opten por quedarse en España no tendrán ningún impedimento.

La empresa privada ya se ha adelantado en este sentido a los gobiernos. Algunas compañías de seguro costean desde hace unos años este tipo de estancias o incluso operaciones concretas en clínicas españolas. La presencia cada vez más numerosa de jubilados europeos en España y el aumento de la edad de estas personas está provocando un fenómeno cada vez más extendido por las costas y las islas, como Baleares y Canarias: residencias privadas con personal del país de origen.

En países como Gran Bretaña o Alemania, que tienen un mayor número de jubilados residentes en España, aún no lo costea la Seguridad Social, aunque algunas aseguradoras ya pagan ciertas prestaciones médicas. Además, los alemanes tienen derecho a una ayuda mensual de entre 220 y 600 euros. El coste total de una estancia en una residencia, sin embargo, es a cargo de los huéspedes. Los alemanes disponen de varias residencias en Mallorca y Tenerife, mientras que los ingleses apuestan por complejos en la Costa Blanca y la Costa del Sol.

«Lo que ofrecemos aquí es parecido a lo que en Inglaterra es la asistencia en casa. La gente vive de manera independiente, pero tiene a su disposición la asistencia médica durante las 24 horas al día. Luego, tenemos acuerdos con residencias privadas y estamos preparando con una compañía de seguros la construcción de residencias inglesas en España», explica Malcolm Knight, presidente de KEI Homes, que tiene una docena de complejos residenciales para jubilados en España, la mitad todavía en construcción. Uno de éstos se encuentra en la costa catalana, el Golden Beach, en Sant Carles de la Ràpita.

Edwin Winkels, El Peródico, 29–8–2004 (593 palabras)

Los turistas

Los turistas son como frutales, como aserradoras o como fábricas de chocolate, o sea, una cosa que deja dinero. Cuando viene una valquiria a Benidorm lo que en realidad viene es una industria, y lo mismo cuando llega una inglesa a Marbella o un alemán a Mallorca. No es lo mismo que cuando viene un magrebí a la costa de Algeciras. Eso que llega a la costa, generalmente en una patera, es otra cosa, es un inmigrante. Los turistas son industrias semovientes. Los españoles, que hemos hecho tantas cosas en esta vida y en esta Historia, la Reconquista, el Descubrimiento de América, la Contrarreforma y el motín de Esquilache, no hemos sabido, en cambio, inventar industrias, como no sean todas las que inventaban los pícaros, que esas no son las que digo ahora.

Las industrias de los pícaros tienen gracia e ingenio, pero dejan poco, y no sale uno del garbanzo en la sopa del dómine Cabra. Las industrias de Alfanhuí están escritas de mano de ángel, pero con ellas no se come. Aquí, las únicas industrias de verdad que se nos ocurrían a los españoles fueron los Altos Hornos de los vascos, que los apagaron rápido, y los telares de los catalanes para hacer la borra de Tarrasa. «¡Que inventen ellos!», nos gritaba don Miguel de Unamuno desde Salamanca con su vozarrón de energúmeno. Y mientras ellos inventaban el teléfono, la televisión y el ordenador electrónico, nosotros inventábamos «Arroz y tartana», y «El relicario». Bueno, la verdad es que inventamos el autogiro y el submarino, pero enseguida salía por ahí un tío extranjero y decía que los había inventado él.

Así estaban las cosas cuando de pronto cayó del cielo el maná de las industrias, o sea, la industria del turismo. Nosotros no inventamos esa industria, sino que se presentó sola y por su cuenta. Lo que nosotros pusimos en esa industria fue mayormente el «latin lover». Cuando llegaba una Ingrid o una Brigitte con ganas de tracatrá, salía el «latin lover» del pueblo y la dejaba sedada hasta el día siguiente. La industria del turismo traía dólares, y hasta las recoveras y los botijeros aprendieron a contar los dólares por el retrato del presidente que traen. Los turistas no sólo venían con dólares sino que venían también con libertades. Sobre todo, las libertades sexuales, que ya se habían adueñado de la libertina Europa.

Hasta la llegada de las suecas a las playas españolas, cuando una señorita salía del agua en bikini, se arrojaba sobre ella un guardia civil con correaje y tricornio y la metía dentro de un albornoz. Si se resistía, la llevaba al cuartelillo y allí la vestían como Doña Rogelia. Luego, ya fue otra cosa, porque a las suecas no había guardia civil que les echara el albornoz encima. Los turistas entraban a manta de Dios, se torraban al sol y devoraban gazpachos, cochinillos, fabadas, paellas y bacalao al ajoarriero. España era pobre y la caja de las divisas estaba temblando, pero sólo teníamos que esperar la temporada de turismo. El turismo equilibraba todas las balanzas. Y nos pusimos a la cabeza de esa industria tan cómoda, en la que se vende un sol que no hay que fabricarlo.

Los italianos, que iban siempre por delante de nosotros, y que se habían apresurado a construir la «autostrada del sole», el «Settebello», el aeropuerto «Leonardo da Vinci» y la «pizza Margherita», comenzaron a quejarse de la competencia de España. Y en esas estábamos cuando sale en las Baleares el ceporro del Antich, con la ecotasa, y saltan las huelgas en los aviones y en los aeropuertos, y encima los cabrones de los etarras empiezan a sembrar de bombas las playas. Ahora, en Italia dan saltos de gozo. Los turistas que dejan de venir aquí, van allí. Bueno, pues cuando se acabe esa industria, ya saben: a comerse la gallina de los huevos de oro, y palillo y flor de malva.

Jaime Campmany, ABC, 2–8–2001 (660 palabras)

Español para extranjeros

¿Se puede hablar español sin decir palabra? Probablemente. Existe una categoría de visitantes que, por voluntad o incapacidad, no consideran necesario saber más de cinco palabras en español: olé, paella, sangría y Real Madrid. La organización del ocio litoral y las condiciones en las que viajan muchos turistas tampoco requiere de un vocabulario barroco y es comprensible que algunos limiten su léxico a este escueto aunque eficaz repertorio. ¿Significa eso que no podrán comunicarse con nosotros? No caerá esa breva. Existe un territorio muy frecuentado que podríamos denominar español no verbal. En lugar de palabras, se basa en la gestualidad. Mover rápidamente los dedos índice y pulgar, por ejemplo, significa dinero, en español mudo y en otros muchos idiomas igualmente insonoros. Levantar los brazos y chasquear los dedos en señal de alegría, en cambio, ya tiene cierta connotación festivo –mediterránea. Se trata de la versión *light* de una actividad teóricamente hispánica: el toque de castañuelas.

Es cierto que las castañuelas no gozan de la popularidad que tenía en los *afterhours* que, en sus tiempos mozos, frecuentaban El Tempranillo y su peña *destroyer*. Pero también lo es que se siguen vendiendo como equívoca seña de identidad. Los modelos de castañuelas expuestos en las tiendas de *souvenirs* no invitan al optimismo ni al éxtasis estético. Suelen ser de imitación de madera, con inscripciones y motivos reiterativos: toros convertidos en pinchos morunos de banderillas y bailaoras atrapadas en espirales de faralaes a modo de camisa de fuerza. Pero la castañuela no tiene la culpa del trato que le dispensa la cruel mercadotecnia. Y por más que vayamos de modernos por la vida y tengamos el cuerpo acribillado de *piercings* y de tatuajes la mar de *fashions,* muchos guardamos en nuestro álbum una fotografía en la que posamos con sombrero cordobés, camisa de lunares, sonrisa Joselito y un temible par de castañuelas a guisa de arma blanca.

Puede que una de las razones de la decadencia de la castañuela sea su sonoridad, que no puede competir con otras formas, más perjudiciales para la estabilidad otorrinolaringológica, de contaminación acústica (véase vehículos equipados con sofisticado armamento *tuning).* Pero si el turista se toma la molestia de aprender a tocarlas antes de viajar a España, tendrá asegurada la admiración de los indígenas sin necesidad de saber ni una palabra de español y será tan venerado como esos japoneses que, incapaces de articular una frase, cogen una guitarra y se arrancan por bulerías. La castañuela tiene bibliografía. En 1882, se publicó un extrañísimo libro titulado *Crotalogía o Ciencia de las Castañuelas,* en el que el autor (un cachondo: Francisco Agustín Florencio) escribía cosas como: «El bailarín que toca las castañuelas hace dos cosas; y el que baila y no toca, no hace más que una cosa». O esta otra, digna de Confuncio bajo los efectos de alguna sustancia psicotrópica: «El que no toca las castañuelas no se puede decir que las toca bien ni mal».

Ejercicio del día. Si no tiene castañuelas a mano, coja dos cáscaras de mejillón, átelas con un sedal y, harto de vino, interprete aquella canción veraniega de triste memoria titulada *Tacataca.*

Sergi Pàmies, El País, 7–8–2003 (526 palabras)

Las otras compras de vacaciones

Cuando vamos de vacaciones, ¿qué compramos? Compramos poder y estatus cuando decimos: este año nos vamos a las Bahamas a un hotel de cinco estrellas, y buscamos dejar boquiabiertos y admirados a nuestros oyentes. Compramos experiencias para un año, centenares de instantáneas con cara de felicidad un tanto impostada para repasar en los momentos más bajos del duro invierno laboral, la sensación de estar vivos, en suma. Compramos nuestra libertad cuando dedicamos el estío a hacer lo que verdaderamente nos gusta, sea hacer sonetos, pinturas murales o coleccionar fósiles. Compramos nostalgia, espejismos de felicidad, cuando visitamos lugares ya recorridos asociados a un momento único de nuestra existencia. Parejas que repiten la luna de miel persiguiendo aquel amor que les unió y que ahora se esfuma entre sus manos en los mismos paisajes que lo vieron crecer.

Estamos destinados a estrellarnos contra la realidad, y a asumir que los momentos irrepetibles son justamente eso, irrepetibles. Cada vez más compramos el retorno a los orígenes, a las maneras de vivir antiguas, sin rígidos horarios más allá de los que marca la propia naturaleza, al gusto del contacto humano sin compromisos. A lo auténtico. La búsqueda del propio yo la podemos encontrar en el pueblecito donde íbamos de vacaciones de niños, o en el pueblo de nuestros padres, que nunca hasta este momento nos había interesado lo más mínimo.

Compramos una cura de estrés, pero también un relato de nuestra identidad. Y la encontramos cuando cerramos los ojos y en lo más recóndito de nuestro cerebro se activa la región donde se guardan como oro en paño los recuerdos de la infancia. El sonido de las pelotas rebotando contra las paredes, los gritos de los niños a toda pastilla en bicicleta, la emoción del primer chapuzón, la tele anunciando la serie mil veces vista, el olor del pan recién hecho, los guisos de la abuela, las campanas repicando el Angelus... Es como entrar en un túnel del tiempo, un pasaje secreto a la inocencia perdida, el único pozo del que podemos sacar fuerzas para volver a la rutina.

David Miró, El Periódico, 3–8–2007 (354 palabras)

III
Los Castro y su Cuba

Cuba llama a la unidad de los No Alineados contra «la dictadura mundial» de EE UU

El vicepresidente de Cuba, Carlos Lage, ha hecho un llamamiento a la unidad del Movimiento de Países No Alineados (NOAL) y ha asegurado que otro mundo es «necesario, urgente y posible». Así lo ha asegurado Lage en el marco de la inauguración de los trabajos de la reunión ministerial previa a la Cumbre de Jefes de Estado 5 de los NOAL, prevista el viernes y sábado próximo en La Habana y donde se espera la presencia de Fidel Castro.

Lage ha precisado que la cita de La Habana tiene lugar en momentos en que una nación ejerce presiones, en referencia a Estados Unidos, que se considera con el derecho de invadir cualquier país para alcanzar sus objetivos y conduce al mundo a su 10 propia destrucción. El neoliberalismo ha creado la nueva categoría de «sobrantes humanos», indicó el vicepresidente, que advirtió que se quiere imponer una verdadera «dictadura mundial» mediante la guerra y el poder económico.

Así, Lage ha considerado que el terrorismo es consecuencia de la injusticia, «falta de educación y cultura, pobreza, desigualdad, humillación de naciones enteras y el 15 desprecio y subestimación de una creencia y no de ideologías radicales que deban ser barridas con bombas y misiles». El vicepresidente cubano ha instado a luchar por un nuevo orden internacional «más justo y equitativo» en el cual prime un trato especial y diferenciado para los países del tercer mundo.

Por último, ha afirmado que la ONU debe reformarse para ser instrumento de 20 cooperación y paz, para lo cual abogó por ampliar el Consejo de Seguridad, modificar sus métodos de trabajo, hacer más transparentes sus deliberaciones y erradicar «el humillante privilegio del veto». «Somos no alineados a las guerras, al terrorismo, la injusticia, las desigualdades y los dobles raseros y alineados con la paz y la justicia», ha sentenciado Lage.

Editorial, El País, 14–09–2006 (319 palabras)

Anotaciones

1 Carlos Lage: Carlos Lage Dávila (*1951); político cubano. En 1969 ingresó en la Escuela de Medicina Victoria de Girón. Luego cumplió Misión Internacionalista en la República de Etiopía como Médico Especialista en Pediatría. Es Miembro del Comité Central del Partido Comunista de Cuba desde 1980 y Diputado a la Asamblea Nacional del Poder Popular desde 1976. Desde 1986 es Secretario del Comité Ejecutivo del Consejo de Ministros de Cuba, responsabilidad que, en la práctica, es equiparable a la de un primer ministro en una república presidencial. A partir de 1990 ha sido uno de los principales impulsores de las modestas transformaciones económicas de la economía cubana. Es también, desde 1993, Vicepresidente del Consejo de Estado de Cuba. Como parte de esta responsabilidad ostenta por delegación del Presidente Fidel Castro la representación al más alto nivel del Estado en las Cumbres Iberoamericanas, reuniones de la ONU y actos de toma de posesión de presidentes de otros países. Desde agosto de 2006, forma parte del grupo de políticos que dirigidos por Raúl Castro, asumieron la dirección del proceso revolucionario cubano, por delegación expresa del presidente Fidel Castro. Es considerado por los analistas políticos la figura política civil de mayor importancia en la isla y uno de los posibles candidatos a la sucesión de Fidel Castro, en caso de continuidad del actual sistema.

3 en el marco de: durante, con motivo de

4 previo/a a: que precedió a, que tuvo lugar antes de, anterior a

15 subestimación (f.): estimación de algo por debajo de su valor, menosprecio, desestimación

16 barrer: hacer desaparecer [wegfegen]
instar: invitar, animar, exhortar, pedir de forma suplicante

20 abogar por: defender la necesidad de, mostrarse partidario de, hablar en favor de

23 doble rasero (m.): doble moral

Análisis y comentario

1. Estructure y resuma el contenido del texto.
2. ¿De qué acusa Carlos Lage a Estados Unidos?
3. En el texto se habla de «sobrantes humanos».
   Explique con sus propias palabras este término.
4. a) ¿Cuáles son, según el vicepresidente de Cuba, las verdaderas causas del terrorismo?
   b) ¿Comparte usted el parecer de Carlos Lage con referencia al terrorismo?
   Justifique su respuesta.

Análisis y comentario

1. El texto puede dividirse en tres partes.
   La primera parte, que termina en la línea 6, contiene una llamada de Carlos Lage a los miembros de la NOAL para que contribuyan unidos a la creación de un mundo mejor.

   La segunda parte se compone a su vez de dos partes.
   En la primera está contenida la acusación del vicepresidente de Cuba a Estados Unidos de querer crear una dictadura mundial.
   En la segunda se expone brevemente la teoría de Carlos Lage, para quien lo que realmente ha originado el terrorismo es la actitud de desprecio del Occidente (en concreto de Estados Unidos) hacia otras culturas. La segunda parte se extiende de la línea 7 a la línea 18.

   En la tercera parte, que comienza en la línea 19, se nos informa de que Carlos Lage ha propuesto la reforma de la ONU para convertirla en un instrumento eficaz y poder eliminar, de una vez y para siempre, el, para él, injusto y denigrante privilegio del «veto».

2. Acusaciones de Carlos Lage a los Estados Unidos:
   - ➠ Considerarse con derecho a invadir a todos los demás países para alcanzar sus objetivos políticos y económicos
   - ➠ Conducir al mundo hacia su autodestrucción
   - ➠ Querer imponer una dictadura «mundial»mediante las armas (la guerra) y el poder económico

3. «Sobrantes humanos» es el término con el que se podría designar a las personas que no tienen (o más exactamente no les damos) cabida en nuestra sociedad.
   En lugar de elaborar y precisar la definición, veamos algunos ejemplos concretos de «sobrantes humanos»:
   - ➠ Personas que no tienen, como hemos dicho, sitio en nuestra sociedad
   - ➠ El parado, el inválido, el alcohólico, el delincuente, la prostituta vieja, la mujer abandonada y sola, el loco, el desviado político
     Se trata de seres que podríamos llamar basura humana, algo que nuestra sociedad no considera perteneciente a ella y quiere mantener como basura fuera de su vista.
   - ➠ Los niños abandonados en las calles de Colombia que hace unos años se llamaban «gaminos» y ahora reciben el nombre de «desechables» y están marcados para morir
   - ➠ Los económicamente inviables, según el lenguaje técnico, que la ley del mercado expulsa por superabundancia de mano de obra barata en la sociedad de consumo

4. a) Verdaderas causas del terrorismo en opinión del vicepresidente cubano son:
   - ➠ La falta de formación escolar (educación y cultura), la pobreza, la desigualdad y la humillación de naciones enteras en el Oriente
   - ➠ El desprecio y la subestimación de religiones y culturas que en realidad el Occidente desconoce
   - ➠ El terrorismo no es consecuencia, como se afirma en el Occidente, de ideologías radicales que se deben hacer desaparecer con mísiles y bombas, sino secuela lógica de la actitud arrogante y despreciativa de nuestro mundo occidental que se cree superior al oriental, concretamente al árabe.

   b) Libre

Rice expresa en Madrid sus «serias dudas» sobre la política española hacia Cuba

En unas ocho horas fue recibida en primer lugar en audiencia por Su Majestad el Rey, después se entrevistó con su homólogo, Miguel Ángel Moratinos, más tarde lo hizo con el presidente del Gobierno, José Luis Rodríguez Zapatero, y, finalmente, con el líder de la oposición, Mariano Rajoy. Su estancia en España y su larga conver-
5 sación con Moratinos no les permitió superar las diferencias sobre las estrategias que los dos países mantienen respecto a Cuba, según pudo concluirse tras escuchar a la mandataria estadounidense y al jefe de la diplomacia española en la conferencia de prensa conjunta, celebrada en el Palacio de Santa Cruz, sede oficial del Ministerio de Asuntos Exteriores. Previamente, los dos políticos habían mantenido, en este
10 mismo edificio un encuentro que duró alrededor de una hora.

El titular español de Exteriores no dudó en afirmar que la presencia de la mandataria estadounidense es un signo evidente de que «las relaciones están plenamente normalizadas, tras los altibajos por todos conocidos». Era la primera vez que el Gobierno de Zapatero aceptaba la existencia de divergencias entre Estados Unidos y
15 España. Por su parte, la llamada «Dama de Hierro» destacó la lucha conjunta contra el terrorismo o el tráfico de drogas, «lo que mejora la seguridad de los dos países y de nuestros aliados». Coincidieron ambos al señalar que la situación de Venezuela y el régimen castrista habían ocupado la mayor parte de su conversación. También hablaron de Afganistán, el Norte de África y Oriente Medio.

20 «El pueblo cubano se merece vivir en democracia y libertad». España y Estados Unidos coinciden en esta aseveración, pero no en la manera de llegar a este objetivo. El Ejecutivo Zapatero confía en el diálogo con el régimen cubano. El Gobierno Bush, en cambio, apoya un bloqueo a la Isla para conseguir la desafección de los ciudadanos hacia el dictador. Rice consideró inaceptable el tránsito de un régimen
25 antidemocrático hacia otro antidemocrático, «como si se tratara de una dinastía». Esto es, en su opinión, lo que se conseguirá mediante la vía española. No obstante admitió la buena fe de España. El jefe de la diplomacia española se molestó y no lo ocultó cuando un periodista estadounidense le preguntó si en su próxima visita a la Isla pensaba hablar con los disidentes: «Espero que después de esta conversación
30 Estados Unidos se convenza de que la táctica española dará resultados», contestó Moratinos queriendo explicar por qué acaba de terminar conversaciones sobre Derechos Humanos con el régimen castrista.

En cuanto al diálogo con la oposición dijo en tono desairado: «Este gobierno no tiene problema para hablar con los disidentes; hablamos con ellos y los liberamos.
35 No se trata de trasladar una percepción sino de hacer una comparación entre los dos países sobre cuantos altos funcionarios han visto más a los disidentes o qué embajada se ha ocupado más de ellos». Los dos políticos insistieron en la necesidad de man-

tener planes conjuntos en Iberoamérica, porque EEUU y España tienen intereses comunes. Así pues, se comprometieron a que los dos directores de área coordinen las
40 estrategias. (...)

Carmen Gurruchaga, La Razón, 2–6–2007 (526 palabras)

Anotaciones

5 superar: lograr que deje de existir (un obstáculo), vencer, franquear, eclipsar, allanar
6 tras: después de, a continuación de
7 mandatario/a: persona que por elección ocupa un cargo en la gobernación de un país, gobernante, alto cargo político, jefe del estado, ministro
10 alrededor de: aproximadamente, poco más o menos
11 titular (m.); aquí: ministro
21 aseveración (f.): afirmación, enunciación, declaración
23 desafección (f.): falta de afecto, falta de estima, aversión
27 molestarse: ofenderse, incomodarse, disgustarse, vejarse ligeramente
33 desairado/a: falto de garbo, abatido, sin mucha fortuna
35 percepción (f.): comprensión, conocimiento

Análisis y comentario

1. Exponga los recibimientos de que fue objeto Condoleezza Rice, ministro de Asuntos Exteriores de Estados Unidos, en su visita a principios de junio a Madrid.
2. En el encuentro de aproximadamente una hora que la señora Rice y su homólogo Miguel Ángel Moratinos mantuvieron en el Palacio de Santa Cruz no se pusieron de acuerdo en todos los puntos que trataron.
   a) ¿Cuáles fueron los temas más importantes de su conversación?
   b) Exponga la temática en la que disintieron.
3. En el cuarto párrafo del texto podemos leer las respuestas de Moratinos a las objeciones y críticas de Condoleezza Rice.
   a) ¿Cuáles fueron sus respuestas?
   b) ¿Fueron, en su opinión, réplicas convincentes?
   c) Fundamente su parecer.

Análisis y comentario

1. Recibimientos de que fue objeto la ministro de Asuntos Exteriores de Estados Unidos Condoleezza Rice en su visita a Madrid:
   - ➠ Fue recibida en audiencia por Su Majestad el Rey.
   - ➠ Se entrevistó con el ministro de Asuntos Exteriores, Miguel Ángel Moratinos.
   - ➠ Se reunió con el presidente del Gobierno, José Luis Rodríguez Zapatero.
   - ➠ Cambió impresiones con el líder de la oposición, Mariano Rajoy.

2. a) Los temas más importantes de la conversación entre Condoleezza Rice y Miguel Ángel Moratinos fueron:
   - ➠ La lucha conjunta contra el terrorismo y tráfico de drogas
   - ➠ La situación actual de Venezuela
   - ➠ El régimen cubano
   - ➠ Situación de Afganistán, del Norte de África y del Oriente Medio

   b) El tema más importante en el que los dos ministros de asuntos exteriores no se pusieron de acuerdo fue lo referente a la exacta concretización de los medios mediante los que se puede obtener la democratización y la libertad en Cuba:
   - ➠ Estados Unidos apoya el bloqueo de la isla cubana, la creación de un clima de aversión de la población cubana hacia la dictadura que gobierna la nación, y el diálogo con la oposición.
   - ➠ España prefiere el diálogo con el régimen de Fidel Castro y conversaciones con el Gobierno sobre los derechos humanos.

3. a) Las dos objeciones de Rice al ministro de Asuntos Exteriores español:
   - ➠ No es aceptable el tránsito de un régimen antidemocrático hacia otro antidemocrático como si se tratara de una dinastía (hereditaria). A esto es a lo que llevaría, según Rice, el camino propuesto por España con su diálogo con Cuba.
   - ➠ España no dialoga con la oposición cubana.

   b)
   - ➠ Réplicas a la primera objeción no las encontramos directamente en el texto.
   - ➠ Respecto a la segunda objeción el Ministro y el ministerio responden directamente, aunque no con la claridad que cabría desear. El jefe de la diplomacia española dice que espera que después de las conversaciones con Rice, Estados Unidos se convencerá de que la táctica española dará resultados.
   - ➠ Con referencia a la segunda objeción, la respuesta tampoco es directa: «Hablamos con ellos y los liberamos».

   c) En mi opinión las respuestas que recibe Rice no son satisfactorias. Que a los que deben responder presuntas les moleste que les pregunten ciertas cosas llama un poco la atención. Y esto es lo que el lector atento percibe, sobre todo, en la última parte del artículo que estamos analizando en la que, por otro lado, no responde el ministro, como cabría de esperar, sino el jefe de la diplomacia española del ministerio de Asuntos Exteriores.

Congresistas y empresarios estadounidenses claman en La Habana por el fin del embargo

El mundo del dinero se rebela contra el embargo a Cuba. En contraste con la línea marcada por la Casa Blanca, congresistas y empresarios norteamericanos reunidos en La Habana para firmar contratos de venta de alimentos por más de cien millones de dólares están haciendo oír su voz contra las restricciones en el comercio y los via-
5 jes de EE. UU. a la isla. Hasta la lujosa revista de fumadores de puros Cigar Aficionado, publicación neoyorquina asociada a las gentes de Wall Street, clama contra el bloqueo en su número de junio, dedicado a la mayor de las Antillas.

Después del fracaso político de 45 años de embargo, «¿no es hora de intentar algo nuevo?», se pregunta Cigar Aficionado en su próximo editorial. «Basta de malgastar
10 nuestro tiempo y dinero persiguiendo a los fumadores de puros», añade.

El dinero es donde más les duele a todos, no hay engaño. «Estamos perdiendo dos mil millones de dólares al año por no tener acceso libre al mercado cubano», se quejó el presidente de la Federación de Productores de Arroz de EE. UU., Marvin Det Mer, en la apertura de la ronda negociadora entre exportadores norteamericanos y autori-
15 dades de Cuba. En la ronda participan 265 empresarios de 114 compañías y algunos políticos de los 22 estados que venden alimentos a la isla.

Estas operaciones son posibles desde que el Congreso aprobó en el año 2000 una excepción al embargo para poder vender dichos productos. La decisión convirtió a Estados Unidos en el primer proveedor de alimentos de Cuba, que desde entonces le
20 ha comprado 7,8 toneladas por un importe de 2.343 millones de dólares: una suma que «se doblaría si no fuera por las restricciones», según el presidente de la agencia cubana importadora, Alimport, Pedro Álvarez. Y es que el ritmo de las compras se ha moderado desde que, en el 2005, el Gobierno de Bush dificultó este comercio al obligar a Cuba a pagar las mercancías en efectivo y por adelantado.
25 «Hay que levantar el embargo y aumentar las oportunidades de comercio con Cuba. Es importante para nosotros y para la isla desde los puntos de vista económico, político y social», dijo en La Habana Rosa De Lauro, congresista demócrata y cabeza de la delegación de legisladores (otros dos demócratas y dos republicanos) desplazados a Cuba para apoyar a los exportadores.
30 Desde que los demócratas ganaron las legislativas, los grandes productores agrarios de EE. UU. y sus parlamentarios presionan más y más contra el embargo. Pero al otro lado de la balanza económica y electoral que orienta las decisiones de la Casa Blanca están el exilio cubano y el gran capital de Florida, que pesan lo suyo. Una vez demostrado que el embargo no basta para doblegar al régimen cubano, los
35 defensores de Bush en Miami sostienen que tan importante o más es mantenerlo ahora con vistas a la transición que a su juicio vendrá después de Fidel.

¿Qué será más decisivo para el futuro de Cuba? ¿La muerte de Castro o el fin del embargo? No falta en la isla quien apuesta por lo segundo.

Fernando García, La Vanguardia, 31–5–2007 (530 palabras)

Anotaciones

7 la mayor de las Antillas: Cuba
9 malgastar: gastar mucho y de forma inadecuada, gastar en algo inútil y que no vale la pena, malbaratar, desperdiciar, desaprovechar, dilapidar, despilfarrar, quemar
21 doblar: multiplicar por dos, duplicar, hacer doble
23 moderarse: disminuir, hacerse menor, menguar, reducirse
24 en efectivo: con pago inmediato, al contado, con dinero en billetes
por adelantado: anticipadamente, con antelación
25 levantar; aquí: quitar, suprimir, poner fin
33 pesar lo suyo: tener mucha importancia

Análisis y comentario

1. Estructure y resuma el contenido del texto.
2. ¿Para qué se han reunido en La Habana empresarios norteamericanos y miembros del Congreso de Estados Unidos y qué es lo que reclaman al Gobierno de su país?
3. Exponga con sus propias palabras cómo fundamentan sus reclamaciones y cuáles son sus exigencias concretas frente al presidente Bush?
4. En Estados Unidos existe un grupo que tiene mucha importancia a la hora de tomar decisiones gubernamentales sobre Cuba.
   a) ¿ De qué grupo se trata?
   b) ¿Cómo enjuicia este grupo la supresión del embargo en nuestros días?

Análisis y comentario

1. El texto que estamos analizando lo podemos dividir en tres partes. Congresistas y gentes de negocio norteamericanos, se nos dice en la primera parte, que va hasta la línea 10, declaran su desacuerdo contra las restricciones en el comercio con Cuba y en los viajes de Estados Unidos a la isla y declaran abiertamente que, después de cuarenta y cinco años de fracaso del embargo, se hace necesario, pensar e intentar algo nuevo.

   El mercado norteamericano está perdiendo dos mil millares de dólares anuales por no tener acceso libre al mercado cubano. Desde el año 2000 se aprobó un acuerdo para poder adquirir de Estados Unidos productos alimenticios y Norteamérica se convirtió en el primer proveedor de Cuba. Hoy si no se pusiesen restricciones la tasa de exportaciones se hubiese podido multiplicar por dos. Este es el contenido de la segunda parte que va de la línea 11 a la línea 29.

   En la tercera parte, que comienza en la línea 30, constatamos que los demócratas, los grandes productores agrarios se oponen a la vigencia del embargo y que los republicanos hispanos de Miami no están totalmente decididos. Hay no pocos que piensan que con vista a una próxima transición lo mejor quizá fuese de momento mantenerlo.

2. Empresarios norteamericanos y miembros del Congreso de Estados Unidos se han reunido en La Habana para firmar contratos de ventas de productos alimenticios y reclaman al Gobierno de su país que no se pongan restricciones al comercio con Cuba y limitaciones en los viajes desde Estados Unidos a la isla.

3. Los empresarios fundamentan sus reclamaciones diciendo que están perdiendo millones de dólares anualmente al no tener acceso libre al mercado cubano. Este argumento lo aclaran diciendo que si no fuera por las restricciones concretas que se han hecho, la cantidad de productos vendidos se doblaría. Y esto es lo que el Gobierno imposibilita al obligar, desde el año 2005, a Cuba a pagar las mercancías que adquiere en efectivo y por adelantado.

4. a) Se trata de la comunidad cubana residente en Miami, ciudad a la que se le da hoy el nombre de «capital del exilio cubano» y en la que funcionan hoy negocios multimillonarios en manos de empresarios cubanos.

   b) Los cubanos de Miami creen que el embargo no es suficiente para subyugar al régimen castrista, pero que ahora es importante mantenerlo en espera a lo que venga después de la posible y necesaria transición.

Castro, Bush y «Katrina»

Fidel Castro le ofreció a Estados Unidos un pequeño ejército de 1.586 médicos para contribuir a aliviar la catástrofe del huracán «Katrina». El Departamento de Estado, cortésmente, declinó la ayuda.

Sin embargo, Fidel Castro no ofreció su contingente de médicos con el objeto de que Estados Unidos lo aceptara. Era un gesto. Fidel Castro es un hombre de gestos. Lleva casi medio siglo jugando con las apariencias. Aparenta ser un estadista amado por un pueblo próspero y feliz en el que las principales necesidades han sido satisfechas. Él sabe que es falso, pero no le importa. Dedica todo su esfuerzo a divulgar esa imagen y a ocultar la verdad de un país miserable y desesperado. Dentro de su enrevesada psicología, su propuesta es una forma de humillar a Estados Unidos e infligirle una derrota política. Supuestamente, si Washington acepta los médicos, es la prueba de la invencible superioridad de su sistema comunista, siempre solidario y alerta. Si no la acepta, se demuestra la indiferente perfidia del capitalismo ante el dolor de los pobres de Luisiana, casi todos negros.

En todo caso, los verdaderos humillados y ofendidos son los médicos cubanos. Esos 65.000 buenos profesionales, generalmente abnegados y sacrificados, que en Cuba suelen trabajar y vivir en condiciones miserables. Son los esclavos preferidos del Comandante: los alquila, los vende, los regala, los presta, los cambia por petróleo, los utiliza como coartada para justificar su dictadura. Es a través de ellos (y de los dentistas) que Castro expresa sus espasmos altruistas. Su bondadoso internacionalismo revolucionario se fundamenta en el sacrificio de los médicos cubanos. Unas veces los usa para fomentar el clientelismo político, como sucede en su rica colonia venezolana, o para hacer propaganda, o para presionar en el terreno diplomático al país que recibe su regalo envenenado. Son sus esclavos y deben obedecerle dócilmente. No pueden emigrar, pero si Castro, con un chasquido de los dedos, les pide marchar al extranjero, deben hacerlo inmediatamente y dejar a sus familiares de rehenes. Una vez allí, en Argelia o en Guatemala, en Irán o en Honduras, deben callar cuanto saben de la realidad cubana, sin escapar, pues si lo hacen, nunca más podrán ver a sus seres queridos.

Las relaciones de Fidel Castro con los médicos son muy peculiares. Su hijo predilecto –y se le conoce una docena– es un ortopeda bonachón y discreto. Está rodeado de médicos, tal vez porque es un notable hipocondríaco, mientras detesta el contacto con los abogados, que es la carrera que él estudió.

El Parlamento hace unos cuantos años le regaló un yate fastuoso para festejar su cumpleaños. Hace poco le obsequiaron con un pequeño hospital rodante con un equipo de médicos y cirujanos que lo acompaña a todas partes. Cuando era más joven quería gozar de la vida. Ahora se conforma con prolongarla. En el edificio donde radica su despacho sucede lo mismo: tiene permanentemente a su exclusiva disposición un completísimo centro para cualquier clase de emergencia médica. Basta un acceso de hipo para que se disparen todas las alarmas. Ningún jefe de Gobierno en el planeta toma tantas precauciones. Ninguno ordena y manda sobre un ejército de 65.000 entristecidos esclavos de bata blanca.

Carlos Alberto Montaner, ABC, 10–09–2005 (537 palabras)

Anotaciones

3 declinar: no aceptar, rechazar cortésmente, rehusar, desechar
9 enrevesado/a: confuso, complicado, difícil de entender, complejo
10 humillar: hacer perder el orgullo, rebajar, degradar, avergonzar, menospreciar [demütigen]
infligir: imponer, causar, ocasionar [auferlegen]
15 abnegado/a: que no piensa únicamente en sí mismo, altruista, generoso
19 coartada (f.): prueba para demostrar la inocencia de alguien, medio propicio
20 espasmo (m.): convulsión, acceso, elucubración [Krampf]
22 clientelismo (m.): protección a cambio de sumisión
21 envenenado/a: que contiene veneno, dañino, perjudicial
25 chasquido: ruido seco y repentino [Knall]
26 rehén (m.): persona a la que se le retine para obligar a otro a cumplir determinadas condiciones
28 escapar: huir, marcharse, desaparecer
32 hipocóndriaco: persona que sufre frecuentes depresiones anímicas
40 acceso de hipo: [Schluckanfall]

Análisis y comentario

1. Estructure y resuma el contenido del texto.
2. Exponga con sus propias palabras los fines que perseguía Fidel Castro con la oferta de envío de más de millar y medio de médicos a Estados Unidos.
3. El autor del texto da a los médicos cubanos el nombre de «esclavos con bata blanca».
   a) Enumere brevemente las pruebas aducidas para probar su afirmación.
   b) ¿Comparte usted su opinión?
   Justifique su respuesta.
4. Desde hace unos años Cuba se encuentra en una grave crisis económica.
   a) Explicite brevemente los motivos que han llevado a la nación de Fidel a esta crisis.
   b) ¿Cómo trata actualmente el Gobierno cubano de superar la crisis?

Análisis y comentario

1. El texto que vamos a analizar se puede dividir en cuatro partes.
   La primera parte, que comprende las tres primeras líneas, se puede considerar como una breve introducción y contiene una propuesta de Fidel Castro que no fue aceptada por los Estados Unidos.

   En la segunda parte, que va de la línea 4 a la línea 14, se explica lo que realmente pretende (pretendía) con su oferta. Castro, que no es un hombre de realidades sino de apariencias, intenta con su gesto humillar a los Estados Unidos.

   En la tercera parte, que se extiende de la línea 15 a la línea 29, vemos que lo que Castro realmente obtiene es la humillación, la esclavización de los médicos cubanos. Fidel Castro convierte a los médicos de su nación en meros instrumentos de los que él se sirve para sus planes propagandísticos dentro y fuera de su país.

   En la parte final, que comienza en la línea treinta, el autor nos muestra que incluso él está rodeado, o se ha hecho rodear, de esos esclavos de bata blanca que le acompañan en un hospital rolante que le regalaron no hace mucho tiempo.

2. El único fin que perseguía Fidel Castro con el pretendido envío del millar largo de médicos a Estados Unidos era humillar a Norteamérica y a su presidente:
   ➠ Si el Gobierno norteamericano aceptaba a los médicos se probaba con toda claridad la superioridad del sistema comunista frente al capitalista. Los comunistas disponían de una infraestructura sanitaria superior a la capitalista y eran solidarios con todos los pueblos.
   ➠ Si el Gobierno de los Estados Unidos no aceptaba la oferta, el capitalismo demostraría su perfidia dejando ver claramente su indiferencia ante los habitantes de Lusiana en su mayoría negros por su color y muchos de ellos con medios económicos bastante limitados.

3. a) Las pruebas que Carlos Alberto Montaner aduce en el texto para demostrar su atrevida afirmación de que los médicos cubanos son tratados como esclavos son:
   ➠ Los médicos son utilizados como objetos. Fidel Castro los alquila, los presta, los regala, los vende, los cambia por petróleo.
   ➠ Exige de ellos una sumisión casi absoluta.
   ➠ Los médicos no pueden emigrar, pero si el comandante lo ordena tienen que abandonar el país dejando a sus familias en Cuba como rehenes.
   ➠ En el extranjero deben callarse cuanto saben de la realidad cubana y permanecer donde se les manda si quieren volver a ver a la familia que dejaron en la isla.

   b) Libre

4. a) Uno de los motivos que ha llevado a Cuba a la grave crisis en la que se encuentra es el hundimiento de la Unión Soviética. El derrumbamiento de la Unión Soviética sumergió la economía cubana en una crisis gravísima. El desmantelamiento del CAEM, en el que se integraban los intercambios con Cuba, provocó la caída de las exportaciones e importaciones. Esto llevó consigo un importante descenso de las

inversiones y en el consumo y por lo tanto del PIB y de la productividad. Tras la relativa abundancia de la década de los ochenta empezó a escasear todo en la isla a principio de los noventa. En las fábricas no había combustible, ni materias primas, ni piezas de recambio. El déficit presupuestario se incrementó por efecto del deterioro de las cuentas de las empresas públicas y de una voluntad política de mantener todo lo que fuera posible: los salarios, el empleo y los gastos sociales; de ahí el aumento de la liquidez, que se tradujo en una gran inflación y en el debilitamiento del peso. El País entró en el «período especial en tiempos de paz».

b) El Gobierno cubano trata de superar la crisis buscando otros fornecedores que pongan a su disposición lo que la nación necesita. En la actualidad uno de ellos es el presidente de Venezuela Hugo Chávez que, en sus pretensiones de imitar y suceder ideológicamente a Castro en Latinoamérica, pone a disposición de dicho país el combustible que la isla caribeña necesita, a precios y condiciones muy asequibles. De la colaboración de China se puede afirmar que es seguro que existe y que es cosiderable, pero no es fácil nombrar cifras concretas que respondan con cierta aproximación a la realidad.

Y Castro «toca la lira»

Es fama que el emperador Nerón tocaba la lira mientras veía arder la Roma que él había entregado al fuego. El presidente cubano, Fidel Castro, sin llegar a esos extremos de frivolidad, no tiene menos necesidad de refugiarse en distracciones alternativas mientras, si no llamea la isla, sí, al menos, jadea de lo exhaustos que deja a sus
5 moradores la lucha por la vida.

Mientras el cubano medio sobrevive a los altos precios, el mal servicio, y la escasez congénita, Castro, convaleciente de no ejercer el poder desde su operación el año pasado, se dedica al periodismo. El pasado 29 de marzo, el comandante en jefe publicó la primera de sus reflexiones sobre la actualidad internacional y análisis de los
10 grandes problemas de la humanidad. Y ya son 30 las columnas aparecidas en el diario oficial Granma –todos los demás también lo son, pero con menor rango–. Si, de otra parte, el tiempo que el líder máximo lleva apartado del poder no se ha aprovechado para hacer evolucionar el régimen hacia algún tipo de aperturismo, Castro sí le ha sacado partido a una nueva carrera que le convierte en periodista en jefe.
15 Es probable que el revolucionario y libertador de 1959 no quisiera para Cuba una dictadura burocrática, como la que empobrece desde hace casi medio siglo el país. Pero ¿se dará cuenta el hombre de Sierra Maestra de que sus colaboradores, piensen lo que piensen de sus pinitos literario-doctrinales, no le dirán sino que hasta en eso es genial?
20 Castro no puede ser visto como figura abufonada al estilo del pirómano Nerón; el comunista antillano es seguro que siempre haya querido lo mejor para su pueblo, pero en el grado de autoengaño en que ambos han escrito su historia, sí que las suyas son, tristemente, vidas paralelas.

Editorial, El País,18–07–2007 (305 palabras)

Anotaciones

1 Nerón: Claudio César Nerón (37– 68), emperador romano.
Gracias a las intrigas de su madre Agripina, mujer del emperador Claudio, ocupó el trono a la muerte de éste. En los primeros años de su gobierno fue asesorado por el prefecto Burro y el filósofo hispánico Séneca, pero pronto comenzó a cometer actos despóticos y excéntricos: destituyó al general Corbulón, que había vencido a los partos y le sustituyó por el incompetente Petón, con lo que se malogró la conquista de Armenia; hizo asesinar a su hermanastro Británico y a su madre Agripina, y repudió a su mujer Claudia para casarse con Pompea, esposa de su amigo Otón. El año 64 se produjo en Roma un pavoroso incendio, probablemente provocado por el emperador, aunque éste acusó del hecho a los cristianos. En el 65 se tramó una conspiración para deponerle, pero fue descubierta y duramente reprimida. Entre las víctimas de la represión hay que contar al filósofo Séneca y al poeta Petronio. Por fin, el año 68 los guardianes pretorianos se rebelaron y eligieron emperador a Galba, que fue reconocido por el Senado. Nerón huyó de Roma y se hizo quitar la vida a manos de un liberto.
3 refugiarse: buscar ayuda o protección, retirarse, cobijarse, guarnecerse, defenderse
4 llamear: despedir; echar llamas, estar en llamas, arder
jadear: respirar con dificultad / agitadamente, resoplar
exhausto/a: extenuado, rendido, completamente agotado
7 congénito/a: que se tiene desde el nacimiento, desde siempre
17 Sierra Maestra: cadena montañosa de Cuba que fue base de las operaciones llevadas a cabo por las guerrillas castristas
18 pinito (m.): primer paso en un arte o ciencia
20 abufonado/a: burlesco
pirómano/a: que tiene una tendencia patológica a provocar fuego

Análisis y comentario

1. Estructure y resuma el contenido del texto.
2. ¿Por qué se le puede dar en la actualidad a Fidel Castro el nombre de «periodista en jefe»?
3. Explique el comentario del autor del texto «todos los demás lo son, pero en menor rango».
4. Hasta que punto se puede hablar de la vida de Nerón y de la vida de Castro como vidas paralelas?
5. Formule y comente los principales reproches que aparecen en el editorial contra Fidel Castro.

Análisis y comentario

1. El texto que vamos a analizar lo podemos estructurar en tres partes.
   Una parte introductoria, que va hasta la línea 5 y en la que se parangona al emperador Nerón con Fidel Castro.

   Una parte central, que va de la línea 6 a la línea 14, en la que se compara, esta vez, la existencia del cubano medio que lucha para sobrevivir con la del convaleciente presidente de la nación que reflexiona en su nueva actividad como articulista sobre los problemas de la humanidad.

   Una parte final, que se inicia en la línea 15 y en la que se vuelve al tema inicial. Aunque el presidente cubano no lo haya querido, las vidas de Fidel Castro y Nerón contienen elementos paralelos como su dedicación a la musa literaria y quizá también su asentimiento y beneplácito con adulaciones de los que los rodean.

2. El nombre que normalmente se le da a Fidel Castro es el de comandante en jefe, máximo cargo y grado militar existente en determinados países, como es el caso en Cuba. En la actualidad se le puede dar también el nombre irónico de periodista en jefe ya que su calidad de líder máximo de la nación lo convierte en el jefe del periodismo desde el momento en el que se decide a practicar esta profesión.

3. «Todos los demás también lo son, pero en menor rango»: «Todos los periódicos de la nación son diarios oficiales del país aunque Granma lo es en sumo grado». La frase contiene una clara crítica a la inexistente libertad de prensa en Cuba. Todos los periódicos son periódicos de la nación ya que todos están obligados a publicar lo que el Gobierno quiere, todos los periódicos subyacen a la censura.

4. Dos elementos son los que nos permiten establecer un paralelismo entre la vida de Nerón y la de Fidel Castro:
   - Ambos se refugian en actividades alternativas (en el caso de Fidel Castro tendríamos quizá que diferenciar un poco más) mientras sus países se encuentran en crisis extremas: Roma ardiendo, Cuba lucha por la existencia.
   - Los dos jerarcas en sus actividades alternativas están rodeados de aduladores y corren el peligro de no cerciorarse de lo que realmente sucede en su país y del peligro que les acecha.

5 Reproches contra Fidel Castro:
   - Los cubanos tienen que luchar para sobrevivir.
   - La vida en la isla es excesivamente cara.
   - En Cuba hay escasez de todo.
   - No hay libertad de prensa.
   - Cuba es una dictadura burocrática.
   - Fidel Castro está empobreciendo al país desde hace medio siglo.

Raúl Castro promete leche para todos

«Aquí se está construyendo el centro lechero más grande del mundo», dijo rotundamente Fidel Castro a los habitantes de la provincia de Camagüey durante el discurso que pronunció en esa localidad el 26 de julio del año 1989. El líder cubano incluso sugirió que ni en Estados Unidos, Francia u Holanda existía un centro lechero 5 como el de Camagüey.

Dieciocho años después y en la misma ciudad, Raúl Castro dio una zurra verbal a los productores de leche por su baja productividad –384 millones de litros este año–, algo que obligó al Estado cubano a desembolsar 116 millones de euros para comprar leche en polvo. El año de mayor producción de este alimento, 1989, se saldó con 900 10 millones de litros.

En la isla la leche está sujeta a una severa regulación y se vende a precio subvencionado a la «población vulnerable», niños de hasta siete años de edad, personas con dieta médica y ancianos. El resto de los cubanos, para consumirla, tiene que comprar leche en polvo a precios más caros en el mercado negro o en las tiendas de ventas en 15 divisas.

El gigante centro lechero promovido por Fidel Castro se hundió junto con el desplome de la Unión Soviética. La casi totalidad de los insumos utilizados en esta macrovaquería eran importados. Raúl Castro, el pasado 26 de julio, en cierto momento dejó de leer su discurso y, fuera del guión, dijo que, después de casi medio siglo, ya 20 era el momento de sacarse de la cabeza la idea de que la leche debe ser sólo para los niños.

El presidente interino de Cuba afirmó que se debía producir la cantidad necesaria como para que beba leche todo el que quiera. La consigna de «leche para todos» despertó un gran entusiasmo patriótico entre los miles de camagüeyanos presentes en el 25 acto político.

Ángel Tomás González, El Mundo, 29–7–2007 (317 palabras)

Anotaciones

2 Camagüey: provincia de Cuba que se encuentra en el este de la Isla. Tiene importantes cultivos de arroz, caña de azúcar, tabaco y frutos tropicales y es la principal zona ganadera del país. Su capital es Camagüey de Cuba y cuenta hoy con unos 300.000 habitantes.
3 localidad (f.): lugar poblado, población, municipio
sugerir: provocar en alguien una idea o un sentimiento, dar a entender, insinuar, evocar
6 dar una zurra verbal: reprender duramente de palabra, censurar verbalmente, recriminar
9 saldar: liquidar, terminar
16 desplome (m.): caída, desaparición, hundimiento, derrumbamiento, destrucción
17 insumo (m.): bien empleado en la producción de otros bienes, materia base, sustancias lácteas
20 sacarse de la cabeza la idea: dejar de pensar en algo, no continuar pensando
22 interino/a: que substituye a una persona en su función, provisional, sustituto, en funciones

Análisis y comentario

1. Estructure y resuma el contenido del texto.
2. Camagüey ya no produce o suministra la leche que necesita Cuba para sus ciudadanos.
Explique por qué.
3. La venta de la leche no es en la Cuba de nuestros días totalmente libre.
Explique cómo se lleva a cabo la distribución de este producto.
4. ¿Está el presidente sustituto de Cuba de acuerdo con la política lechera del Gobierno?
Justifique su respuesta partiendo del contenido del texto.

Análisis y comentario

1. El texto que estamos analizando está compuesto de tres partes.

   En la primera parte, que se extiende hasta la línea 10, se nos informa de que Camagüey ya no es el centro lechero mayor del mundo como declaró Fidel Castro (en realidad no lo fue nunca) en 1989. Hoy produce, según declaraciones de su hermano Raúl, unos 400 millones de litros, menos de la mitad de la leche que se decía que producía hace dieciocho años.

   En nuestros días, como se nos dice en la segunda parte, que va de la línea 11 a la línea 21, la leche que se consume en Cuba está racionada y se tiene que subvencionar para garantizar el consumo de la misma a los niños, enfermos y ancianos. La falta de leche existe desde el hundimiento de la Unión Soviética, que era quien, en realidad, surtía de leche a la nación cubana.

   La tercera parte contiene el deseo expreso de Raúl Castro, actual dirigente provisorio de la República Socialista de Cuba, de que en la isla debe haber leche para todos los habitantes. (Yo siempre pensé que para muchísimos cubanos era y sigue siendo el ron más importante que la leche como bebida.)

2. La razón por la que la provincia de Camagüey ya no produce o suministra la leche que la isla caribeña necesita para sus ciudadanos no es que el número de vacas de la región haya disminuido o que den menos leche. El verdadero motivo es que Rusia ya no la envía. La materia prima láctea que se elaboraba en Camagüey no era producida en su totalidad en la región, gran cantidad de ella era importada directamente de la Unión Soviética mientras existió.

3. La leche es un producto que en Cuba no se da con suficiencia; por ello tiene que ser racionado.
   La llamada «población vulnerable», niños menores de siete años, enfermos y ancianos, reciben lo que necesitan y a un precio asequible ya que para ellos el producto es subvencionado por el Gobierno. El resto de la población que quiere consumir leche tiene que adquirirla normalmente en polvo en el mercado negro o en las tiendas de ventas en divisas.

4. El actual presidente «interino» de Cuba no está de acuerdo con la política lechera de su país. La leche tiene que dejar de ser, como leemos al final del texto que estamos analizando, un producto exclusivo para niños y necesitados. Cuba debe producir la cantidad de leche necesaria para que en la nación la beba todo el que quiera beberla.

Castrismo «light»

Las inevitables promesas de mejoría económica, la autocrítica relativa de algunos métodos y deficiencias del sistema comunista y una renovada oferta de diálogo a Estados Unidos después del presidente Bush han dado la impresión en Cuba de que Raúl Castro, de 76 años, mantiene reforzado el liderazgo prestado que asumiera con ocasión de la grave enfermedad de su hermano Fidel, un año ya fuera del estrellato político. El ritual discurso en el aniversario del comienzo de la revolución –la ocasión habitual de Fidel Castro para despacharse durante horas ante un enfervorizado auditorio– ha tenido esta vez, en boca del presidente en funciones, un carácter menos doctrinario y más apegado a la cruda realidad de un país donde los salarios mensuales siguen rondando los veinte dólares.

Cuando se produjo el relevo cubano, junto a una avalancha de rumores, presunciones y deseos de que el fin del líder comunista fuera próximo e inevitable, se montó la expectativa internacional, sin base alguna, de que había comenzado una transición que era también apertura política. El mensaje de Raúl Castro ayer, pese a su tono alejado de las imaginativas soflamas de su hermano convaleciente, no contribuye a fundamentar esa expectativa: Cuba, ha dicho, sigue en el «periodo especial» que siguió a la desintegración soviética; ha de incrementar la productividad para poder comer más; y si aumenta la inversión extranjera, será manteniendo el predominio de la propiedad socialista.

Hoy, a un año del segundo Castro en el poder, hay división de opiniones entre los que ven la botella medio llena, porque valoran cierta agilización en los controles de la economía y creen que el golpe de timón está al caer, y los que la ven medio vacía, porque en el terreno puramente político no ha ocurrido nada digno de mención. Lo cierto es que con la ayuda de la Venezuela de Hugo Chávez y los créditos de China, la economía cubana se ha estabilizado en su precariedad rigurosa. Y sobre ese repunte, modesto pero alentador, se especula en la propia isla con que el próximo movimiento de Raúl podría ser el reconocimiento al campesinado de alguna capacidad de explotación privada de la tierra, aunque reteniendo siempre el Estado la propiedad última del suelo.

Fidel Castro, el gran ausente, que aun físicamente limitado no puede estar tanto tiempo sin acaparar los focos de la adulación y del folclor político, ha dado en los últimos meses en fabricarse una nueva personalidad, llenando las páginas de Granma con sus comentarios, reflexiones y soliloquios. Pero la cuestión fundamental sigue siendo si sus sucesores tendrán la oportunidad de abrir de nuevo Cuba a la democracia. Si Raúl Castro no aprovecha esa coyuntura, aunque sea a paso de tortuga, el pueblo un día se lo demandará.

Editorial, El País, 27–07–2007 (460 palabras)

Anotaciones

4 liderazgo prestado: condición de líder que le deparó su hermano Fidel
5 estrellato (m.): situación de una persona que se ha convertido en una estrella, situación de una persona que sobresale notablemente en el ejercicio de su profesión, protagonismo
7 despacharse: hablar sin contención, decir lo que viene en gana, hablar con libertad, liberarse
10 rondar: ser aproximadamente de
15 soflama (f.): discurso que se pronuncia con apasionamiento para intentar encender el ánimo de los oyentes, arenga, perorata
convaleciente: que se recupera de una enfermedad, que recobra las fuerzas después de haber estado enfermo
22 golpe (m.) de timón: cambio de dirección, mudanza de rumbo
25 repunte (m.): subida de la economía, alza, crecimiento
31 adulación (f.): manifestación intencionada y desmedida de lo que se cree que puede agradar a una persona, halago
folclor: folclore, costumbres
33 soliloquio (m.): reflexión de una persona que habla a solas, diálogo consigo mismo, monólogo

Análisis y comentario

1. Estructure y resuma el contenido del texto.
2. ¿Qué elementos caracterizan el discurso de Raúl Castro si lo comparamos con los que su hermano Fidel pronunciaba en ocasiones similares?
3. ¿Se puede decir, partiendo de las referencias que encontramos en el texto al discurso del hermano de Fidel, que en Cuba se ha iniciado tras el relevo de los Castro una fase de verdadera transición y abertura política?
4. ¿A qué se dedica actualmente Fidel Castro?
5. ¿De qué se responsabiliza en el último párrafo del texto a los sucesores de Fidel y especialmente a Raúl Castro?

Análisis y comentario

1. El texto que vamos a analizar se compone de tres partes.
   En la primera parte, que se extiende hasta la línea 10, se nos pone sobre aviso de que el discurso conmemorativo del comienzo de la revolución, esta vez en boca del general Raúl Castro, ha sido mucho más breve, menos abstracto y por ello ha tenido que ver más con la realidad de la dura vida que les toca vivir a los cubanos.

   La segunda parte, que va de la línea 11 a la línea 29, nos hace sabedores de que el optimismo de una apertura política tras la retirada de la actividad presidencial de Fidel Castro no se ha confirmado tras un año de ausencia en las declaraciones concretas del discurso de Raúl. Aunque no faltan quienes piensan que la política cubana está transformándose y existen otros que piensan que no ha cambiado en el último año sin Fidel Castro, Cuba ha conseguido estabilizarse relativamente bien tras la desintegración soviética gracias a la ayuda directa de Venezuela y los créditos recibidos de China.

   Fidel Castro, en su ininterrumpido afán de captar la atención de todos súbditos, se ha creado una nueva profesión como periodista. Su hermano y sucesores tienen la oportunidad de conducir a Cuba hacia la democracia. Su país les pedirá cuentas de ello. Esta parte final coincide con el último párrafo del texto y va de la línea 30 hasta el final.

2. Los elementos que caracterizan el discurso de Raúl Castro si lo comparamos con los que Fidel Castro pronunciaba en ocasiones similares son:
   - El discurso de Raúl Castro es menos abstracto y menos doctrinario.
   - La duración es muchísimo más breve.
   - Su discurso tiene que ver con la realidad y con las dificultades que tiene que luchar un país donde no pocos de sus habitantes tienen que sobrevivir con veinte dólares de sueldo al mes.

3. A la pregunta de si el discurso de Raúl Castro y sobre todo de si su política dan pie para afirmar que tras el relevo de los Castro se ha iniciado una fase de transición y apertura política es difícil de dar una respuesta. El autor se sirve de la ya manida figura de la botella medio llena y la botella medio vacía para expresar la diversidad de opiniones. En Cuba se especula en nuestros días que Raúl Castro no ha de tardar en dar a los campesinos algunos derechos sobre las tierras que cultivan, algo así como la posibilidad de una explotación privada, aunque el Estado se reserve de algún modo la propiedad última del suelo.

4. Fidel Castro se dedica actualmente al periodismo. Dicho un poco más concretamente, escribe en el periódico Granma bastante regularmente una columna sobre temas políticos de actualidad.

5. En el último párrafo del texto, fragmento de claro carácter apelativo, se responsabiliza a los sucesores de Fidel y especialmente a Raúl Castro de aprovechar o desaprovechar las oportunidades que tengan para poner a Cuba, aunque sea sólo a paso de tortuga, en el camino de la democracia, el pueblo cubano les pedirá cuentas de ello.

La pirueta inmovilista de Raúl Castro

Haciendo buenas las teorías que le atribuyen una militancia en el comunismo más ortodoxo, el actual «presidente provisional» de Cuba, el general Raúl Castro, ha demostrado por primera vez y de forma abierta sus criterios personales sobre las decisiones que requiere la crítica situación en la isla. Lo único nuevo es que su hermano Fidel Castro no ha aparecido por razones que sólo el régimen cubano conoce y de las que sus dirigentes no se han dignado a informar a sus súbditos. Por lo demás, Raúl ha hecho el uso más escrupuloso posible del manual comunista que tenía más a mano –el del Partido Comunista Chino– y ha empezado a desempolvar la vieja dialéctica de Deng Xiaoping, que ponía el pragmatismo por encima de las formas y que permite autorizar el uso de ciertos mecanismos de la economía liberal para salvar lo que se pueda del sistema, empezando por los engranajes represivos, que son la garantía de la continuidad del monopolio político del partido sobre las legítimas demandas democráticas de los ciudadanos.

Tratándose de un régimen tan monolítico como el cubano –que no ha dado ninguna señal significativa de apertura en sus cerca de cincuenta años de existencia– el discurso de Raúl Castro en Camagüey puede parecer una reforma trascendente. Eso es todo lo que puede decirse: se trata de pura apariencia. No hay nada nuevo que vaya a cambiar en el núcleo duro del sistema, ni se habla de introducir mecanismos democráticos o mayores libertades para sus ciudadanos. La única verdad de todo el discurso es el reconocimiento de que el régimen cubano no funciona, porque no sirve para responder a las aspiraciones y las necesidades básicas de sus ciudadanos, algo que sabía todo el mundo desde hace mucho tiempo, empezando por los sufridos cubanos. Los que no se dejan cegar por los sentimientos de complacencia hacia un régimen dictatorial también saben que el régimen cubano no puede funcionar mientras siga en manos de dirigentes insensatos que se empeñan en seguir nadando contra corriente, a pesar de todas las evidencias de que todo su esfuerzo conduce a un callejón sin salida.

La fórmula china, a la que Raúl parece apuntar al introducir algunas reformas económicas que impidan que la sociedad cubana se hunda por efecto del fracaso de un sistema económico que se intenta inútilmente hacer funcionar desde 1959, sólo tiene un objetivo, que es mantener la esencia de la dictadura. Naturalmente –y en eso ha seguido la misma afición que su hermano Fidel– también se prepara Raúl Castro para culpar a Washington si este nuevo intento fracasa, como todos los demás. El presidente provisional cubano ha lanzado una señal hacia Estados Unidos al asegurar que no tiene nada de que hablar con el actual presidente estadounidense, como si eso fuera una amistosa tarjeta de presentación ante la próxima administración norteamericana.

Editorial, ABC, 28–7–2007 (481 palabras)

Anotaciones

1 atribuir: considerar que alguien posee una determinada cualidad, asignar, aplicar
5 súbdito (m.): ciudadano de un país, vasallo
7 hacer el uso de: emplear, servirse de
manual (m.): libro de texto, libro en el que se recoge lo más importante sobre un tema o una materia
8 desempolvar: tirar el polvo de, volver a utilizar, traer a la memoria, actualizar
9 Deng Xiaoping: político chino (1904–1997). Ingresó en el Partido Comunista Chino en 1922 y participó en la Larga Marcha de Mao. Ocupó importantes cargos en el partido y en el gobierno, de los que fue apartado durante la revolución cultural. Después de la muerte de Mao (1976), se convirtió en el hombre fuerte de China, tras derrotar al sector radical del partido, que encabezaba la viuda de Mao y el llamado grupo de Shanghai. En 1984 inició una tímida reforma para liberar el régimen y abrir la economía al Occidente, que se vio prácticamente interrumpida a partir de 1987. En 1989, ante las protestas estudiantiles en de- manda de democracia su primer ministro Li Peng ordenó la entrada del ejército en la plaza de Tiannamen, saldada con una matanza y la represión que siguió.
11 engranaje (m.): estructura, mecanismo
17 puro/a: mero, sin implicar nada más, sólo
23 cegar: ofuscar, hacer que alguien deje de pensar con claridad, perder el entendimiento
complacencia (f.): satisfacción, agrado, placer
28 apuntar: señalar, dirigirse
32 afición (f.): gusto, interés que se siente por algo

Análisis y comentario

1. Estructure y resuma el contenido del texto.

2. ¿Cuáles son los motivos que pueden llevar a afirmar que el discurso de Raúl Castro no contiene verdaderas novedades para la nación cubana?

3. En el texto se menciona a Deng Xiaoping.
   a) ¿Qué sabe usted de esta persona?
   b) ¿Por qué se hace referencia a este comunista chino en el texto que analizamos?

4. ¿Piensa Raúl Castro modificar la política cubana para con Washington?

Análisis y comentario

1. El texto que vamos a analizar contiene una estructura muy clara y se puede dividir en tres partes.

   En la primera parte, que se extiende de la línea 1 a la línea 13, constatamos que Raúl Castro en su primer discurso como presidente interino no ha dicho nada nuevo a los cubanos. Como todo el mundo sabía, ha dado muestras de ser discípulo de Deng Xiaoping en el seguimiento de su pragmatismo político y estar dispuesto a servirse de algunos resortes de la economía liberal para salvar lo que se pueda del sistema comunista. Entre otras cosas quiere mantener: sus estructuras represivas y su intransigencia monopolista frente a otros idearios políticos.

   La segunda parte, que se extiende de la línea 14 a la línea 27, nos muestra que el discurso de Raúl Castro no contiene ninguna reforma trascendental. Solamente reconoce que el régimen no funciona porque no responde a las necesidades de los cubanos, cosa que ya saben muchísimos cubanos quienes no desconocen que muchas veces el poder está en manos de personas que se empeñan en nadar contra las corrientes de los tiempos.

   Lo que realmente intenta Raúl Castro es mantener la dictadura y trata de culpar a los Estados Unidos de todo lo que no funciona en Cuba. Raúl Castro afirma que de momento no tiene nada de que hablar con George Bush. Este es el contenido de la tercera parte que comienza en la línea 28.

2. El discurso de Raúl Castro no contiene verdaderas novedades para la nación cubana porque Raúl Castro:
   - ➠ Se ha limitado a repetir la teoría de Deng Xiaoping de propagar la autorización de un poco de liberalismo para salvaguardar el régimen.
   - ➠ No tiene en cuenta las legítimas demandas democráticas de los cubanos.
   - ➠ La reforma que menciona es mera apariencia.
   - ➠ Sigue culpando a Washington de todos los males de Cuba.

3. a) Deng Xiaoping (1904–1996) fue un político chino, máximo líder de la República Popular desde 1978 hasta los últimos años de su vida. Bajo su liderazgo, la República Popular China emprendió las reformas económicas que permitieron a dicho país alcanzar unas impresionantes cotas de crecimiento económico. Frente a estos éxitos en la economía, Deng ejerció un poder de marcado carácter autoritario, y su papel fue decisivo en la represión violenta de las protestas de la Plaza de Tiananmen en 1989.
   Miembro del Partido Comunista de China desde sus años de estudio en Francia y en la Union Sovietica, Deng se convertiría en uno de los dirigentes más importantes del Partido Comunista durante la época de Mao zedong. Sin embargo, su cercanía ideológica al entonces presidente de la República Popular Liu Shaoqi, lo convirtió en uno de los blancos de la Revolución Cultural, campaña turbulenta de reafirmación ideológica impulsada por Mao, presidente del partido, para mantener el poder frente a los reformistas como Deng y Liu, quienes fueron acusados de derechistas y

contrarrevolucionarios. Apartado de la cúpula del poder durante esos años de conmoción ideológica, Deng acabaría volviendo a un primer plano de la actividad política tras la muerte de Mao, imponiéndose finalmente al sucesor de éste, Hua Guofeng, en la lucha por el poder. A diferencia de Mao, Deng no promovió un culto a la personalidad en torno a su figura y sus apariciones públicas fueron escasas.
Durante los últimos años de su vida, no ostentaba ya ningún cargo político y, aquejado de la enfermedad de Parkinson, apenas podía seguir los asuntos de estado. Con todo, se le siguió considerando el líder supremo de China hasta su muerte, acaecida el 19 de febrero de 1997.

b) Dos razones son las que llevan a hacer referencia a Deng Xiaoping en el texto que estamos analizando:

- Raúl Castro es un seguidor ideológico del gran político chino.
- Raúl Castro da entrada, como Xiaoping lo hizo en China, a ciertos elementos de la política liberal en el sistema para garantizar la existencia y viabilidad del socialismo comunista en la nación.

4. Raúl Castro no tiene, de momento, intención de modificar la política cubana para con los Estados Unidos:
   - Quiere seguir culpando a Estados Unidos de todo lo malo que suceda en Cuba.
   - No quiere saber nada con George Bush. En el texto se dice que no tiene nada de que hablar con el presidente.

La agonía del régimen castrista

Desde que se anunció la convalecencia de Fidel Castro, hace casi tres meses, la desaparición del dictador se ha convertido en un fenómeno prácticamente irrelevante. Pasada la impresión de los primeros días, ni siquiera se informa en los periódicos sobre la evolución del enfermo, porque la decadencia del régimen cubano es tan evi-
5 dente que ya no depende siquiera de la salud de su principal dirigente. El sistema puede intentar camuflar la visión de ambas cosas, pero no puede evitar la inexorable realidad de que el castrismo y el propio Castro están tocando a su fin.

La aparición en la escena iberoamericana de una figura como el venezolano Hugo Chávez, beneficiado con la suerte de un periodo de precios del petróleo extraordina-
10 riamente altos, ha sido un respiro temporal para una dictadura que es esencialmente inviable porque ha sido incapaz de atender las necesidades básicas de la población. La revolución cubana vivió primero de los rublos de las generosas subvenciones de la Unión Soviética y ahora de los petrodólares que envía Chávez, y no será con el invento de las ollas arroceras de fabricación china con lo que el régimen vaya a perpe-
15 tuarse poniendo al timón a un hombre como Raúl Castro, que es sólo cinco años menos viejo que su hermano enfermo. Ni el cultivo del azúcar, prácticamente abandonado; ni el turismo, que no podrá despegar mientras no se abran todas las puertas a la entrada y salida del país; ni los tabacos, ni la medicina tropical. En Cuba no se produce nada que sea económicamente rentable ni beneficioso para los cubanos, condena-
20 dos a vivir de las limosnas de los amigos del comandante o de las transferencias de los familiares del exilio.

Lamentablemente, entre los actuales dirigentes cubanos no se vislumbran en modo alguno síntomas de flexibilidad ni movimientos políticos que pudieran preparar una evolución razonable del poscastrismo. Confiado en el espejismo de un polo
25 «antiimperialista» en Iberoamérica, con Chávez, Evo Morales y algún otro trasnochado populista que está siendo rechazado elección tras elección por la mayor parte de países, el régimen sigue encerrado en sí mismo, sin hacer caso a las señales que desde hace tiempo le vienen lanzando los valerosos defensores de la democracia en el interior del país.

30 En Cuba no hay más que una evolución posible y ésa es hacia la libertad. Los cubanos, por supuesto, hace tiempo que lo perciben por más obligados que estén a disimularlo debido a los inmensos recursos represivos del régimen. Los dirigentes deberían saberlo también, aunque estén igualmente forzados a negarlo puesto que en ello les va su permanencia en el poder. La democracia es la aspiración natural de todos
35 los pueblos, y Cuba no puede ser una excepción.

Editorial, ABC, 23–10–2006 (456 palabras)

Anotaciones

1 convalecencia (f.): recuperación de las fuerzas perdidas en una enfermedad, recuperación, restablecimiento, mejoría
6 camuflar: disimular, encubrir, ocultar, enmascarar
inexorable: que no se puede evitar, inevitable, ineludible
10 respiro (m.) temporal: alivio pasajero, calma transitoria [Verschnaufpause]
11 inviable: que no tiene posibilidades de llevarse a cabo, que no se puede desenvolver, que no puede continuar existiendo
14 olla (f.) arrocera: olla exprés de fabricación china que se puede adquirir en Cuba a precios altamente subvencionados por el Estado con el fin de ahorrar energía eléctrica
15 poner al timón: entregar el mando
22 vislumbrar: conjeturar por leves indicios, entrever; ver de una manera confusa
25 trasnochado/a: anticuado, pasado de moda
31 percibirlo: darse cuenta de ello, ser consciente de ello
32 debido a: a causa de

Análisis y comentario

1. Estructure y resuma el contenido del texto.
2. El autor afirma que la política económica de la Cuba revolucionaria ha sido y es hoy incapaz de satisfacer por sus propios medios las necesidades de sus ciudadanos.
   ¿Cómo intenta probar su aserto?
3. ¿Piensa usted que el castrismo se encuentra hoy, como intenta demostrar el autor del editorial que analizamos, en una fase agónica?
   Justifique su respuesta.

Análisis y comentario

1. El texto se puede dividir en cuatro partes.
   En la primera parte, que se extiende hasta la línea siete, el autor del editorial constata que tanto la indiferencia real por el estado de salud de Fidel Castro como la patente decadencia del régimen son claros indicios de que el castrismo está en vías de desaparecer.

   La segunda parte, que va de la línea 8 a la línea 21, nos hace ver claramente que, a pesar de algunos fenómenos de alivio pasajero como la ayuda financiera que se le envía desde Venezuela o las «grandes» ventajas de ollas arroceras chinas, Cuba sigue siendo incapaz de satisfacer las necesidades más elementales de sus ciudadanos y vive hoy quizá en mayor grado que en otros tiempos de lo que les viene de fuera (en otro tiempo de Rusia, hoy de Venezuela) y del dinero que envían los «exiliados» desde Estados Unidos.

   En la tercera parte, que se extiende de la línea 22 a la línea 29, se nos informa de que el régimen cubano sigue sin abrir los ojos a la realidad alimentando hoy su antiimperialismo con el apoyo del venezolano Hugo Chávez y el boliviano Evo Morales.

   El autor concluye la última parte del texto, que comienza en la línea 30, afirmando que aunque los ciudadanos tengan que ocultarlo y los políticos tengan que negarlo para poder permanecer en el poder, la única evolución posible en Cuba es hacia la libertad.

2. Cuba vive y ha vivido desde la revolución principalmente de lo que le viene de fuera. Hasta la caída del «Imperio Soviético» fue sobre todo de lo que le enviaba Rusia («de los rublos de las generosas subvenciones de la Unión Soviética» nos dice el texto.), después de la desintegración y caída de la ayuda que le envía el presidente venezolano y de otras limosnas que le llegan al enfermo y casi jubilado «comandante en jefe» de Irán y otros países asiáticos. Y antes y después de la caída de las transferencias que llegan de los familiares que viven en el exilio, principalmente en Estados Unidos.

3. Libre

Náufrago entre dos fronteras

La tragedia del niño balsero Elián González, que la semana pasada sobrevivió milagrosamente al naufragio de un barco de cinco metros de eslora después de ver cómo su madre y su padrastro desaparecían en las aguas del estrecho de Florida, ha estremecido a los cubanos de Cuba y de Miami. Elián, de 5 años, era uno de los 13 pasajeros que el 22 de noviembre salieron de un lugar cercano a la playa de Varadero en una frágil embarcación con el propósito de llegar a Miami. El barco tuvo problemas y la noche del martes zozobró en alta mar, pero los balseros lograron agarrarse a tres cámaras de neumático que llevaban a bordo. El cansancio y el fuerte oleaje hicieron lo demás: uno a uno, los protagonistas de la fatal aventura fueron ahogándose. Sólo se salvaron tres: Elián, Arianne Horta, de 22 años, y su novio, Nivaldo Fernández , de 33. La pareja fue rescatada el jueves cerca de Cayo Vizcaíno. Ese mismo día, el niño fue hallado por dos pescadores sobre el neumático en que su madre y su padrastro lo habían colocado antes de morir. Había pasado 48 horas solo, a la deriva entre Cuba y EE UU, sin comprender lo que sucedía y ajeno a las circunstancias políticas que estaban detrás del drama que acababa de vivir. Por fortuna, Elián González se encuentra bien de salud. Después de ser atendido en un hospital de Miami –presentaba síntomas de deshidratación y algunos cortes en las manos–, sus tíos abuelos, Lázaro y Ángela González, se hicieron cargo de él y lo alojaron en su casa de Little Havana, el popular barrio de Miami. Pero, como era de esperar, su tragedia se politizó enseguida.

El padre de Elián, Juan Miguel González, empleado en una empresa turística de Varadero, reclamó de inmediato a su hijo a través del Ministerio de Relaciones Exteriores cubano, arguyendo que él no había autorizado a su ex esposa a sacar al menor de la isla. La cancillería cubana, que ya ha tramitado oficialmente la demanda ante la sección de intereses de EE UU en La Habana, emitió el domingo un comunicado en el que responsabiliza «por entero» al Gobierno de Estados Unidos de las muertes de los diez balseros.

Según el Ejecutivo de Fidel Castro, es la «forma insensata» en que desde EE UU «se promueve, estimula y premia la emigración ilegal» la que provoca dramas como éste, y detrás están tanto las exhortaciones que se hacen desde las radios anticastristas para que los cubanos huyan de la isla, como la ambigüedad de las leyes migratorias norteamericanas, que por un lado obligan a deportar a la isla a los balseros interceptados en alta mar, pero por otro permiten quedarse en EE UU a los que logran «pisar tierra», en virtud de la Ley de Ajuste Cubano. Para Estados Unidos y la militante comunidad del exilio cubano en Florida el enfoque es otro: es la falta de libertad y de esperanzas de progreso económico la que motiva que los cubanos abandonen su país arriesgando sus vidas. En medio del drama y del cruce de acusaciones políticas entre ambos Gobiernos, sobre Elián se cierne ahora una nueva pesadilla. Sus tíos abuelos ya han dicho que piensan impedir un posible intento de repatriación, pese a que la reclamación legal, de no ponerse de acuerdo las partes, podría involucrar a organismos internacionales como el Tribunal de Justicia de La Haya. Algunos abogados norteamericanos afirman que, a pesar de las posibles alegaciones de

Cuba, de acuerdo a la Ley de Ajuste Cubano, el niño es un refugiado y, como tal, tiene todos los derechos para quedarse en EEUU.

45 Mientras tanto, la congresista cubanoamericana Ileana Ros-Lehtinen, republicana por Florida, y el líder de la organización anticastrista Hermanos al Rescate, José Basulto, ya han visitado a la familia de Elián en Miami y le han ofrecido apoyo y ayuda para evitar que el niño vuelva a la isla con su padre. La Fundación Nacional Cubano-Americana no ha perdido tiempo para sacar partido de la situación: ha he-
50 cho un póster con la foto de Elián para que sea utilizado durante la posible visita que esta semana realizará Fidel Castro a Seattle (Washington) para asistir a la reunión de la Organización Mundial de Comercio (OMC). Elián no sabe nada de esta historia. Sólo es consciente de que su madre, Elizabeth, se ahogó ante sus ojos poco después de ponerlo sobre el neumático en el que pasó 48 horas a la deriva entre Cuba y Miami.

Mauricio Vicent, El País, 30–11–1999 (760 palabras)

Anotaciones

2 eslora (f.): longitud de un barco [Kiellänge]
3 padrastro (m.): marido de la madre de un hijo, que ella tuvo siendo soltera o en un matrimonio anterior
4 estremecer: sobresaltar, inquietar en sumo grado, conmover, turbar, atemorizar, aterrar
7 zozobrar: naufragar, hundirse, irse al fondo del mar
agarrarse: sujetarse, asirse [sich klammern]
11 rescatar: salvar, recuperar
14 ajeno/a a: sin darse cuenta de, sin ser consciente de
18 hacerse cargo de: tomar cuenta de, albergar, cuidar
22 de inmediato: inmediatamente, sin demora
30 exhortación (f.): incitación [Aufforderung]
32 deportar; aquí: llevar a su país, trasladar a su nación, repatriar
35 enfoque (m.): punto de vista, manera de ver las cosas, perspectiva
38 cernerse: crearse, gravitar, amenazar [hereinbrechen]
40 involucrar: implicar, hacer intervenir, comprometer
54 a la deriva: sobre el agua y sin protección, a merced de las aguas del mar

Análisis y comentario

1. Estructure y resuma el contenido del texto.
2. Cuente brevemente y con sus propias palabras el incidente ocurrido en las aguas del estrecho de Florida.
3. Ante las tragedias de los cubanos que intentan alcanzar las costas de Florida existen dos interpretaciones en lo referente a la responsabilidad frente a los acontecimientos: La versión oficial cubana y la versión estadounidense. Exponga las dos maneras de enjuiciar los hechos.
4. Juan Miguel González, el padre del niño, reclama la vuelta de su hijo a Cuba, cubanos de Miami intentan que el niño permanezca en Estados Unidos. ¿Cuál es para el niño, en su opinión, la mejor de las dos opciones?

Análisis y comentario

1. El texto que vamos a analizar se compone de tres partes.

   La primera parte, que se extiende hasta la línea 20, nos informa del rescate de un niño de corta edad del naufragio en el que perecieron entre otros su madre y su padrastro. A Elián González lo rescataron dos pescadores norteamericanos. Tras una breve estancia en un hospital, el niño fue trasladado a casa de unos tíos abuelos suyos.

   La parte número dos se puede dividir en dos subpartes.
   En la primera, que va de la línea 21 a la línea 27, se nos explica que el padre legítimo del niño, que trabaja en Varadero, reclamó a Estados Unidos la devolución del hijo a través del Ministerio Cubano de Relaciones Exteriores.
   En la segunda, que se extiende de la línea 23 a la línea 36, se exponen las dos posiciones frente a la emigración ilegal de Cuba o al exilio en los Estados Unidos y lo que ello implica para Elián.

   En la parte final, que comienza en la línea 45, se nos indica que tanto políticos cubano–americanos como líderes de organizaciones anticastristas norteamericanas quieren sacar partido de la situación.

2. Incidente ocurrido en las aguas del estrecho de Florida:
   Elián González es un niño cubano de cinco años de edad que salió de Cuba en una frágil embarcación con su madre, su padrastro y diez personas más en dirección de Florida. La embarcación naufragó en alta mar y la mayor parte de los balseros perecieron ahogados. Solamente se salvaron tres de ellos: una pareja y Elián González, cuyos padres lo habían puesto en un neumático. Desgraciadamente sus padres murieron ahogados antes de que su hijo fuese rescatado por dos pescadores. Elián fue trasladado a un hospital de Florida y ahora se encuentra en casa de sus tíos abuelos, una casa que estos últimos poseen en Miami.

3. Dos maneras de enjuiciar el paso ilegal del Estrecho de Florida:
   - ➠ Castro y los castristas
     Las emisoras anticastristas norteamericanas invitan a los cubanos a abandonar la isla. Para los castristas, es un modo de promover y premiar la emigración ilegal ya que, aunque por un lado las leyes norteamericanas obligan a deportar a los balseros descubiertos en alta mar, permiten quedarse en Estados Unidos a los que han pisado tierra norteamericana, según la denominada y para Cuba injusta Ley de Ajuste Cubano.
   - ➠ Norteamericanos y comunidades en el exilio cubano
     La obtención de la libertad y la esperanza de una mejora de la situación económica es lo que lleva a los cubanos a dejar su país. Los cubanos que huyen de la dictadura de Fidel Castro tienen derecho a ser acogidos por Estados Unidos si han tomado la decisión de trasladarse a ese país.

4. Opinión personal

Cuba, ese paraíso

Mario Enrique Mayo Hernández es un periodista cubano que ha grabado a sangre en su cuerpo las palabras «inocente»y «libertad». Lo ha hecho con lo que ha encontrado –una cuchilla, un clavo– en la cárcel en la que desde hace dos años y medio purga su delito, que ha sido intentar ejercer su derecho a la libertad de expresión. 5 Mario Enrique le ha comunicado a su mujer que seguirá escribiendo esos vocablos sobre su cuerpo, en el vientre, en los brazos, en la cara, hasta que no le quede sitio, y entonces se suicidará. Se halla en una celda pútrida, humillado por sus centinelas, tras ser condenado a 20 años de prisión dieciséis días después de ser detenido por haber hecho algo que en un país democrático es normal y está al alcance de cualquiera.

10 Esta víctima de la dictadura castrista no ha ocupado ni un segundo la atención de los responsables iberoamericanos reunidos en Salamanca, que se han empleado, por el contrario, liderados para la ocasión por Rodríguez Zapatero, en dar un balón de oxígeno a su carcelero, Fidel Castro. La petición de la XV Cumbre Iberoamericana para que Estados Unidos ponga fin a su política de embargo a Cuba ha sido recibida 15 por el dictador comunista como un triunfo, y en este caso hay que darle la razón, pues un triunfo político en toda regla es. Le llega tras la rectificación de la política de advertencia de la Unión Europea construida a raíz de la represión cubana de 2003 y es, pues, un segundo alivio, ambos de la mano de Zapatero, para quien Castro se ha erigido ya en su cabecilla favorito.

20 El embargo aplicado por el Gobierno de Bush sobre Cuba es un error mayor cada día. Sólo sirve ya para desprestigiar a Estados Unidos. Pero entender que es lo que lleva a Castro a perseverar en su cruenta dictadura es una ofuscación impropia de unos llamados líderes. Muchas empresas del mundo comercian con Cuba si les interesa, como lo hacen varias españolas que participan en el negocio turístico de la 25 isla. El embargo es para Castro una disculpa utilísima, con la que oculta su represión de los Derechos Humanos y su política incompetente, y sirve para la pereza mental de tantos líderes que, conociendo que Cuba no es un paraíso sino el escenario de una inclemente dictadura, prefieren mirar para otro lado y abstenerse de condenar los crímenes de la izquierda. Si Mario Enrique Mayo tuviera noticia de la miseria perpe-30 trada en Salamanca –ojalá que no, pues añadiría sufrimiento a su desgracia –, seguramente empuñaría el clavo que le sirve de instrumento de escritura para añadir, a la proclamación de su inocencia y la reclamación de libertad, una tercera palabra adecuada, exacta: «hipócritas».

Justino Sinova, El Mundo, 17–10–2005 (367 palabras)

Anotaciones

3 cuchilla (f.): hoja de acero que corta, hoja de afeitar [Klinge]
clavo (m.): con él se sujetan objetos en la pared [Nagel]
4 purgar; aquí: cumplir una condena, satisfacer, expiar, reparar, pagar
6 vientre: barriga, tripa [Bauch]
7 pútrido/a; aquí: putrefacto, muy insano, repugnante, inhabitable
9 está al alcance de cualquiera: lo puede hacer todo el mundo
12 liderado/a: encabezado, dirigido, presidido
17 a raíz de: a causa de
22 perseverar en: mantenerse en, persistir en, continuar
26 pereza (f.): descuido, indigencia, comodidad
28 inclemente: inhumano; inexorable, duro
30 ojalá que: mejor sería que, quiera Dios que
31 empuñar: coger

Análisis y comentario

1. Estructure y resuma el contenido del texto.

2. Haga con sus propias palabras una breve presentación de Mario Enrique Mayo Hernández.

3. El autor del texto critica a Rodríguez Zapatero y al resto de los reunidos en Salamanca.
   a) ¿Qué echa en cara al presidente del Gobierno español?
   b) En el segundo párrafo leemos que los reunidos en Salamanca «se han empleado ... en dar un balón de oxígeno a ... Fidel Castro».
   Comente el contenido de la frase.

4. Escriba una carta al ministro del Interior cubano expresando su preocupación por Mario Enrique Mayo Hernández.

Análisis y comentario

1. El texto que estamos analizando consta de tres partes.
   La primera parte, que va hasta la línea nueve, muestra la desesperación del periodista cubano Mario Enrique Mayo Hernández que ha sido condenado a 20 años de prisión por ejercer en Cuba su derecho a practicar la libertad de expresión.

   Los responsables iberoamericanos reunidos en Salamanca no se han preocupado en absoluto del caso Mario Enrique. Con el apoyo del presidente José Luis Rodríguez Zapatero ha dado posibilidades al que lo ha mandado encarcelar de continuar su cruenta dictadura y de sentirse triunfante al oír la petición de la XV Cumbre Iberoamericana para Estados Unidos retire su embargo contra Cuba. Este es el contenido de la segunda parte que se extiende de la línea diez 10 a la línea 19.

   El embargo impuesto por Norteamérica, se nos dice en la parte final que comienza en la línea 20, es indudablemente un error, pero pensar que él puede justificar la cruenta dictadura castrista es algo que raya en el absurdo. El embargo es una excusa de la que se ha servido Fidel Castro con mucha frecuencia. Muchos de los líderes que se han reunido en Salamanca saben muy bien que Cuba no es un paraíso, sino el escenario de una cruel dictadura, pero prefieren mirar a otra parte. Justino Sinova está seguro de que si Mario Enrique supiera lo que está sucediendo en Salamanca escribiría en su cuerpo una tercera palabra: «hipócritas».

2. Mario Enrique Mayo Hernández es un periodista cubano que lleva en la cárcel dos años y medio y que ha sido condenado a veinte años y dieciséis días de prisión por ejercer su derecho a la libertad de expresión, que como periodista se convierte para él en un deber profesional. Le toca vivir en una celda inhabitable y repugnante y es humillado por los que deberían cuidarlo y ocuparse de él, Mario Enrique protesta escribiendo en su cuerpo que es «inocente» y que quiere la «libertad» y ha comunicado por escrito a su esposa que cuando no tenga en su cuerpo más lugar para escribir acabará con su vida.

3. a) El autor del texto echa en cara al presidente del Gobierno español apoyar la política de Fidel Castro e ignorar a las víctimas y no interesarse por los perseguidos torturados por Fidel Castro y su régimen. Presentar a Cuba como un paraíso cerrando los ojos a la realidad es una hipocresía imperdonable.

   b) «Echar un balón de oxígeno» en el sentido empleado en el texto es ayudar a alguien a sobrevivir, ayudar a un enfermo a que recupere la salud. En el caso de Fidel Castro ayudar a Castro a que continúe con su política. Los reunidos en Salamanca han empleado la mayor parte del tiempo en tratar de posibilitar a Fidel Castro la continuación de su actividad política. Se trata de una abierta crítica a los participantes ya que todos ellos saben muy bien que la dictadura castrista no tiene ningún derecho a continuar existiendo y se debería hacer desaparecer con todos los medios de los que el Occidente dispone.

4. Libre

En Cuba

«Sólo delante de mi máquina de escribir me siento libre. Estoy seguro de que no puede ser un crimen informar profesional y objetivamente sobre la sociedad en la que vivo», dijo en 1999 el poeta y periodista cubano Raúl Rivero. Cuatro años más tarde, ya se sabe, le detuvieron. El pasado mes de abril, Raúl y setenta personas más, profesores, periodistas, intelectuales, fueron sometidos a un juicio de opereta bufa y condenados a penas estruendosas. A Rivero le cayeron veinte años por el crimen imposible de informar, de pensar, de escribir. En su juventud, Rivero trabajó en la prensa oficial y recibió varios premios institucionales por su poesía. Pero en 1991 tuvo la coherencia de romper con el castrismo y el inmenso coraje de quedarse dentro de la isla construyendo un futuro democrático para todos.

En 1995 fundó la agencia de prensa Cuba Press; era una agencia clandestina, porque en Cuba no se permite ninguna versión de la realidad que no sea la oficial. «Admirad que para asumir el mundo en que vivo / empuño solamente esta pluma», escribió Rivero en 1996 en un poema. Y yo le admiro, desde luego, cómo le admiro. De la misma manera que admiro a todas esas personas que siguen manteniendo la llama de la dignidad y de la libertad en Cuba, pese a las presiones, a las condenas y al terror.

Hace dos meses, periodistas independientes se atrevieron a sacar a la calle el tercer número de la revista De Cuba, que fue la que provocó la caída en prisión de Rivero y de otros periodistas, como Ricardo González, su director. Sin embargo De Cuba se sigue editando, como una pequeña y empeñosa flor de páginas fotocopiadas y pensamientos libres. Claudia Márquez, responsable actualmente de la revista, fue detenida durante dos horas el 30 de octubre; la intimidaron para que De Cuba no saliera más, la chantajearon con su hijo de seis años. El marido de Claudia, el opositor Osvaldo Alfonso, ya está en la cárcel, condenado a dieciocho años. Pero, pese a todas estas amenazas y a tanto dolor, Claudia y muchos otros siguen adelante con De Cuba, empuñando, al igual que Rivero, admirables palabras contra los verdugos. Emociona verles, tan desnudos, con la sola fuerza de su dignidad y de la justicia.

Rosa Montero, El País, 09–12–2003 (388 palabras)

Anotaciones

5 de opereta bufa: que fue una farsa, que se puede considerar una verdadera pantomima
6 estruendoso/a: que llama mucho la atención, estrepitoso, ruidoso, escandaloso, monstruoso, grotesco
le cayeron: fue condenado a, recibió
13 empuñar; aquí: emplear, utilizar, servirse de
14 cómo le admiro: (yo) le admiro muchísimo
16 pese a: a pesar de
17 sacar a la calle: publicar, editar
20 empeñoso/a: costoso, valioso
22 intimidar: causar, infundir miedo, amenazar
27 desnudo/a; aquí: sin ninguna ayuda, indefenso

Análisis y comentario

1. Presente esquemáticamente las informaciones que el autor nos da de Raúl Rivero.
2. ¿De qué se acusa directa e indirectamente a Cuba en este artículo?
3. ¿Qué sabe usted de la revista «De Cuba»?
Responda la pregunta teniendo, sobre todo, en cuenta las informaciones que se encuentran en el texto que analizamos.

Análisis y comentario

1. Raúl Rivero:

en su juventud:	trabaja para la prensa del partido
	recibe premios del partido por su poesía
en 1991:	rompe con el castrismo
en 1995:	funda la agencia Cuba Press
en 2003:	escribe para la revista Cuba
	es detenido
	es condenado a veinte años de prisión

2. Al Gobierno cubano se le acusa en este artículo de:
   - ➠ no respetar la libertad de prensa (no se permite otro periodismo que el que defiende al Estado)
   - ➠ llevar a cabo procesos judiciales no respetando los derechos de los acusados (procesos farsa)
   - ➠ aplicar a los acusados sentencias injustas y durísimas
   - ➠ no dar a los acusados ninguna posibilidad de defenderse
   - ➠ intimidar a escritores críticos para que dejen de escribir
   - ➠ criminalizar el periodismo objetivo

3. «De Cuba» es una revista de creación relativamente reciente. Dos meses antes de que se publicase el artículo que estamos analizando se publicó su tercer número. El director de la revista era Ricardo González. La publicación de su tercer número llevó a prisión a su director, a Raúl Rivero y a otros periodistas que habían colaborado. Tras el encarcelamiento de su director la revista se ha seguido publicando aunque con un número muy reducido de páginas, siendo su directora Claudia Márquez. Claudia Márquez ha sido intimidada para que acabara con la publicación de la revista. «De Cuba» es una revista implicada sobre todo en la defensa de la dignidad humana y contra las injusticias.

Fusilamientos en Cuba

La ejecución de tres ciudadanos cubanos que intentaron secuestrar un lanchón para dirigirse a Estados Unidos supone un gravísimo salto cualitativo del régimen comunista cubano. Esta misma semana acaba de dictar severas sentencias contra un grupo de disidentes, a los que los tribunales castristas consideran culpables de conspirar con Estados Unidos. El crimen de los 78 opositores ha sido encontrarse regularmente con diplomáticos de la Oficina de Intereses estadounidense en la isla.

Que después de 43 años de poder absoluto, y al amparo de la guerra en Irak, Fidel Castro haya desatado la mayor oleada represora en una década muestra hasta qué punto teme por la supervivencia del petrificado régimen que encarna y hasta dónde desprecia la opinión internacional. Su recurso a métodos propios de las etapas más oscuras del comunismo es un recordatorio brutal de que con Castro vivo cualquier posibilidad de democratizar Cuba es sólo un sueño.

¿Qué amenaza exactamente a Castro en un país donde el partido único lo controla todo, incluidos los medios de comunicación? La oposición condenada esta semana a penas descabelladas es un grupo de pacíficos periodistas, intelectuales y defensores de los derechos humanos, la mayor parte de ellos desconocidos fuera de Cuba, que ha tenido la osadía de recoger las firmas de 20.000 ciudadanos pidiendo una democratización del régimen dentro de la Constitución, el llamado Proyecto Varela.

Con el desplome del comunismo y el progresivo aislamiento de Cuba, Fidel Castro ha venido utilizando su tolerancia hacia la inofensiva oposición como moneda de cambio para mantener sus relaciones económicas con el mundo capitalista y su particular tira y afloja con Washington. Las ejecuciones y las condenas de esta semana señalan una ruptura absoluta con este modelo contemporizador, pese al estado agónico de la economía de la isla. Ruptura que augura una escalada con EE UU de imprevisibles consecuencias, atizada en el último mes por el secuestro o intento de secuestro por ciudadanos cubanos de seis aviones que pretendían desviar hacia Florida.

El autócrata que fuera revolucionario ha decidido que el control político de la isla, su objetivo único y vitalicio, ha de mantenerse a cualquier precio, aunque ello le cueste el apoyo que pudiera quedarle entre los países democráticos. La UE, que iba a estudiar la inclusión de Cuba en el acuerdo preferencial de Cotonú, debe tomar nota de cómo entiende La Habana el respeto de los derechos humanos y las libertades.

Editorial, El País, 12–04–2003 (405 palabras)

Anotaciones

1 lanchón (m.): barco, barcaza, bote grande en no muy buen estado
7 al amparo de; aquí: aprovechándose de, sirviéndose de, con la protección de
9 petrificado/a: inmóvil, que no se desenvuelve, que no evoluciona
encarnar: personificar, representar
11 recordatorio (m.): advertencia, aviso, admonición, admonestación
15 descabellado/a: exagerado, fuera de toda razón, inconcebible
17 osadía (f.): atrevimiento, audacia, valor, coraje
19 desplome (m.): hundimiento, caída, desmorronamiento
23 contemporizador: que se adapta a las nuevas circunstancias, que se moderniza
estado (m.) agónico: fase terminal, estado ante el abismo
25 atizar: avivar, estimular
28 autócrata: persona que ejerce por sí sola la autoridad en un Estado, gobernante que se da poderes a sí mismo, déspota
31 Cotonú: El acuerdo de Cotonú entre la UE (Unión Europea) y el ACP (Estados de África, del Caribe y del Pacífico) se firmó el 23 de junio de 2000 en Cotonú (Benín) y sus objetivos principales son la reducción y, a largo plazo, la erradicación de la pobreza, así como la integración progresiva de los Estados del ACP en la economía mundial, de forma coherente con los objetivos del desarrollo sostenible.

Análisis y comentario

1. Estructure y resuma el contenido del texto.
2. ¿De qué se acusó concretamente a los 78 opositores que fueron condenados en Cuba a largas penas de prisión?
3. ¿Qué sabe usted de la ejecución de tres cubanos a la que se hace referencia al comienzo del texto?
4. ¿Cómo ve usted el futuro de Cuba?

Análisis y comentario

1. El texto que vamos a analizar consta de tres partes.
   En la primera parte, que coincide con los párrafos uno y dos, el autor nos informa de la radicalización de la represión que se pone claramente de manifiesto en la ejecución de tres ciudadanos y la severa condena de 78 opositores. El recurso a estos métodos asesinos y crueles nos dejan entrever la imposibilidad de una democratización de Cuba mientras Castro siga en vida.

   El editorialista se pregunta en la segunda parte, contenida en los párrafos tres y cuatro, por las causas del cambio desmedido, radical y cruel de Fidel Castro con referencia a la oposición (o disidencia como se le llama corrientemente en dicho país) y no encuentra una verdadera respuesta. La llamada fase «contemporizadora» parece que ha llegado a su término.

   Conservar el poder cueste lo que cueste parece ser el único objetivo que persigue Fidel Castro. La Unión Europea tendría que tener en cuenta este hecho en sus relaciones políticas y económicas con esta isla del Caribe. Este es el contenido de la última parte del texto, que coincide con el núcleo final.

2. A los 78 opositores que fueron condenados a largas penas de prisión se les acusó y se «juzgó» y les consideró culpables de conspirar con Estados Unidos contra Cuba. Su delito concreto consistió en encontrarse regularmente con diplomáticos norteamericanos en la llamada Oficina de Intereses estadounidense en la Isla de Cuba.

3. El 2 de abril de 2003, once ciudadanos cubanos, incluyendo a las presuntas víctimas ejecutadas, secuestraron un trasbordador que realizaba el trayecto entre La Habana y la localidad de Regla, con 40 personas abordo. La intención de los secuestradores era apoderarse del trasbordador con la finalidad trasladarse a Estados Unidos. Al quedarse sin combustible a 45 kilómetros de Cuba, guardacostas cubanos procedieron a remolcar la nave de vuelta a la isla. Durante el trayecto, el grupo mantuvo el control de la embarcación. Mientras eran remolcados, el grupo de secuestradores amenazó con asesinar a los pasajeros que tenían como rehenes, incluidas dos turistas francesas. La situación llegó a su fin sin violencia cuando las fuerzas de seguridad alentaron a los pasajeros a lanzarse al mar y luego capturaron a los secuestradores. En nota oficial, las autoridades comunicaron que «la totalidad de los que estaban en la nave fueron rescatados y salvados sin un disparo ni un rasguño». Los secuestradores fueron juzgados por la Sala de los Delitos contra la Seguridad del Estado del Tribunal Popular de la Ciudad de La Habana. El Tribunal había aplicado el procedimiento de «juicio sumarísimo» previsto por los artículos 479 y 480 de la Ley de Procedimiento Penal. Los juicios se llevaron a cabo del 5 al 8 de abril de 2003. Al final del «juicio sumarísimo», Lorenzo Enrique Capello, Bárbaro Lesdán y Jorge Luis Martínez fueron condenados a muerte por violación a la «Ley Cubana contra Actos de Terrorismo», de diciembre de 2001. La aplicación de dicha ley fue hecha en violación de su propio texto por cuanto la tipificación para las ofensas cometidas por los condenados no prevé la pena de muerte, sino una pena privativa de libertad. Los

defensores de las víctimas fueron designados de oficio y «la duración brevísima de los procedimientos revela que no hubo tiempo suficiente para la preparación de una defensa adecuada» y «las sentencias no mencionan argumentos dados por la defensa y en reiteradas oportunidades se fundamentan en racionamientos de orden jurídico». Los condenados apelaron sus sentencias a muerte ante el Tribunal Supremo Popular, máximo cuerpo judicial de Cuba. Este Tribunal, según lo expuesto por los peticionarios, ratificó las condenas en un juicio de un día de duración. Las condenas a muerte fueron sometidas a la consideración del Consejo de Estado, órgano que procedió a ratificarlas, condenando a muerte a las presuntas víctimas. En la madrugada del 11 de abril de 2003, luego de la decisión dictada por el Consejo de Estado, las condenas fueron impuestas y los condenados fueron ejecutados.

4. Libre

Retrógrados

Una quiere creer que la juventud es, por definición, una etapa de la vida menos convencional, más capaz de inventar futuros nuevos y de implicarse con el sufrimiento de los demás. Y así, de las Juventudes Socialistas del PSOE espero verdaderamente lo mejor. Pero resulta que el secretario general de las JJ SS, Erick Campos, acaba de regresar de un viaje a Cuba. Un lastimoso viaje totalmente oficialista en el que ha sido recibido, besuqueado y paseado por los mandamases del régimen, con el denso y pestiñoso programa habitual de estos periplos en los países totalitarios, a saber, visitas a centros sanitarios y escuelas de trabajadores sociales, ofrendas florales a héroes patrios y demás zarandajas propagandísticas.

Eso sí, durante toda su estancia a Erick Campos no se le ocurrió hablar con ningún disidente. No se preocupó por las decenas de personas que, por el solo hecho de pensar distinto, están encarceladas en condiciones infrahumanas, ni le interesó conocer la opinión de los miles de individuos que, con grave riesgo de su integridad, intentan arañar una brizna de libertad bajo el yugo castrista, como los miembros de la red de Bibliotecas Independientes. Que el secretario general de las JJ SS, que se supone que es el futuro del PSOE, vaya a intercambiar lindezas con los sicarios de una dictadura sin preocuparse de las víctimas es algo que atenta contra la coherencia política (la libertad es una de las banderas socialistas), contra el raciocinio más elemental y contra la ética.

Sé que dentro del PSOE hay muchas personas que reconocen que el castrismo es inadmisible. Y quiero creer que los retrógrados partidarios de Fidel son minoría (aunque Campos es miembro de la Ejecutiva del partido). Pero la oposición cubana teme que el PSOE ablande su trato con el dictador. De hecho, la UE ha empezado a debatir cómo reducir las sanciones diplomáticas contra Cuba a raíz de las recientes excarcelaciones (han salido tan sólo 11 personas de 75, y porque tenían la salud quebrantada por el maltrato en prisión), y parece que los socialistas se muestran a favor del acercamiento. Si les dejamos solos a los disidentes ¿qué será de ellos? Si ése es el futuro del socialismo, es un túnel del tiempo que nos regresa al abuso, a la injusticia y al dogmatismo.

Rosa Montero, El País, 20–7–2004 (388 palabras)

Anotaciones

2 implicarse con: comprometerse con, involucrarse en
5 oficialista: al servicio del partido que está en el Gobierno
6 mandamás (m.): persona que tiene la máxima autoridad, jerifalte, cabecilla
7 pestiñoso/a: poco abierto, hermético, totalmente planeado de antemano
periplo (m.): viaje, peregrinaje
9 zarandaja (f.): cosa de poca importancia, cosa menuda, superficialidad
14 arañar una brizna: lograr con mucho esfuerzo un poco
yugo (m.); aquí: opresión, tribulación [Joch]
16 lindeza (f.): graciosidad
sicario (m.): asesino a sueldo, verdugo [Meuchelmörder]
23 ablandar: ser menos duro con, ablandecer

Análisis y comentario

1. Estructure y resuma el contenido del texto.
2. Formule y comente la acusación que Rosa Montero dirige a Erick Campos en este texto.
3. Explique con sus propias palabras el significado de la frase «Que el secretario general de las JJ SS, que se supone que es el futuro del PSOE, vaya a intercambiar lindezas con los sicarios de una dictadura sin preocuparse de las víctimas es algo que atenta (...), contra toda ética».
4. Explique el significado y la función del título del texto que estamos acabando de analizar.

Análisis y comentario

1. El texto que estamos analizando podemos dividirlo en tres partes.
   En la primera parte, que va hasta la línea 9, Rosa Montero exterioriza la enorme decepción que le ha deparado la actitud y el comportamiento del Secretario General de las Juventudes Socialistas (JJ SS) que en su viaje a Cuba se ha limitado, sin preocuparse de nada más, a seguir el programa que le habían preparado funcionarios del Gobierno cubano.

   En la segunda parte, que va de la línea 10 a la línea 19, la autora describe brevemente la situación inhumana que reina en Cuba y califica el comportamiento del Secretario General irracional y falto de todo principio ético.

   En la última parte del texto, que comienza en la línea 20, Rosa Montero formula una llamada al partido socialista, para que reconozcan que el castrismo es en nuestros días inadmisible y nuestra obligación moral de defender a los disidentes y sus derechos.

2. La autora del texto acusa a Erick Campos de no haber intentado tomar contacto con las víctimas de la dictadura castrista. En lugar de ello aceptó plenamente el programa que le elaboraron para su visita. La autora lo acusa por otra parte de dialogar sobre banalidades con los verdugos olvidando totalmente a las víctimas.

3. No es admisible en absoluto, por ir contra todo tipo de normas humanas, que la máxima autoridad, responsable de la juventud de un gran partido político vaya a un país dictatorial y se entretenga alegremente con los responsables de los crímenes y con los verdugos de los disidentes sin preocuparse de los que tienen que sufrir sus inhumanos e injustos maltratos.

4. Si consultamos en el diccionario el término «retrógrado» encontramos explicaciones como «se dice de una persona partidaria de instituciones políticas o sociales propias de tiempos pasados, o contrarias a innovaciones o cambios». «Atrasado», «reaccionario», «obtuso» son términos que yo asocio con «retrógrado».
   Yo no creo Rosa Montero haya empleado el término en este sentido al elegirlo como título para este artículo.
   «Retrógrados» son para Rosa Montero los jóvenes. En retrógrados pueden convertirse los jóvenes socialistas, si el socialismo en lugar de mirar de frente mira para atrás cuando en él es consentido el abuso, la injusticia y el dogmatismo. Un acercamiento al dictador Fidel Castro no nos está permitido aunque el mismo se dé el nombre de socialista.

1 de enero de 1959

Cuando en marzo de 1952 Fulgencio Batista –que había gobernado en Cuba entre 1934 y 1944– dio un golpe de Estado para evitar la previsible victoria democrática de la oposición, el Partido del Pueblo Cubano (PPC), se encontró con la firme oposición de un «niño bien» llamado Fidel Castro. Entonces era imposible predecir que la sangre burguesa de aquel joven abogado de familia pudiente fuera el motor del primer Estado socialista de América Latina.

En 1953, nadie interpretó como un peligro real para el régimen de Batista el tibio asalto al Cuartel de Moncada que Castro y otros estudiantes llevaron a cabo el 26 de julio. Sin embargo, aquel fracaso –los participantes fueron arrestados o asesinados– pasaría a la Historia como el Movimiento del 26 de julio, primera intentona comunista y germen de una «revolución marxista», inventada por isleños que ni siquiera pertenecían al Partido Comunista.

Cuando Castro consigue salir de prisión se marcha a México junto con su hermano y desde allí organiza la expedición del «Granma», que desembarca en Cuba en 1956. En aquel barco viajaba también Ernesto Che Guevara, el argentino anónimo que se sumó al sueño de Castro en el país azteca.

Las cosas no salieron como estaban previstas y de los 80 revolucionarios que formaban la tripulación unos 60 fueron capturados o muertos. Los efectivos mermaban en cada acción, pero el ánimo revolucionario tenía aún cuerda para rato. Y la convicción de aquellos líderes hizo crecer a la guerrilla hasta el punto de que 1957 sería, por fin y no en sentido figurado, un año revolucionario. El asalto al Palacio Presidencial (marzo) o el alzamiento en la base de Cienfuegos (septiembre) fueron algunos de los éxitos del 57.

«Somos un ejército de civiles que regresaremos a nuestras ocupaciones profesionales tan pronto nos hayamos librado de Batista. Por eso no admitimos rango más alto que el de comandante». Así explicaba Castro el porvenir a Enrique Meneses, el primer periodista que subió a Sierra Maestra –las montañas que abrigaron al Ejército Rebelde– en 1958. En aquel momento, quedaba muy poco para derrocar al tirano y aún cuando el futuro no podía esperar, Castro seguía luchando antes por el pueblo cubano que por un ideal comunista. No sabía que su revolución le sorprendería incluso a él.

En efecto, en 1959, el éxito inminente de la guerrilla hizo huir a Batista hacia Santo Domingo. Era el 31 de diciembre y las tropas del Che estaban a punto de tomar Santa Clara mientras Fidel se preparaba para entrar en Santiago de Cuba. El 1 de enero de 1959 será desde entonces la fecha oficial del triunfo de la revolución y el mismo día dos el Che toma las instalaciones militares de La Habana por orden de Castro.

La revolución había triunfado y, al mismo tiempo, estaba por venir. Los dos hombres de confianza de Fidel, el Che y Raúl Castro, su hermano, tenían posturas encontradas. Pro Pekín el primero –que no aguantaría la inclinación soviética que habría de tomar el régimen cubano–, pro Moscú el otro, ambos modelos a océanos de distancia. Fidel en cambio seguía fiel al Movimiento del 26 de julio (nacido del Partido del Pueblo Cubano), pero los comunistas habían crecido en estructura y organización desde que los guerrilleros se fueron a luchar a la Sierra y cuando Fidel entra en la Habana, el PC –que no se había fundado oficialmente– controlaba hasta el tráfico callejero.

En 1960 Fidel Castro es nombrado primer ministro y decide, en lugar de continuar con su vida civil –como tenía previsto en Sierra Maestra– continuar con la revolución desde el Estado. Con la reforma agraria, aprobada ese mismo año, quedaba claro el alineamiento con Moscú, y EEUU, que captó el mensaje, decretó ese mismo año, el bloqueo total de las mercancías destinadas a Cuba. Una curiosa combinación de tiempo y poder haría que Castro no volviera a quitarse el uniforme y, en lugar de recuperar su vida civil, aquel joven seguiría su destino hasta convertirse en el dictador que es hoy. Le honra no haber pedido más honores que los de Comandante, eso sí, en jefe.

Nuria Labari, El Mundo, 1–8–2006 (695 palabras)

La Historia no absolverá a Castro

En estos días, aún recientes las muertes de otros dictadores como Pinochet o Husein, no se debe pasar por alto el siniestro legado del tirano de Birán. Fidel Castro no sólo ha sometido el pueblo cubano a la dictadura y la miseria, sino que ha protagonizado conflictos internacionales que a punto han estado de causar una confrontación militar a escala planetaria. Su oportunismo le hizo enarbolar el modelo soviético con belicosidad temeraria mientras la paz mundial pendía de un hilo, en plena Guerra Fría. Y su tan cacareada internacionalización de la revolución sólo sirvió para exportar miseria y opresión a varios países africanos y latinoamericanos.

Hace apenas unas semanas tuve ocasión de viajar a La Habana para visitar a los principales líderes de la disidencia. En esos días se celebraban en la capital cubana numerosos actos conmemorativos del octogésimo aniversario del ausente timonel bananero. El Gobierno, la cúpula militar, el politburó del PCC, los ilustres invitados de Haití, Angola, Kenia, Nicaragua, Bolivia o Venezuela..., todo el mundo proclamó su admiración por el líder del *antiimperialismo capitalista*, con unos discursos iracundos y falaces que, por si fuera poco, contenían un mensaje enormemente preocupante.

Así, la sucesión de Castro estaría garantizada en la Isla con el directorio de acólitos que designó el dictador cuando cedió sus poderes: Raúl, Lage, Alarcón y Pérez Roque, principalmente. Pero, por desgracia, también lo estaría en el exterior, con su fiel adlátere Chávez, que, con sus petrodólares y su flamante victoria electoral, amenaza con patrocinar un poscastrismo que complique la transición a la democracia en Cuba.

Los disidentes con que conseguí reunirme (clandestinamente) coincidían en notar un cambio del escenario internacional en lo relacionado con Cuba. Hugo Chávez ha venido a reemplazar a los soviéticos en materia de ayuda económica, y se ha convertido en un importante actor internacional para el futuro político cubano, en detrimento de los Estados Unidos y la Unión Europea. Desde Washington no se ha bajado la guardia, pero en el Viejo Continente han tenido que tomar la iniciativa los países de la Europa Oriental, debido a su dramática experiencia comunista pero también a causa del creciente appeasement frente al castrismo que muestran otros países, especialmente el nuestro.

España podría y debería tener una gran influencia en el futuro de Cuba, tanto por los profundos lazos históricos y humanos que unen a las dos naciones como por el magnífico ejemplo que representa nuestra no tan lejana Transición para el cambio político en la Isla. El cambio de estrategia de Madrid en la cuestión cubana tras la llegada de Zapatero al Gobierno ha sido muy criticado por la disidencia. Tanto Oswaldo Payá (Movimiento Cristiano Liberación) como Elizardo Sánchez (Comisión Cubana de Derechos Humanos) me transmitían su malestar por la actitud de la embajada española y por las excesivas avenencias del Ejecutivo español con el régimen de Castro. Vladimiro Roca (Partido Socialdemócrata Cubano) también me comentaba la incomprensible contemporización que el PSOE muestra en la Internacional Socialista con el castrismo.

Lo cierto es que, por acción o por omisión, el presidente del Gobierno ha hecho que España pierda posiciones en la cuestión de la Cuba *post Fidel*. Y lo que es más grave, está manteniendo un execrable silencio ante las violaciones de los derechos y libertades fundamentales que inflige la dictadura comunista a los que disienten de su pensamiento único. Quizá por la habitual incompetencia diplomática del Gobierno socialista, o por su complicidad con los regímenes comunistas y populistas antinorteamericanos, o por el resentimiento de Zapatero contra cualquier postura anterior de los gobiernos del Partido Popular, muy beligerantes contra el castrismo y sus cómplices.

Sin lugar a dudas, el ocaso de Castro plantea un nuevo y complejo escenario en Cuba: por un lado, abre por fin la posibilidad de un cambio de régimen, que se antojaba imposible con el obstinado dictador al mando; pero, por otro, ha supuesto el recrudecimiento de la represión contra los periodistas, escritores y líderes sociales desafectos, que atraviesan tal estado de incertidumbre y arbitrariedad policial que temen incluso por sus vidas y las de sus familiares.

Decía Voltaire que es peligroso tener razón cuando el Gobierno está equivocado. Pero aún lo es más cuando ese Gobierno tiene a su disposición uno de los aparatos represivos más implacables del mundo. En los escasos días que pude quedarme en Cuba se efectuaron detenciones, encarcelamientos y actos de repudio contra disidentes en diversos puntos del país, mientras la prensa internacional sólo se hacía eco de la excarcelación de un preso político y de la oferta de diálogo de Raúl Castro a Estados Unidos, declinada con acierto por la Administración Bush hasta que no se garanticen los derechos y libertades en Cuba.

Precisamente ahí radica la clave de la actuación internacional. No es fácil que el castrismo consiga sobrevivir a Castro. De hecho, los que se sienten sus albaceas ya vienen acuñando el término «continuidad» para referirse a ese futuro inmediato, un eufemismo demasiado inquietante como para mirar hacia otro lado. Esos *continuistas* saben que no pueden mantener la distopía comunista demasiado tiempo, mientras el pueblo cubano roza la inanición y las ciudades se derrumban. Así que puede que intenten perpetuarse en el poder sin reestablecer las libertades públicas... pero permitiendo una leve apertura económica, tutelada, eso sí, por el ejército.

Para eso necesitan la connivencia de países inversores. De ahí que las naciones libres deban mostrarse firmes en su apoyo a la disidencia y no sucumbir al posibilismo o a la corrección política.

El futuro de Cuba sigue siendo una gran incertidumbre, tan preocupante como ilusionante. Se puede pasar de la actual subsistencia estabulada a una sociedad abierta, del imperio del terror a un Estado de Derecho, de una población alienada a un pueblo emprendedor. Y ese futuro lo tienen que decidir todos los cubanos en libertad, sin presos en las cárceles, sin represión política e ideológica, construyendo entre todos una transición pacífica que les devuelva la soberanía y la dignidad.

Fidel agoniza, y su régimen estalinista ha de morir con él. Hasta entonces no caben las medias tintas: o se está con el comandante liberticida, o con los disidentes que arriesgan su vida por la libertad. Una dictadura nunca puede ser un interlocutor válido para países democráticos, como ha señalado, con conocimiento de causa, Václav Havel. Y menos aún en el caso de un régimen despótico que ha sobrevivido medio siglo a costa de dos millones de emigrados, decenas de miles de encarcelados y miles de asesinados.

Quizá sea ya demasiado tarde para que Castro responda de su pernicioso legado ante la Justicia, pero sin duda lo hará ante la Historia, que, en contra de su deseo, no le absolverá.

Pablo Casado Blanco, Libertad digital, 08–01–2007 (1121 palabras)

Señora guerrillera

Al ver algunas de las fotos de archivo de Vilma Espín que ayer difundieron las agencias de prensa, uno podía pensar: «¿Pero adónde va esta señora con un fusil al hombro y tanto barbudo a su lado?». O «¿qué hace esta buena mujer ayudando a cortar caña de azúcar a machetazos?». Pues demostrar que la buena cuna, la crianza holgada y la educación de élite no están reñidos con la lucha. Al menos en una mujer que no es que fuera de armas tomar, sino que decidió tomar las armas. No en vano Vilma Espín Guillois, fallecida en La Habana el lunes tras una prolongada enfermedad, era la primera dama de la revolución cubana. Tanto en sentido figurado como en términos estrictos y oficiales: no ya por su condición de esposa del presidente en funciones, Raúl Castro, sino más bien por la de presidenta de la Federación de Mujeres Cubanas desde su fundación en 1960; por su protagonismo en la lucha contra la dictadura de Batista e, indirectamente, por el más discreto perfil de la última pareja de Fidel Castro, Dalia Soto del Valle.

Vilma, como se la conoce en Cuba, nació el 7 de abril de 1930 en una familia burguesa, adinerada y culta de Santiago de Cuba. Su ascendencia era en gran parte francesa; entre sus antepasados estaba el yerno de Carlos Marx y fundador del PS francés, Paul Lafargue. La joven Espín fue bailarina durante diez años, soprano solista y capitana del equipo de voleibol de la Universidad de Oriente. Allí se graduó como ingeniera química antes de completar estudios en el Massachusetts Institute of Technology (MIT).

Este currículum ejemplar e incluso algo sobrado para una chica de la alta sociedad cubana de los cincuenta lo sazonó Vilma con la creciente actividad «subversiva» que desplegó desde el día en que Batista consumó su golpe de Estado, el 10 de marzo de 1952.

Vilma se ganó pronto la confianza del jefe provincial del Movimiento Nacional Revolucionario, Frank País, quien la convirtió en su mano derecha y después del asalto al cuartel de Moncada (26/ VII/ 1953) la acabó nombrando coordinadora del Movimiento 26 de Julio en la provincia de Oriente.

Al finalizar los estudios en el MIT, Vilma pidió órdenes al Movimiento Nacional, que la envió a México para recibir instrucciones de Fidel Castro. Allí conoció a los dos hermanos. Tres años de lucha después, se unió en 1958 al ejército rebelde en el segundo frente oriental Frank País, dirigido por el comandante Raúl Castro. El ahora presidente en funciones quedó «embrujado» cuando su colaboradora empezó a cantar a la caída de la noche en el campamento de Sierra Maestra, según le confesó él mismo. Ella con 28 años y él con uno menos, Vilma y Raúl se casaron en enero de 1959, días después de triunfar la revolución. Tuvieron cuatro hijos: Débora, Mariela, Nilsa y Alejandro, los nombres de las dos primeras debidos a dos de los alias que ella usó durante el combate.

Vilma siguió luchando en la Cuba de los Castro. Trabajó con éxito por una mayor participación de las mujeres en todos los órdenes sociales y políticos, y por los derechos de los homosexuales, capítulo en que Mariela Castro Espín, jefa del Centro Nacional de Educación Sexual, está cumpliendo como digna hija suya.

Raúl Castro puso una rosa roja ante una gran fotografía de su esposa en el mausoleo de la plaza de la Revolución. Fue el más emotivo de los actos celebrados en la isla ayer, día de luto por Vilma Espín Guillois.

Fernando García, La Vanguardia, 20–6–2007 (597 palabras)

El coraje de no disparar

Muchos mitos nacieron de un malentendido. El del Che comenzó a ser inmortal hace 30 años, tal día como hoy, en una escuelita boliviana. Su doble imagen de comandante victorioso y mártir heroico le convirtió en el emblema de la rebeldía juvenil que cristalizaría en las barricadas de Mayo. El malentendido reside en que el Guevara real tenía poco que ver con el antiautoritarismo irreverente que suele señalarse como elemento más característico de esa explosión generacional. Los testimonios de quienes lo conocieron nos revelan un Che puritano, con fuertes rasgos dogmáticos y autoritarios. Pero la paradoja es sólo relativa porque la contradicción ya estaba presente en el movimiento de Mayo: otro mito con su correspondiente malentendido.

Fue Regis Debray el primero en darnos la clave de un Guevara convencido de que tenía derecho a exigir a los demás tanto como se exigía a sí mismo. Pero exigir a los simples mortales estar a la altura del héroe sólo es posible mediante la crueldad. A los guerrilleros que le siguieron al Congo y Bolivia les aplicó medidas disciplinarias tan desproporcionadas o hirientes que algunos de ellos pensaron que se había vuelto loco. Un combatiente acusado de haberse acostado con una congoleña fue obligado por el Che a casarse con ella, pese a que tenía familia en La Habana. Se suicidó.

Uno de los motivos del mito es la coherencia de que Guevara hizo gala hasta el postrer aliento. En la carta de despedida a sus cinco hijos resume su vida con estas palabras: «Su padre ha sido un hombre que actúa como piensa». Hoy sabemos qué fácil es confundir la coherencia con la huida hacia adelante cuando no se ven salidas para los callejones políticos (o personales). Y sabemos, sobre todo, que la coherencia llevada hasta el extremo es el otro nombre del fanatismo. Tal vez, sin embargo, el Che no fuera tan coherente como creía. «Déjeme decirle, a riesgo de parecer ridículo, que el revolucionario verdadero está guiado por grandes sentimientos de amor», había escrito a comienzos de los sesenta. Pero a punto de partir hacia Bolivia deja un mensaje para la Conferencia Tricontinental en el que explícitamente reivindica «el odio intransigente» que «más allá de las limitaciones naturales del ser humano lo convierte en una efectiva, violenta, selectiva y fría máquina de matar». En el Diario de Bolivia hay evidencias de ese odio. Pero también vacilaciones: «A las 17 (pasó) un camión del ejército, el mismo de ayer, con dos soldaditos envueltos en frazadas en la cama del vehículo. No tuve coraje para tirarles».

El malentendido del 68 reside en que junto a ese componente cultural libertario coexiste, en lo político, un regreso al dogmatismo más sectario. Mayo interrumpió, en nombre de la pureza doctrinal, la evolución de la izquierda hacia el reformismo democrático, atrasándola por una generación; a los comunistas no se les reprochaba su stalinismo residual, sino, al revés, su socialdemocratización. Lo que políticamente sale del 68 es un leninismo sumario del que derivará el terrorismo de los 70. En Italia y Alemania, sobre todo.

Aquí, muchos se sintieron identificados con el sacrificio del Che, pero sólo unos pocos se tomaron al pie de la letra su llamamiento a pasar de la solidaridad de «la plebe que alienta a los gladiadores» a la participación directa en el tiroteo. Octubre de 1967 es también el mes en que sale de su casa para siempre Javier Echebarrieta: un recién licenciado en

Economía de 23 años que apenas siete meses después se convertiría en el primer miembro de ETA en matar y el primero en morir, inaugurando una lista fúnebre que continúa.

Dariel Alarcón, el guerrillero Benigno, compañero del Che en Sierra Maestra, el Congo y Bolivia, actualmente exiliado en Francia, ha publicado unas estremecedoras y muy clarificadoras Memorias de un soldado cubano. Vida y Muerte de la Revolución (Tusquets, 1997). Su mensaje, reiterado esta misma semana en Le Nouvel Observateur a los jóvenes tentados por la violencia, es que la lucha armada constituye un camino hacia ninguna parte; y que, si quieren contribuir a la causa de la humanidad, al Che que deben imitar es al que un día de 1967, en la selva boliviana, tuvo el coraje de no disparar.

Patxo Unzueta, El País, 9–10–97 (712 palabras)

El maná del turismo se agota

Nadie podía negar que las autoridades cubanas se habían esmerado. La 27ª Feria Internacional de Turismo de La Habana ofrecía el pasado mayo una «fiesta de sol y mar» a los profesionales del sector. Sólo a ellos. La prensa extranjera acreditada en la isla tenía vedado el acceso. Y es que las sonrisas oficiales no lograban disipar los nubarrones estadísticos. El turismo había entrado en caída libre en el primer bimestre del año (temporada alta), con un descenso en febrero del 13% respecto al mismo periodo de 2006, que a su vez había disminuido un 7% respecto a 2005. El sueño triunfalista del «turista 2,5 millones» saltaba por los aires.

«Las cifras están maquilladas. La realidad es peor», dice un empresario español vinculado al sector hostelero cubano. «Acabo de regresar de allí. La Habana está muerta. Los hoteles andan medio vacíos y los locales, desiertos». Según el economista cubano Carmelo Mesa-Lago, profesor emérito de la universidad de Pittsburgh, la ocupación hotelera pasó del 63,5% en 2004 al 55,7 % en 2005, y a alrededor del 50% en 2006.

El régimen cubano esgrime justificaciones externas: desde el encarecimiento de los vuelos por la subida de los precios del petróleo al recuerdo de los ciclones de 2005, pasando por las restricciones de viajes impuestas por Estados Unidos. Los expertos miran al interior de la isla: el sector, locomotora de la moribunda economía cubana, es víctima de los despropósitos oficiales, la mala gestión y la desmoralización en las que sucumbe la isla.

En 2004, Fidel Castro ordenó que las Fuerzas Armadas (es decir, su hermano Raúl) asumieran el control del turismo. En teoría, para combatir la corrupción y mejorar la gestión. De hecho, para tener aferrado un sector estratégico que genera anualmente 2.400 millones de dólares (unos 1.800 millones de euros) y proporciona empleo a 300.000 personas.

El resultado de la administración castrense es, a decir de los entendidos, un desastre. «La rigidez mental y la cerrazón política son incompatibles con la apertura y la agilidad que necesita el turismo», afirma el empresario español, que quiere mantener el anonimato. «Un hotel no es un cuartel».

El empeño del régimen en castigar a la moneda extranjera ha convertido a Cuba en un destino caro. La revalorización del peso convertible cubano en cerca de un 20% frente al dólar (las casas de cambio entregan 80 pesos por 100 dólares) ha disparado unos precios que no se corresponden con un servicio más que deficiente.

La falta de bombillas, la suciedad, las carencias en los alimentos y el deterioro de las instalaciones son la tónica dominante en hoteles capitalinos que cobran por encima de los 150 dólares por habitación. La asociación de operadores de Canadá, principal emisor de turistas hacia Cuba, protestó el año pasado ante el Gobierno cubano por el servicio hostelero, los robos en hoteles y el costo de combustible para aviones, un 33% más caro que en otros destinos.

La pretendida lucha contra la corrupción, por otro lado, está castigando a los eslabones más débiles, porque, según un funcionario español del sector turístico que conoce bien Cuba, «ha cortado las únicas vías de escape que tenían los empleados para sobrevivir, desde el robo de comida en el almacén hasta las propinas, que ahora se las retienen.

El antiguo chollo que era lograr un puesto de trabajo en la hostelería, donde un camarero vivía mejor que un ingeniero o un médico, ya no lo es».

El desánimo de los empleados se entiende mejor si se tienen en cuenta sus condiciones laborales, propias de lo que el opositor cubano Carlos Alberto Montaner define como «capitalismo mercantilista. Las empresas extranjeras se ponen de acuerdo con el poder político para explotar a una masa trabajadora que no puede defenderse», explica. «En la hostelería, las cadenas españolas, como Sol Meliá, han constituido sociedades mixtas con una dictadura que retiene al trabajador el 95 % del salario».

El empresario español rechaza hablar de explotación («a todos nos gustaría incentivar a los trabajadores, pero no podemos», dice), pero reconoce que las condiciones son draconianas. «Los grupos españoles pagan al Estado cubano entre 300 y 400 euros al mes por trabajador. El Estado cubano le da al trabajador entre 200 y 250 pesos cubanos (unos 10 o 12 euros)».

En mayo, el ministro de Turismo, Manuel Marrero, hombre de confianza de Raúl Castro, anunciaba inversiones millonarias para mejorar las infraestructuras y frenar el declive turístico. Un mes después, La Habana rebajaba en un 20% las tarifas de aterrizaje. Sin embargo, varios analistas, como el economista disidente Óscar Espinosa Chepe, sostienen que, en el fondo, el régimen está deshaciéndose de un sector que siempre ha detestado, por su miedo a la «contaminación ideológica». Las subvenciones del presidente venezolano, Hugo Chávez, que ha sustituido a la antigua Unión Soviética como madre nutricia de la improductiva economía cubana, han fortalecido al régimen, que ya tiene para completar la cartilla de racionamiento y «no quiere ver turistas zascandileando por el país», dice el funcionario español. «Lo que menos les estorba son los paquetes todo incluido, que pueden controlar: 15 días en los Cayos o Varadero, tostándose al sol, lejos del cubano de a pie, que tiene prohibida la entrada en esos paraísos». En suma, el apartheid caribeño.

Maite Rico, El País, 14–07–2007 (881 palabras)

Vudú pro y contra el Comandante

Una paloma blanca mira con recelo a Oscar Osorio, dueño de una tienda en Miami, mientras la saca de una caja y la sostiene en sus manos. «No creo que confíe en mí», dice Osorio, mientras acaricia las plumas de la paloma y abre sus alas para que un cliente la admire. «Creo que sabe lo que viene», dijo. El pájaro tenía motivos para estar nervioso, debido a que la enfermedad de Fidel Castro ha llevado a los seguidores de la santería a pedir ayuda divina para acelerar la recuperación o la muerte del líder cubano, dependiendo de en qué lugar de los Estrechos de Florida vivan.

La santería es un culto vudú afrocubano que usa el sacrificio de animales para comunicarse con los dioses, lo que hace que éste sea un momento difícil para animales como pollos, cabras y, en este caso, palomas.

Se cree que tres millones de personas en Cuba y 60.000 en Florida participan de la santería, según expertos religiosos. Las palomas blancas son las más populares en este momento debido a su condición de símbolo tradicional de la paz. «La gente quiere paz para Cuba», dijo Osorio.

Desafortunadamente para las aves, que se venden a 15 dólares (11,5 euros) cada una, el precio de la paz incluye su sangre y sus plumas.

Pese a que no está de acuerdo con la idea de pedir a los dioses que maten a alguien, incluso si se trata de Fidel, Osorio no cuestiona las motivaciones de sus clientes. El comerciante huyó de Cuba hace un año.

Después de que La Habana anunciase el lunes que Castro fue sometido a una cirugía estomacal y que pasaba el poder a su hermano Raúl, Rigoberto Zamora realizó un ritual para obtener información sobre los hechos. Zamora es un babalawo o sacerdote de la Yoruba, el nombre africano de la santería. Tras sacrificar un par de gallinas y un gallo para satisfacer el hambre de los dioses, obtuvo noticias de ellos: Castro ya estaba muerto desde el lunes.

Mientras los cubanos de Florida suplican a los dioses que maten a Castro, en Cuba se les pide a las mismas deidades que lo curen.

Miembros de la Asociación Cultural Yoruba de Cuba dijeron que estaban juntando dinero para comprar animales para sacrificarlos en favor de la salud de Castro.

Los seguidores de la santería no son los únicos fieles preocupados por el futuro de Castro. En las iglesias católicas de Miami los sacerdotes hablaron sobre los hechos en Cuba y pidieron paciencia.

Sin embargo, María Vázquez, una comerciante de La Pequeña Habana que vende papel higiénico con la imagen de Castro, dijo: «Rezamos cada noche para que esté muerto».

«Quizas no es algo cristiano, pero es muy humano», dijo Vázquez, quien huyó de Cuba junto a su familia hace 47 años.

Jeff Franks, El Mundo, 5–8–2006 (479 palabras)

Cuba no dicta la pena capital en un secuestro aéreo con muertes

La Cuba que dirige Raúl Castro mientras su hermano Fidel convalece no está por la pena de muerte. Un tribunal militar de la isla ha renunciado al castigo capital en un caso de máxima gravedad: el intento de secuestro aéreo y doble asesinato que dos soldados de reemplazo perpetraron a primeros de mayo con la participación secundaria de dos compañeros de cuartel y un civil. La justicia castrense ha optado por imponer dos cadenas perpetuas a los autores materiales del secuestro y penas de 15, 25 y 30 años a los otros tres implicados.

La posibilidad de la pena de muerte pesaba ante todo sobre la cabeza de Yoán Torres, uno de los dos sargentos que, en la madrugada del 3 de mayo, secuestraron un autocar con pasajeros con el que irrumpieron en la pista del aeropuerto José Martí de La Habana para allí intentar apoderarse de un Boeing 737 de la compañía española Hola Airlines. Torres tenía y tiene 21 años, edad mínima de aplicación de la pena capital en Cuba. Él y el también sargento Leandro Cerezo, de 20 años, fueron quienes asesinaron al teniente coronel Víctor Acuña cuando éste «intentó heroicamente» reducirlos, según se relataba en nota oficial. El militar estaba entre los pasajeros del autobús previamente secuestrado a los que los soldados forzaron a entrar en el avión.

Torres y Cerezo, detenidos tras un tiroteo con la policía que acabó con un asalto fulminante al avión a cargo de una unidad de fuerzas especiales, habían huido del cuartel de Managua (a 30 km de la capital), junto con el sargento Karen de Miranda (19 años) y el cabo Alaín Forbes (20). Para vencer las resistencias a su fuga y robar los dos fusiles kalashnikov y 700 cartuchos que se llevaron consigo, los soldados mataron al centinela Yoendris Gutiérrez e hirieron a otro recluta.

El sargento Miranda se entregó a la autoridad militar al poco de la fuga, mientras que el cabo Forbes fue detenido unas horas después y confesó los planes de sus compañeros, según las informaciones que trascendieron aquellos días. El tribunal ha condenado a Miranda y Forbes a 30 y 25 años de cárcel, respectivamente. El quinto sentenciado, a 15 años, es el civil Ridel Lescaylle, relacionado con uno de los soldados y conocedor de los planes.

La renuncia a dictar pena de muerte contra Torres reafirma de manera inequívoca la moratoria o suspensión de hecho de su aplicación desde el 2003 en la isla. El 11 de abril de aquel año tres hombres fueron fusilados tras un juicio sumarísimo por haber secuestrado, nueve días antes, una lancha con medio centenar de pasajeros con la que pretendían llegar a Miami. Aunque los secuestradores amenazaron a sus rehenes con cuchillos y un revólver, la intentona concluyó sin ningún herido. Pero el país acababa de vivir tres secuestros aéreos en tentativas de fuga y al parecer el suceso de la lancha colmó el vaso. Fidel Castro advirtió que los implicados en una toma de rehenes no debían esperar «ninguna clemencia». Cuatro años después, el líder cubano dijo sobre los hechos de mayo, en una de sus reflexiones escritas, que hacía falta «una gran dosis de serenidad y sangre fría» para juzgar este último caso de secuestro y asesinato.

Fue la Comisión Cubana de Derechos Humanos, organización no legalizada pero sí tolerada, la que dio ayer a conocer la sentencia contra Torres y sus cómplices, dictada la semana pasada tras un juicio de tres días. La asociación consideró «algo positivo» que no se haya aplicado la pena de muerte. Añadió que «sentencias parecidas se dictaron hace un par de meses contra jóvenes militares que se insubordinaron y mataron a dos oficiales de Interior». El líder de la misma organización, Elizardo Sánchez, vio tras estas muestras de contención «la mano del Gobierno provisional» de Raúl Castro «en cuanto al deseo de no tensar las cuerdas». No obstante, Sánchez subrayó la necesidad de que el Gobierno «conmute de inmediato las penas de fusilamiento a las que están expuestos alrededor de 40 reclusos que languidecen en los corredores de la muerte» de Cuba.

Fernando García, La Vanguardia, 20–9–2007 (700 palabras)

Cuba espera el autobús

La vida en Cuba es un autobús que no llega. No es una metáfora: la mayoría de los cubanos se pasa media jornada esperando la guagua o intentando coger botella, que es hacer autostop sin levantar el pulgar. Las carencias del transporte público, problema que el país arrastra desde hace más de 15 años, alcanzan hoy cotas apocalípticas. Es la preocupación número uno de los cubanos, según una encuesta de la publicación oficialista Bohemia, y ha sido declarada «una de las tres asignaturas pendientes» del país, junto con la distribución de alimentos y la vivienda, en palabras de Raúl Castro.

El Gobierno reconoce en fin la gravedad de la situación –fatal para la economía al afectar al trabajo y al reparto de mercancías– y asume que «no se resolverá a corto plazo». Y ha anunciado un plan de choque. La lenta puesta en circulación de un total de 8.000 autobuses chinos, que ya empieza a notarse en la capital, es la gran estrella.

Un viaje en estos flamantes vehículos de la ya popular marca Yutong y otro en uno de los vetustos camellos inventados en los años noventa –remolques para 300 pasajeros tirados por camiones– nos sirven para pasar revista a la situación real y a las anunciadas mejoras del transporte en La Habana. Elegimos dos rutas frecuentes a una hora de afluencia media (tarde del viernes).

El primer trayecto nos llevará del barrio residencial de Miramar a La Habana Vieja, pero para ello tenemos que coger dos autobuses haciendo trasbordo cerca del túnel del Malecón. Llegamos a la parada de origen a las 16.25 horas. Es una mampara con dos bancos, sin indicación de las guaguas que allí paran. En la cola hay 26 pasajeros... que al cabo de un cuarto de hora suman 41. En este tiempo no ha pasado ningún ómnibus municipal, pero sí un montón de autobuses de empresas públicas, la mayoría semivacíos. Así que es cierto lo que denuncian los ciudadanos y muchos diputados cuando se quejan del mal aprovechamiento de los vehículos disponibles.

Según datos anteriores a la reciente puesta en marcha de los primeros cientos de yutongs, un 20% de los más de 600.000 pasajeros que a diario se mueven en transporte colectivo en La Habana lo hacía en unos 3.500 buses de empresa, mientras que para el 80% restante había 330 omnibuses municipales (ahora quizá superen los 500, con los yutongs).¡Qué diferencia con 1988, cuando había aquí 2.700 buses municipales: ocho veces más que ahora!

Para salvar el desfase entre el servicio de guaguas de empresa y el de buses municipales, existe un curioso sistema de solidaridad obligatoria organizado por 400 inspectores, llamados azules por su uniforme. Repartidos por 176 puntos, su misión es detener los buses de empresa para que embarquen pasajeros de a pie. Pero a veces los conductores pasan. El semanario Trabajadores apeló en mayo a «llegar al corazón de los que no paran», pues en el primer cuatrimestre del año el 9% de los chóferes había hecho caso omiso de los azules y había dejado en tierra a medio millón de personas.

A las 16.45 llegan a nuestra parada dos ómnibus a la vez: uno cochambroso y un Yutong nuevecito, que es el que cogemos entre empujones. Pagamos 40 centavos: poco más de un céntimo de euro. Un par de pasajeros acababa de desertar de la cola para tomar un taxi colectivo de almendrón (coche de los 50 destartalado). Les habrá salido caro: el precio de esta alternativa, más rápida aunque no muy cómoda, es de entre 10 y 15 pesos cubanos, equivalentes a medio euro, pero también a un día de salario en la isla. Pocos cubanos pueden pagarse un taxi en moneda convertible de los que cogen los turistas. El resto, aparte de los privilegiados con vehículo propio, pide botella; incluso muchos policías. En este caso el novato puede creer que el agente le para porque va a multarle; el veterano sabe que no, porque cuando hacen autostop, los polis no llevan su libreta.

Nuestro primer ómnibus llega al punto de trasbordo a las 16.56. El que nos llevará a La Habana Vieja se presenta a las 17.24. Va cargado al 200% de su capacidad teórica... y al 90% de su capacidad real en Cuba: aún se puede avanzar, a metro por minuto. No nos extraña que, en una parada, un chico impaciente se baje por una ventana. El bus llega a nuestro destino a las 17.52. Total: hora y media para un recorrido que en coche se cubre en 15 minutos.

El viaje en camello es más interesante. Al trayecto de estos trastos lo llaman aquí la película del sábado, porque también hay siempre «sexo, acción y lenguaje de adultos». Elegimos un camello de la línea M-7, con salida en plaza de la Fraternidad y destino en el barrio El Cotorro. Subimos tras 10 minutos de espera en una cola de cien metros. Mientras, vemos un tumulto en una parada vecina porque un hombre ha intentado colarse. Un chico aprovecha el follón para trepar por la ventana, pero pronto desiste ante los rápidos ¡eeeeh! de otros pasajeros.

Ya dentro del camello, cuyo billete cuesta la mitad que el del Yutong, el ambiente es entre animado y tenso. Una mujer mira a todos lados mientras aprieta el bolso contra el estómago. Cerca, tres cubanos pasan de la discusión a la carcajada mientras comparten un tetrabrik de ron El Planchao. Alcanzado un consenso entre ellos, los tres se dirigen a dos chicas jóvenes. Frente a la vara de los atacantes, el látigo de indiferencia de las adolescentes acaba ganando la partida.

El cobrador recorre impasible el camello. Otra joven atraviesa penosamente el pasillo y los amigos de El Planchao le ofrecen su ayuda excesiva, casi abrazándola. «Aquí se ve de todo», nos susurra un pasajero que ha adivinado nuestra procedencia gallega y no tarda en contarnos sus cuitas. Hace ya media hora que subimos a la peli del sábado. Es un viaje interesante, sí, pero nos bajamos en la próxima parada.

Fernando García, La Vanguardia, 17–9–2007 (1015 palabras)

Los defensores de Fidel Castro

Dice Norman Mailer que en los EE.UU. hay «menos» democracia que hace treinta años. Es muy posible que tenga razón. La democracia, prácticamente ausente en el Tercer Mundo, es un privilegio del desarrollo que, deformada por la partitocracia y conducida por la imagocracia, tiende a convertirse en una realidad meramente formal. Ser un ciudadano consciente, crítico y participativo resulta incómodo y no concuerda con el hedonismo triunfante que ha convertido en tótem el teléfono portátil y confunde el bienestar con el atasco de una carretera en la vuelta de una «operación retorno».

Aún adelgazada hasta el mero formalismo, anoréxica y todo, la democracia es una gran cosa, el más deseable de todos los sistemas organizadores de la convivencia. Es responsabilidad de los demócratas, con su exigencia cívica, hacerla más robusta y esencial cada día. Otra cosa es que algunos no la quieran e, incluso, trabajen en su contra. Están en su derecho, como estaremos en el nuestro quienes la predicamos y señalamos sus carencias, vicios, imperfecciones y malos usos.

Ahora produce un generalizado escándalo el que ciento cincuenta personalidades de todo el mundo, especialmente iberoamericanos, suscriban un manifiesto a favor de Fidel Castro. Muchos pensamos que el dictador cubano, uno de los millonarios de la lista de Forbes, es un personaje abyecto e indeseable e, incluso, animados por nuestras propias convicciones, entendemos que sus últimos asesinatos y violaciones de los más elementales derechos humanos constituyen un clarinazo anunciador de su próximo final. Otros, esos ciento cincuenta firmantes entre ellos, entienden que Castro es un ser beatífico y benéfico. Allá cada cual con sus ideas. La gran diferencia estriba en que ellos pueden vivir, y hasta triunfar, entre nosotros y ninguno de nosotros podría aspirar a ejercer su libertad allí donde ellos, como en Cuba, imponen sus criterios.

¿Debemos perderle el respeto a quienes, con su actitud, apoyan a Castro? Yo no sería partidario. Gabriel García Márquez, por ejemplo, es un adalid del manifiesto a favor del castrismo y no por ello deja de ser uno de los grandes escritores de la lengua española. Personalmente leeré con tanta devoción sus próximas obras como he leído las pasadas y, a cambio, evitaré compartir con él un café o una tertulia.

Con la inane Rigoberta Menchú, otra de las avalistas del castrismo asesino, no tengo problema alguno. Como con Mario Benedetti o Noam Chomsky. Con manifiesto o sin él, mi juicio permanece inalterable: una sonsa, un pelmazo y un pedante. Antonio Gades u Oscar Niemeyer, también firmantes, no pierden genialidad por adherirse a tan repugnante tirano del Caribe. Algunos, como Adolfo Pérez Esquivel, ¿qué harían en la vida sin dedicarse a semejantes patochadas? Catalogar enemigos de la democracia –¡pobrecitos!– no nos hará más demócratas. El hombre, felizmente, es un animal poliédrico además de racional y cada cual escoge de los demás las facetas que le interesan. En democracia, no es necesario quedarse con todo el animal.

M. Martín Ferrand, ABC, 4–5–2003 (405 palabras)

IV
Entre el pasotismo, la insumisión y la violencia

Pegar al maestro

La ministra del ramo ha dicho, refiriéndose a la actual situación de desatada violencia en las aulas, que no se debe judicializar el fenómeno, pero sabe la ministra que las cosas no se judicializan porque sí, sino sólo cuando devienen en delito que requiere su correspondiente reproche social y, según el caso, su punición, y eso es lo que está ocurriendo, que las continuas agresiones a profesores y alumnos trascienden el ámbito académico para enmarcarse en el de la convivencia general.

Delito es, se mire como mire, golpear, amenazar, acosar o humillar al prójimo, sea éste un maestro o un compañero de clase, y el hecho de que quien lo perpetra en la escuela es un menor no sólo no disminuye su importancia, sino que la aumenta. Y la aumenta, en primer lugar, porque el trato legal al menor delincuente es delicado y difícil y, en segundo, porque ese menor no es en puridad, por ser menor precisamente, el principal culpable de sus actos execrables, sino que lo son los mayores que le tutelan y educan, y que, obviamente, no han sabido tutelarle ni educarle en modo alguno.

Y llegados a este punto, cabe preguntarse: ¿existe decisión social y voluntad política de exigir responsabilidades a los padres, a los educadores y a los poderes públicos por su fracaso? Dejando a un lado las circunstancias, que ya es dejar, de que profesores y alumnos no hablan el mismo lenguaje, y de que a una mayoría de éstos no les interesan ni poco ni mucho las materias que aquellos imparten, lo cierto que es que buena parte de los adolescentes son chicos abandonados, esto es, carne de guardería que no se relacionan con los padres ni reciben de éstos, cuando les ven, otra cosa que los restos de la inmensa fatiga que les produce el trabajo, el consumismo convulso y la presión de las deudas.

Llegan, alguien tiene que decirlo (¿la ministra?), salvajes a la escuela, ayunos de toda educación y de todo refinamiento social, y llegando así, con la cabeza volada por los videojuegos y por los letales fines de semana de vagabundeo familiar por los centros comerciales, ¿cómo podemos esperar que se comporten? Demasiado buenos son para lo malos que les estamos, entre todos, haciendo.

Rafael Torres, Diario Directo, 24–11–06 (383 palabras)

Anotaciones

2 judicializar: llevar a los tribunales de justicia, llevar a juicio, procesar judicialmente
3 porque sí: sin causa justificada, sin motivo, por capricho
5 trascender: sobrepasar, superar, estar más allá de
6 enmarcarse: colocarse, situarse, incluirse, encajarse, encuadrarse
8 perpetrar: llevar a cabo, cometer, consumar
11 en puridad: con claridad, en realidad, sin rodeos
12 execrable: condenable, digno de críticas y de fuerte reprobación/execración
15 caber: ser posible, tener que
20 carne de guardería: persona que debería quedarse en una guardería, niño que no tiene o no puede tener verdadero contacto con sus padres
23 convulso/a: muy excitado, agitado, fuera de sí
deuda (f.): cantidad de dinero que se debe, obligación de devolver algo
25 volado/a: inquieto, sobresaltado
26 letal: mortífero, que puede causar la muerte, en el que / en la que se arriesga la vida

Análisis y comentario

1. Estructure y resuma el contenido del texto.

2. La ministro de Educación se ha exteriorizado sobre la violencia en las aulas.
   a) ¿Qué es lo que ha dicho en concreto?
   b) ¿Se puede estar de acuerdo, según el autor, con lo que ha dicho?

3. Rafael Torres afirma que buena parte de nuestros jóvenes son «carne de guardería». Comente la expresión.

4. ¿Se puede culpabilizar totalmente a muchos de nuestros jóvenes de su comportamiento violento y, a veces, hasta delictivo?
   En su respuesta puede partir de las afirmaciones contenidas en el texto que estamos analizando.

Análisis y comentario

1. El texto que vamos a analizar podemos dividirlo en tres partes.
   En la primera parte, que se extiende hasta la línea 14, el autor constata que las agresiones a profesores en la escuela están convirtiéndose con más frecuencia de la deseada en delitos. El autor continúa dando una especie de definición de delito para concluir esta primera parte afirmando que se trata de un delito infantil y por ello de un delito agravado, ya que se debe a una falta de tutela y de colaboración de los padres que no han sabido educar a sus hijos.

   En la segunda parte, que va de la línea 15 a la línea 23, se afirma que los jóvenes no son totalmente los verdaderos responsables de sus comportamientos, ya que con mucha frecuencia se trata de verdaderos «abandonados», de seres humanos dejados solos por quienes tendrían que responder de sus vidas.

   Los verdaderos responsables del comportamiento asocial y «salvaje» de algunos de nuestros jóvenes, se concluye en la última parte, que se inicia en la línea 24, son frecuentemente los padres y la sociedad que les rodea.

2. a) La ministro ha dicho que el fenómeno de la violencia en las aulas es algo que no debe llevarse a los tribunales.

   b) El autor del texto cree que no se puede estar de acuerdo con el consejo de la ministro porque él piensa, y trata de demostrar en su texto, que estas agresiones son verdaderos delitos, agravados, como hemos dicho anteriormente, por el hecho de haber sido cometidos por menores.

3. Nuestros jóvenes son «carne de guardería».
   Muchísimos jóvenes no tienen ninguna relación con sus padres y si se relacionan con ellos frecuentemente las consecuencias de su contacto son meramente negativas. Sólo les comunican malestar y fatiga de vivir. «Carne de guardería» se les llama en el texto a estos jóvenes. Se trata de seres a los que la sociedad debe proporcionar un lugar digno y apropiado de estancia porque sus padres no son capaces de dárselo.

4. La pregunta es difícil de responder. Los jóvenes llegan salvajes, sin haber sido socializados, civilizados, «domesticados» a la escuela. ¿Son ellos los responsables de su salvajismo? ¿Son ellos los responsables de la falta de educación y refinamiento social a los que se alude en el texto?
   Es cierto que a los jóvenes no se les puede eximir totalmente de su responsabilidad, pero a mí, me ha hecho reflexionar bastante la frase con la que Rafael Torres acaba su texto: «Los niños son demasiado buenos para lo malos que los estamos haciendo».
   La familia no se preocupa de ellos y los ata a la pata de la televisión que les pone en su habitación. La sociedad ve en ellos exclusivamente futuros «productores» y actuales y venideros «consumidores».

Alquiler y juventud

Carme Chacón, la nueva ministra de Vivienda, ha puesto manos a la obra para llevar a cabo el encargo que recibió del presidente del Gobierno para tener listo, en octubre, un paquete de medidas que facilite el acceso de los jóvenes al alquiler de viviendas. Lograr que ese encargo sea algo más que un mero artificio electoral y se
5 convierta en algo realmente eficaz supone una tarea difícil. De entrada, ello supone ir en contra de las tendencias del mercado. No sólo porque hay muy pocas viviendas en alquiler –apenas el 11% del total–, sino porque un 90% de los jóvenes prefiere comprar y pagar cada mes la hipoteca que desembolsar arrendamientos tan altos como los actuales.

10 La verdad es que los precios de compra de los pisos han subido tanto que la opción del alquiler, pese a todo, sería la más factible para que la juventud accediera a la vivienda siempre que hubiera oferta a niveles más asequibles. La clave, por tanto, es acertar con la mejor fórmula de intervención de la Administración para que eso sea así.

La ministra habla de volver a implantar las desgravaciones fiscales a los inquili-
15 nos y establecer ayudas para los arrendadores. Pero también se pueden construir viviendas protegidas sólo para alquilar, o bien ofrecer becas y ayudas directas, entre otras alternativas. Habría que abrir un debate para elegir las mejores. En cualquier caso, lo más importante para aumentar la oferta de viviendas de alquiler y que bajaran los precios sería dar mayor seguridad jurídica a los propietarios, ya que la ley de
20 arrendamientos urbanos dejó sin resolver la necesidad de desahucios rápidos cuando los inquilinos o pagan o dañan el inmueble.

Editorial, La Vanguardia, 31–8–2007 (286 palabras)

Anotaciones

1 poner manos a la obra: comenzar a hacer lo necesario, comenzar a actuar
2 encargo (m.); aquí: pedido, recado, petición, misión, encomienda
tener listo: disponer de, tener a disposición, tener preparado
4 artificio (m.): estrategia, instrumento, medio, artilugio
5 de entrada: para comenzar, en primer lugar
8 desembolsar: pagar, entregar una determinada cantidad de dinero, apoquinar
11 pese a: a pesar de
12 clave (f.): solución, lo decisivo, la fórmula
14 desgravación (f.): rebaja/descuento en la cuota de un impuesto
20 arrendamiento urbano: alquiler de una vivienda
desahucio (m.): expulsión de un inquilino o de un arrendatario, despido, puesta en la calle

Análisis y comentario

1. Estructure y resuma el contenido del texto.
2. Exponga brevemente los tres motivos por los que, según el editorial, se hace muy difícil en la actualidad que los jóvenes españoles tomen la decisión de alquilar viviendas.
3. ¿Qué medidas concretas quiere tomar Carme Chacón para animar a los jóvenes a que alquilen pisos?
4. Explique algunas causas importantes por las que algunos jóvenes españoles prolongan su estancia en la casa paterna más de lo que cabría esperar.

Análisis y comentario

1. El texto que estamos analizando se compone de tres partes.
   En la primera parte, que va hasta la línea 9, se informa al lector que la nueva ministro (o ministra como se dice y escribe ahora) de Vivienda ha hecho todo lo que le ha sido posible para cumplir el difícil encargo y deseo del presidente del Gobierno de facilitar el acceso de los jóvenes a una vivienda alquilada.

   La segunda parte, que se extiende de la línea 10 a la línea 13, expone que, dado que el precio de los pisos se ha incrementado en España de una manera desorbitada, sería conveniente que la moderación de los costes de los alquileres de las viviendas las hiciera asequibles a los jóvenes.

   En la última parte, que comienza en la línea 14, se enumeran las medidas concretas que podrían llevar a la reducción de precios de los alquileres y al aumento en la oferta de viviendas de alquiler.

2. Los tres motivos que aparecen en el texto y que explican las razones por las que se hace muy difícil que los jóvenes en España se decidan hoy en día por alquilar viviendas son:
   - ➠ La tendencia del mercado en la actualidad no es alquilar sino comprar, normalmente mediante la adjudicación de hipotecas, pisos.
   - ➠ Hay muy pocas viviendas en alquiler.
   - ➠ El 90% de los jóvenes prefiere también pagar mensualmente una hipoteca y de este modo adquirir un piso que les pertenezca.

3. Medidas concretas que quiere tomar la ministro de Vivienda para animar a los jóvenes a que alquilen viviendas:
   - ➠ Desgravaciones fiscales para inquilinos
   - ➠ Ayudas financieras a arrendatarios
   - ➠ Construcción de viviendas protegidas para alquiler
   - ➠ Aumento de la oferta de viviendas en alquiler
   - ➠ Descenso de los precios de los alquileres
   - ➠ Aumento de la seguridad jurídica de los propietarios

4. Tres causas importantes que contribuyen a prolongar excesivamente la permanencia de los jóvenes en casa de sus padres:
   - ➠ Muchos jóvenes no pueden financiarse con los sueldos para recibir una vivienda. Hay que advertir que en España el vivir en una casa de alquiler es algo anormal. Los jóvenes prefieren sacar una hipoteca de un banco y adquirir una vivienda propia.
   - ➠ Los estudiantes universitarios y los jóvenes que han acabado las carreras tardan mucho tiempo en conseguir un trabajo definitivo lo que retrasa la decisión de elegir el lugar en el que quieren vivir.
   - ➠ La prolongación de la vida en la casa de los padres tiene ventajas y no sólo de orden económico. Los que y las que viven en casa de sus padres disponen de mucho tiempo ya que no tienen que preocuparse ni de compras, ni de comidas ni de muchas otras cosas.

Un terrorista suicida de 15 años

Abandonó el domicilio familiar en junio, unos días antes de pasar el examen de reválida. Tres meses después, sus padres han descubierto que «el más tranquilo de sus hijos» era el terrorista que el sábado pasado se voló con una furgoneta ante un cuartel de la Marina en Dellys (este de Argelia), causando 30 muertos. Se llamaba Nabil Belkacemi y tenía 15 años.

Sonriente, con uniforme militar y un fusil Kaláshnikov, Nabil apareció en un vídeo difundido en la noche del sábado por Al Qaeda del Magreb Islámico, en el que reivindica el atentado de Dellys y el que tuvo lugar 48 horas antes en Batna y causó 22 muertos. «Le gustaba mucho jugar al fútbol y todo el mundo reconoce que era muy educado», explicó su madre, entre lágrimas, a un periodista del diario El Watan que localizó a la familia en Bachdjarah, un suburbio de Argel. «Rezaba, pero no tenía un comportamiento extremista. Nunca rechazó la televisión ni la música. Nunca hablaba de política. Un día empezó a frecuentar la mezquita de Apreuval, en Kuba, aunque seguía acudiendo a la escuela».

«Una noche pernoctó en la mezquita y después desapareció», continúa la madre del que, cuando se incorporó a las filas terroristas, eligió el apodo de Abumussab el Zarkaui, el jefe de Al Qaeda en Irak hasta su muerte en 2005. «Esa noche me llamó al móvil para decirme que no me preocupara, que regresaría». «Más tarde volvió a llamar con tono angustiado: ‹Mamá, tengo miedo. No sé donde estoy. Quiero escaparme, pero temo que os maten›. Después colgó.»

«Sé que le han obligado a subirse a esa maldita furgoneta para matar a los marineros», denuncia la madre de Nabil. «Están matando a nuestros hijos. ¿Por qué eligen a niños? Si fuese un adulto, diría que se lo merece porque se lo ha buscado, pero es sólo un niño al que los adultos han convertido en kamikaze.»

I. Cembrero, El País, 11–09–2007 (331 palabras)

Anotaciones

1 examen (m.) de reválida: examen que se hace hoy en Argelia para terminar los estudios secundarios y poder entrar en la Universidad, examen con el que se absolvía en España la enseñanza secundaria y al que seguía el preuniversitario o prueba de madurez
3 volarse; aquí: suicidarse, matarse, quitarse la vida destruyéndose con explosivos furgoneta (f.): vehículo de transporte normalmente cerrado y más pequeño que un camión destinado al transporte de mercancías
9 reconocer: estar de acuerdo en afirmar, admitir, aceptar como verdadero
11 rezar: hablar con Dios, dirigirse mentalmente o de palabra a una divinidad o a una persona sagrada, orar
15 pernoctar: pasar la noche en un lugar especialmente fuera del propio domicilio, dormir
16 apodo (m.): nombre que se da a una persona en substitución del propio o añadido a éste, sobrenombre, mote
19 con tono angustiado: con miedo, muy preocupado

Análisis y comentario

1. Haga una breve descripción de Nabil.
2. Exponga el atentado y la participación de Nabil.
3. ¿Qué piensa la madre de la culpabilidad de su hijo?
4. ¿Qué es lo que puede hacer posible, en su opinión, que niños de 15 años estén dispuestos a perder la vida como «Kamikaze»?

Análisis y comentario

1. Descripción de Nabil
   Nabil Belkacemi era un joven de 15 años. Vivía con sus padres en un suburbio de Argel (capital del Algeria). Según la declaración de sus progenitores, era un chico tranquilo. Nabil era muy aficionado al fútbol. Era piadoso pero no extremista ya que veía los programas de televisión europea y le gustaba oír música moderna occidental. Pocos días antes de la fecha en la que tenía que hacer el examen de reválida, abandonó la casa paterna. Tres meses después, se suicidó haciéndose volar en una furgoneta en Dellys, pequeña ciudad argelina, situada en la costa mediterránea a treinta millas al este de la capital y llevándose consigo la vida de treinta seres humanos.

2. El atentado en el que participó Nabil
   El atentado tuvo lugar en el cuartel de marina de Dellys al este de Argel y, como ya hemos dicho, costó la vida a 30 personas. El atentado ha sido reivindicado por el Al Qaeda del Magreb Islámico, quien mostró el sábado, día 8, un vídeo en el que aparecía con uniforme militar Nabil Belkacemi como autor del atentado.
   Tras frecuentar durante más tiempo del normal una mezquita de la ciudad, una noche Nabil pernoctó en ella y no volvió más a casa de sus padres. Se incorporó en un grupo terrorista tomando el nombre de Abumussab el Zarkaui, jefe de Al Qaeda en Irak, y se fue preparado para suicidarse haciendo volar un vehículo delante de un cuartel de marina argelino.
   El 6 de septiembre de 2007 llevó a cabo el atentado perdiendo su propia vida a los quince años de edad y haciéndosela perder a treinta seres humanos más.

3. La madre no inculpa a su hijo porque sabe que lo obligaron a matar a los marineros. Ella afirma que poco antes del atentado su hijo quería escaparse del grupo, pero tenía miedo de que si lo hacía, los terroristas acabarían con la vida de sus padres. La madre de Nabil acusa a los que obligan a los niños a suicidarse en los atentados de asesinar a los niños de la nación. Los culpables de todo son los que obligan a los niños a inmolarse por el bien de nadie.

4. En mi opinión pueden existir algunas causas que expliquen por qué algunos jóvenes e incluso niños árabes están dispuestos a inmolar su vida. Me limito a nombrar dos:
   - La falta de fuerza, de ideales y de perspectivas de futuro para continuar viviendo y afrontar la vida «terrena» en países sin perspectivas claras de un futuro que merezca vivirse.
   - La horrible indoctrinación de que se les hace objeto haciéndoles creerse «mártires» que perdiendo la vida van a salvar la de su pueblo y ellos mismos merecer con su acto de martirio el paraíso.

Gamberros

¿De verdad tenemos que dar tanta importancia a unos pocos centenares de gamberros que queman una foto de los Reyes? Caramba, esos pobres tipos deben de sentirse en el más pleno éxtasis de la gamberrez. Veamos, se junta una tropilla de alborotadores inciviles, prenden fuego a una foto y, zas, les subimos a las primeras 5 páginas de los periódicos, que es como elevarlos a los altares.

Les recuerdo que está demostrado el efecto llamada que los medios producen en algunos sucesos, sobre todo cuando en ellos interviene gente inmadura y con la cabeza algo fosfatinada. Por ejemplo, se sabe que publicar noticias sobre suicidios de adolescentes puede provocar nuevos suicidios. Del mismo modo, tomar en serio la 10 exhibicionista tontería de cuatro insensatos puede fomentar el disparate. O las mini-manifestaciones de apoyo de 400 personas, a las que de nuevo prestamos demasiada atención. Ya me gustaría a mí recibir semejante cobertura cuando nos manifestamos 4.000 en pro de los animales, por ejemplo.

Lo que sí es serio es el tema del modelo de Estado que queremos. Serio e intere- 15 sante, pero no grave. No veo ningún peligro en reflexionar públicamente sobre las ventajas y las desventajas de una monarquía democrática frente a un sistema presidencialista, porque ambas opciones son sensatas y tienen sus pros y sus contras. ¿Por qué no se va a poder dejar hablar de ello? Pero no hay ninguna urgencia en dirimir el asunto: me parece que hoy por hoy a la mayoría de la gente le importa un pito. En cu- 20 alquier caso es un debate natural en una sociedad y, si dejan de tocarnos las narices, será algo que asumiremos naturalmente. Que los políticos no vuelvan a abrir con este tema otra nueva trinchera artificial.

Dar tanta importancia a unos camorristas forma parte de esa desmesura (lo mismo que secuestrar la portada de El Jueves). Padecemos una fatal tendencia a echar más 25 madera al fuego de los violentos, desde los gamberros a los asesinos etarras. O sea: creo que les hacemos demasiado caso. Que un puñado de vándalos y criminales marquen toda la vida política del país me parece un error por nuestra parte. No les elevemos al nivel de interlocutores y no hablemos tanto de ellos. El desprecio también es un arma.

Rosa Montero, El País, 18–9–2007 (381 palabras)

Anotaciones

1 tipo (m.): persona, individuo, sujeto, personaje; tío (col.)
3 tropilla (f.): diminutivo de «tropa», grupo pequeño, cuadrilla, camarilla
4 foto (f.): se trata de las fotos del Rey que fueron quemadas públicamente en Girona en julio de 2007
8 fosfatinado/a: dañado, estropeado
12 cobertura (f.): apoyo, defensa
18 dirimir: terminar, concluir, resolver, poner fin a
19 importar un pito: importar poco o nada
20 tocar las narices: molestar, fastidiar
22 trinchera (f.): zanja defensiva
23 camorrista (m.): que origina peleas fácilmente, gamberro
24 portada de El Jueves: el 19 de julio de 2007 se retiró de los quioscos la revista El Jueves porque aparecían en su portada el Príncipe y Doña Letizia en actitud poco decorosa

Análisis y comentario

1. Estructure y resuma el contenido del texto.
2. Explique y comente la expresión «elevar a los altares».
3. ¿Constituye, en opinión de Rosa Montero, para los españoles el modelo de Estado del país un problema?
4. Comente la frase «Padecemos una fatal tendencia en echar madera al fuego de los violentos».

Análisis y comentario

1. El texto lo podemos dividir en tres partes.
   La sociedad da una importancia excesiva a hechos y personas que no la tienen y la autora pone como ejemplo la quema de una foto del rey llevada a cabo por un grupo de alborotadores en Girona. Este es el contenido de la primera parte que se extiende hasta la línea 13.

   En la segunda parte, que va de la línea 14 a la línea 22, sigue una reflexión del modelo de Estado vigente en nuestros días en España, para concluir que en realidad el interés en el tema entre la población española es prácticamente inexistente.

   En nuestra patria, concluye la tercera parte que comienza en la línea 23, se da excesiva importancia a los «camorristas», a los que originan violencia. El desprecio (la desconsideración, la falta de atención hacia los violentos) y el desdén podrían ser un arma contra ellos.

2. El primer significado de la expresión es: «dar mucha importancia y propagar algo». Es algo así como elevar del suelo un objeto o también suceso para que sea visto y tenido en cuenta por mucha gente. En esta acepción no se considera la calidad física o moral de lo propagado. «Elevar a los altares a los alborotadores inciviles» quiere decir simplemente darles más importancia de la que en realidad tienen.
   «Elevar a los altares a una persona» es, por otro lado, canonizarla, es declararla santa. Así que «santa» es, para los católicos, la persona que ha sido solemnemente declarada «santa» por el Papa y cuyo culto ha sido autorizado en la Iglesia Católica. Elevar a los altares puede tener también el significado de proponer como modelo, mostrar públicamente para que sea imitado.

3. El modelo de Estado existente actualmente en España no constituye, en el parecer de Rosa Montero, ningún problema. La periodista no ve ningún tipo de inconvenientes en una discusión pública sobre las dificultades y ventajas de la monarquía democrática y el presidencialismo, pero piensa que en España, hoy por hoy, esta discusión no es deseada por casi nadie y es considerada más bien como una molestia.

4. «Padecemos una fatal tendencia en echar madera al fuego de los violentos».
   En España, según esta frase o sentencia, se le da excesiva importancia a la violencia, es decir, a los actos violentos y a sus autores. Se hace demasiado caso sobre todo a los que practican la violencia. La importancia que se les da a los actos violentos contribuye a la propagación de los mismos y al mismo tiempo a la difusión de las ideologías que los motivan. La autora pone en el mismo nivel el gamberrismo con los actos etarras. Yo opino que el crimen deferencia los actos substancialmente. El desprecio, la falta de consideración es sin lugar a dudas también un arma, pero la muerte del inocente no se puede pasar por alto. En el caso concreto de este artículo, la quema de la fotografía del rey es para mí algo que no tiene ni

mayor ni menor significado que la quema de una bandera de por sí algo también ignominioso, pero en sí de una trascendencia más bien relativa. Lo de ETA es algo totalmente distinto ya que hay sangre y otros tipos de sufrimientos humanos de por medio.

El botellón

Dos son los principales asuntos frente a los cuales está fracasando absolutamente el actual Gobierno, y aunque son bien disímiles; ambos pertenecen al género de lo que podríamos llamar «*terrorismo cotidiano*»: la vivienda y el botellón. A la vergüenza y al escándalo que supone que para vivir bajo techo, gran parte de los españoles (los jóvenes sobre todo) tengan que renunciar a la libertad y a la dignidad, pues de ambas se les obliga a prescindir al endeudarse de por vida y al caer en manos de prestamistas y usureros, se une esa otra vergüenza y ese otro escándalo de los que los jóvenes son también víctimas, y que se conoce con el nombre de Botellón.

Para los actores de ese tumulto callejero que destroza los nervios de los vecinos, destruye el reposo de los trabajadores, arruina el sueño difícil de los ancianos o de los enfermos y el indispensable para la buena salud mental y física de los niños, la práctica del Botellón tiene una ventaja económica para los chicos (los brevajes a granel que consumen les salen más baratos que en los bares y discotecas) y otra de escenario, pues en la calle se supone que pueden vandalizar sin que les echen, de modo que no es raro que se adueñen de jueves a domingo de la vía pública y establezcan en ellas su atroz imperio de alcohol, drogas, cristales rotos y gritos sólo vagamente humanos, pero ello no sería posible, y aquí es donde se convierten en víctimas de su natural poco conocimiento, sin la complicidad del Poder, del Sistema, esto es, de los alcaldes y autoridades gubernativas que diríase que los prefieren así, borrachos, narcotizados, ociosos, garrulos, peleles, y no lúcidos, rebeldes, exigentes y sedientos no de licores baratos, ni de cerveza caliente, ni de vino malo, sino de vida.

Sin esa complicidad o tolerancia, que más parece invitación e inducción, la juventud, instalada en el superior estadio de la ciudadanía, no estaría de resaca tres o cuatro días a la semana, hecha polvo, sino alimentando, en perjuicio de ciertos políticos cochambrosos, la ilusión de un mundo, un país, una vida mejor.

Rafael Torres, Diario Directo, 29–06–07 (363 palabras)

Anotaciones

1 fracasar: tener un resultado adverso en lo que se hace, no conseguir el resultado previsto, fallar
2 disímil: diferente, distinto, que no es igual, desigual
6 endeudarse: contraer una deuda, llenarse de deudas, empeñarse
9 tumulto (m.): alboroto, disturbio producido por una multitud de personas, confusión agitada
12 brebaje (m.) a granel: bebida alcohólica de baja calidad, vendida sin empaquetar y en gran cantidad
14 vandalizar: cometer acciones propias de gente salvaje, gamberrear
20 garrulo/a: que actúa con tosquedad, grosero, chabacano
sediento/a: que tiene sed, que desea algo con intensidad, ansioso, ávido
23 resaca (f.): malestar físico que siente al despertar la persona que ha bebido alcohol en exceso, malestar
24 hecho/a polvo: destrozado, agotado, exhausto

Análisis y comentario

1. Estructure y resuma el contenido del texto.
2. ¿A qué da el autor el nombre de «terrorismo cotidiano»?
3. El autor habla en este artículo de dos ventajas de la práctica del botellón.
   a) ¿De qué ventajas se trata?
   b) ¿Se les puede dar realmente el nombre de «ventajas»?
4. ¿De qué acusa Rafael Torres al Poder?

Análisis y comentario

1. El texo que analizamos presenta una estructura muy simple y podemos dividirlo en tres partes.
   El texto se inicia nombrando claramente dos fracasos del actual Gobierno para con los jóvenes de nuestros días, que en realidad tienen que ver poco directamente el uno con el otro: la vivienda y el botellón o más exactamente: la falta de viviendas y la práctica del botellón. Esta parte se extiende desde el comienzo hasta la línea 8.

   En la segunda parte, que va de la línea 9 a la línea 21, el autor nos informa de las consecuencias y también de los motivos que llevan a los jóvenes a práctica del botellón. Al final de esta parte se afirma claramente que sin la verdadera complicidad de las autoridades no se daría este tipo de abusos y disturbios.

   En la tercera parte, que comienza en la línea 22, se saca la consecuencia de que sin la colaboración del Poder que se da en muchas poblaciones la juventud no alcanzaría el grado de pasotismo que va alcanzando.

2. El autor da el nombre de «terrorismo cotidiano» a la falta de vivienda y a la práctica del botellón. A mí, como paradójicamente al autor, me da la impresión de que se trata de dos problemas muy dispares para ponerles un denominador común (terrorismo cotidiano). La falta de vivienda puede llevar al terrorismo de la ocupación, pero no de una manera necesaria. El botellón, en cambio, puede recibir la denominación de terrorismo por varios motivos que incluso aparecen en el texto:
   ➠ Destroza los nervios de los vecinos.
   ➠ Hace imposible el descanso de los trabajadores.
   ➠ Acaba con el sueño de los enfermos.
   ➠ Arruina la salud de los niños.

3. El autor habla de dos ventajas de la práctica del botellón:
   a) A los que consumen en la calle, el beber les sale más barato que a los que lo hacen en los locales de consumo.

   b) En la calle se pueden comportar como quieran sin el riesgo de que los echen.
   Hablar de ventajas es un poco delicado, si por ventaja entendemos «circunstancia favorable». Yo hablaría más que de «ventaja» de «comodidad» o simplemente de «aspectos positivos».

4. Rafael Torres acusa al Poder de:
   ➠ complicidad y tolerancia para con el comportamiento claramente incívico de muchos de nuestros jóvenes
   ➠ preferir una juventud pasota a una juventud crítica y pensante

«Me insultó y me dio un cabezazo»

Lo cuenta Ángel Azpiroz, de 58 años, director del CEIP Jaume Salvatella de Santa Coloma. «Sus dos hijos, de cuatro y seis años, son encantadores, pero él llevaba todo el año amenazándonos, a maestros, a padres..., a cualquiera que se cruzara en su camino». Fue el 18 de septiembre, por la tarde, cuando ya no quedaban críos en el
5 centro. Azpiroz trabaja en Santa Coloma desde 1978, y no recuerda ningún caso similar.

«Lo recibí en la sala de profesores, como siempre –relató ayer a La Vanguardia–. Dijo que teníamos siempre a su hijo castigado, fue subiendo el tono, se levantó, me dijo que sabía dónde vivía, por dónde paseaba; que iba a ir a por mí, que me iba a ra-
10 jar. Entonces se acercó mucho y me dio un cabezazo. Sufrí una conmoción, comencé a sangrar muchísimo. Los del AMPA trataron de retenerlo, pero dije que lo dejaran, que era mejor que se fuera».

Le pusieron cinco puntos de sutura. Azpiroz denunció los hechos ante los Mossos. La semana que viene se celebra el juicio, un juicio por faltas. Las muestras de
15 solidaridad le ayudan a sobrellevarlo. Hace poco, el padre de los dos chicos encantadores merodeó por las inmediaciones de este colegio del Singuerlín. «Les dijo que ya me había pegado una vez, que ya me había partido la cara, y que si les hacía algo a sus hijos la próxima vez me rajaría».

Nadie ha hecho nada para impedir que esto vuelva a suceder. «Yo he recibido un
20 trato muy humano por parte de la inspectora de la Generalitat, y la Generalitat me ha puesto un abogado. Pero lo cierto es que ese hombre no ha vuelto al colegio porque no le ha dado la gana. Soy muy crítico con la gestión de la concejalía de Educación de la ciudad. Porque hubo manifestaciones de maestros, y entonces se habló de policía, de servicios sociales, de medidas..., pero todo sigue igual».

25 «No quiero dar una visión catastrofista –concluye–, pero así se trabaja mal. Aún no he recuperado mi vida normal. Sientes rabia, tienes que llorar y expulsarlo todo, y luego aparece una gran tristeza. Las administraciones lo sabían desde hacía tiempo. Lo único que les reclamo es sensibilidad y respuestas rápidas. Porque este tema no está resuelto».

Luis Benvenuto, La Vanguardia, 8–11–2006 (392 palabras)

Anotaciones

1 CEIP (m.): Colegio de Educación Infantil y Primaria
2 encantador/ra: que produce una impresión muy grata, muy agradable, simpático, maravilloso, grato
4 crío (m.): niño de poca edad, niño que se está criando, persona joven o de corta edad, chico, alumno
4 similar: semejante, parecido, comparable
9 rajar: herir con arma blanca, liquidar, matar
10 dar un cabezazo: dar un fuerte golpe con la cabeza
11 AMPA (f.): Asociación de Padres y Madres de Alumnos
13 sutura (f.): cosido quirúrgico que se hace para cerrar una herida, unión de los bordes de una herida
18 merodear: vagar o andar por los alrededores de un lugar observando, curioseando o con malas intenciones
22 dar la gana: querer, apetecer
26 rabia (f.): ira, enojo, enfado

Análisis y comentario

1. Presente breve y esquemáticamente a Ángel Aspiroz.
2. Relate con sus propias palabras lo sucedido en el Colegio Jaume Salvatella el 18 de septiembre de 2006.
3. ¿De qué se queja en la actualidad el director del CEIP Jaume Salvatella de Santa Coloma?
4. ¿Cómo cree usted que se podría solucionar el problema de agresiones a profesores en la escuela o fuera de ella?

Análisis y comentario

1. Ángel Aspiroz:
   - ➠ Profesor de primaria de 58 años de edad
   - ➠ Director del CEIP (Colegio de Educación Infantil y Primaria) Jaume Salvatella de Santa Coloma (Barcelona)
   - ➠ Trabaja en Santa Coloma desde el año 1978.

2. Los sucesos del 18 de septiembre de 2006 en el Colegio Jaume Salvatella:
   El padre de dos alumnos, cuyo nombre no se menciona en el texto, se hace el «matón» amenazando a maestros, a padres de alumnos y a todo el mundo que se cruza en su camino. El 18 de septiembre, después de que los alumnos habían salido de la escuela, el mencionado padre se personó en el colegio y fue recibido por el director en la sala de profesores. El padre le dijo al director que en la escuela no cesaban de castigar a uno de sus hijos. Su excitación fue aumentando conforme hablaba y acabó dándole un cabezazo al profesor, quien sufrió una conmoción y cuya cabeza comenzó a sangrar. Algunos de los que estaban por allí trataron de retener al agresor, mas el director les dijo que lo dejasen que se fuera. El director fue atendido y tuvieron que darle cinco puntos en la cabeza. Ángel Aspiroz denunció los hechos a los Mossos.

3. El director de la escuela se queja actualmente de que nadie se opone a que el padre de los dos alumnos, que le agredió, continúe haciéndose el valiente por las cercanías de la escuela diciendo que había agredido al director y que si éste les hacía algo a sus hijos lo abriría. (Objetivamente considerados, los temores del padre parecen bastante infundados ya que por lo que se dice en el texto sus hijos son excelentes alumnos y gozan de mucha consideración en el colegio que frecuentan.). También se lamenta de que la concejalía de Educación no hace absolutamente nada para mejorar la situación a pesar de las frecuentes manifestaciones y protestas de los maestros.

4. El problema de las agresiones a los profesores en la escuela o fuera de ella puede y debe tener, en mi opinión una solución bastante rápida, si se trata de garantizar la seguridad física del personal docente. Las agresiones físicas a personas son esencialmente delitos, tanto si van dirigidas contra un desconocido, contra un profesor o contra un alumno. Los maestros por haber decidido dedicar su vida a los niños no son seres especiales, no son seres de segunda clase con quienes puede hacerse lo que viene en ganas. Las agresiones físicas contra personas deben de ser consideradas como delitos, sean quien sean las víctimas.
   Más difícil se hace, aunque sumamente necesario, tomar las medidas necesarias para modificar el clima y las causas que llevan a las agresiones. Culpabilizar a los profesores y a la escuela de todos los males de nuestros niños es sin ningún lugar a dudas el camino menos apropiado para resolverlos.

Bandas juveniles

El asesinato en Liverpool del niño de 11 años Rhys Jones de un disparo por una banda de jóvenes ha provocado una intensa alarma social en el Reino Unido. Son ocho los niños muertos por arma de fuego en lo que va de año, junto a otras muertes de adolescentes por la misma causa. No es el efecto esperable de un aumento en la
5 criminalidad, pues la tasa de homicidios lleva estable desde hace más de una década, aunque el número de delitos con armas de fuego haya aumentado en los últimos años. Preocupa la expansión de un fenómeno, el de las bandas armadas e integradas por jóvenes de, como sus víctimas, cada vez menor edad. Los sospechosos –dos de ellos, chicas– detenidos en relación con el asesinato de Rhys tenían entre 16 y 19
10 años.

Las bandas juveniles se han multiplicado por tres en 15 años, según las cifras de la policía. La sociedad británica se pregunta, con razón, si el sistema no ha fallado a la hora de atraer a estos jóvenes, que son minoría, hacia actividades positivas. Las pandillas no sólo tienen identidades violentas, sino que se ufanan de ellas, como mues-
15 tran los vídeos que dos pandillas rivales de Liverpool han colgado en Internet y en los que compiten en alardes violentos y exhibición de armas. De forma creciente, estas bandas se nutren con jóvenes de diferentes razas, muchos de ellos procedentes de la marginación y escasez de perspectivas de futuro que padecen en sus barrios.

El Gobierno laborista de Gordon Brown se muestra dispuesto a tomar medidas le-
20 gislativas para detener la actividad de estas bandas. Pero algunas leyes –como las aprobadas a raíz de la matanza en Dunblane (Escocia), en la que en 1996 murieron 16 colegiales, o el endurecimiento de las penas por narcotráfico a los mayores de 21 años– han hecho que en algunas de estas bandas sean los menores de edad los que carguen con el trapicheo y el transporte de las drogas que venden y consumen, e in-
25 cluso las armas.

El fenómeno de las bandas juveniles no es algo limitado al Reino Unido. Proliferan en otros países, con nuevos tipos de organizaciones, en algunos casos importados, como los Latin Kings o los Ñetas en el caso de España. Las medidas policiales y legislativas son necesarias para luchar contra estos fenómenos. Pero no bastan. En
30 todas nuestras sociedades hay una dejación de la responsabilidad de las familias a la hora de educar y vigilar a muchos de estos chicos, que encuentran en las pandillas violentas un sentido de pertenencia al grupo que no reciben en sus casas.

Editorial, El País, 27–8–2007 (437 palabras)

Anotaciones

3 en lo que va de año: desde comienzos del presente año, en lo que llevamos de año
5 llevar estable: conservarse constante, no haberse incrementado, no aumentar ni disminuir
8 sospechoso/a: persona de la que se cree que ha cometido un delito, persona que da motivos para desconfiar de ella, que inspira desconfianza/suspicacia
13 pandilla (f.): grupo habitual de personas que se reúnen para hacer daño, cuadrilla, panda
14 ufanarse: jactarse, presumir, mostrarse orgulloso y satisfecho
15 colgar: poner
24 cargar con: llevar a cabo, efectuar, hacerse responsable
trapicheo (m.): venta o compra ilícitas de mercancías al por menor
26 proliferar: aumentar en número, multiplicarse, difundirse
30 dejación (f.): abandono, descuido, desamparo

Análisis y comentario

1. ¿Qué es lo que preocupa hoy en extremo a los ingleses tocante al comportamiento de no pocos de sus menores?
2. La legislación del Reino Unido con referencia a las bandas juveniles y el narcotráfico ha tenido a veces efectos contraproducentes.
   Explique por qué.
3. El fenómeno de las bandas violentas no es un problema que afecta únicamente al Reino Unido.
   a) ¿Se da este problema también en España?
   b) ¿Cuál es, según el autor del editorial, el motivo principal que posibilita el surgimiento y desarrollo de las bandas violentas?
   c) ¿Comparte usted la opinión del autor?
   d) Fundamente su respuesta.

Análisis y comentario

1. Lo que preocupa en los últimos tiempos a los súbditos ingleses es el no sólo para ellos incomprensible comportamiento de sus menores de edad que se constata en la expansión de las bandas armadas, integradas por jóvenes que son cada vez de menos edad, pero en constante aumento en su disposición a aumentar y agravar sus delitos, llegando a cometer incluso asesinatos.

2. Que la legislación del Reino Unido ha tenido efectos contraproducentes se puede comprobar claramente en el caso que menciona el autor del editorial que estamos analizando.
   Tras la matanza en Dunblane (Escocia), en la que perdieron la vida 16 colegiales y su profesora a manos de un joven, enfermo psíquico drogadicto que se suicidó tras cometer la masacre (Un hombre joven entró en una escuela de enseñanza primaria el 13 de marzo de 1996 y disparó sobre los niños y la profesora que en aquel momento ocupaban el aula. El autor del asesinato masivo se suicidó poco después.), la legislación inglesa se propuso endurecer y endureció de hecho las penas por narcotráfico a mayores de 21 años. Lo que consiguió en realidad no fue la disminución de la compra-venta de drogas, sino el que menores de 21 años pasaran a encargarse de las distribución mediante pago de la droga a los consumidores de estupefacientes. La exclusión llevada a cabo con la ayuda de medidas coercitivas judiciales de la actividad distributiva de la droga lleva al lamentable absurdo de que se incremente el número de menores que se dedican a su venta.

3. a) En España también se da hoy el problema de la existencia y las actividades violentas e incluso criminales de bandas de jóvenes. En la última parte del texto que estamos analizando se hace mención explícita a dos de ellas: los Latin Kings y los Ñetas. Lo que el autor del artículo quiere expresar al anteponerles a estos dos grupos o bandas el adjetivo «importados» no me es muy claro. Si con él quiere restringir la responsabilidad de la sociedad tanto en el nacimiento como en la evolución de las mismas, yo preferiría que hubiese borrado el adjetivo, o si más bien quiere dar a entender que la despreocupación y desentendimiento de las autoridades competentes de los países donde se originaron no han impedido hasta nuestros días su existencia y actividades. Latin Kings y Ñetas no son las únicas aunque sí las bandas más conocidas de las en nuestras dos metrópolis más habitadas.

   b) El motivo más importante que, en opinión del autor del editorial, hace posible el surgimiento y el desenvolvimiento de las bandas violentas juveniles es la despreocupación casi total de las personas a las que corresponde por ley civil y natural el cuidado de los niños. Las familias, madres y padres son los primeros responsables de la educación de sus hijos.

   c) Comparto totalmente la opinión del autor, aunque desconozco su nombre y yo me atrevo a concretar que los padres tienen que transmitir al menos a sus hijos:
   ➠ el sentimiento de pertenencia a un grupo humano
   ➠ el sentimiento de sentirse amado y aceptado como se es

- la sensación de la seguridad de sentirse apoyado en sus proyectos de vida
- el reconocimiento de su personalidad con sus habilidades pero también deficiencias
- la posibilidad de dialogar abiertamente sobre los temas vitales
- confianza para solicitar la ayuda de todo tipo que precisen en la vida

Padres y maestros

Los padres y luego los maestros, han de aunar esfuerzos para encaminar a la juventud –ya desde la niñez– por los buenos senderos de la sensatez, la buena educación, y primordialmente los buenos sentimientos, que son el reflejo de la grandeza del alma humana, la cual ha de estar, siempre, por encima de las actuales costumbres degradantes y caprichos que se dice que son pasajeros, pero que a la larga, se han hecho crónicos en la mayoría de jovencitos, con las graves consecuencias que esa desviación les acarrea a ellos y a la sociedad en que viven.

A mí me asombra ver cómo actualmente, la mayoría de los padres no sólo toleran, sino que a muchos les hace gracia el que sus hijos de corta edad, sean ya unos mal hablados (soltando incluso imperdonables blasfemias) y además, unos rebeldes agresivos con sus compañeros de colegio. Y claro está: si a esos padres irresponsables e insensibles, les hace «gracia» esa prematura perversidad de sus hijitos, ¿cómo les van a regañar e incluso a castigar por su mal comportamiento social? Ni pensarlo. Es más: cuando un maestro castiga a un alumno porque se lo merece, entonces sale el padre de ese colegial borde, y le atiza dos puñetazos a ese maestro, o se querella, judicialmente, contra él. Ante este insólito panorama, los maestros están más que hartos de esa creciente pléyade de alumnos maleducados y perversos. Ya ven a qué extremos está llegando el maldito acoso escolar... y plantándole cara a los propios maestros, insultándolos descaradamente y, llegado el caso, agrediéndolos desvergonzadamente. Pasmoso, vaya.

En mi ya lejana época escolar las cosas eran muy distintas, pues los maestros solían reprender o castigar al alumno que cometía alguna falta grave. Y cuando el padre de ese alumno se enteraba de ello, le decía al maestro: «Ha hecho usted muy bien en castigar a mi hijo por la falta que ha cometido. A ver si así lo ponemos a raya». En cambio ahora, y tal como he dicho, muchos de esos padres insensatos, le arman una querella judicial a ese maestro que castigó a su rebelde hijo.

Los alumnos de antes queríamos y respetábamos a nuestros maestros como si fueran nuestros segundos padres. Y ellos, lógicamente, nos querían también mucho. Hace años me publicaron mi artículo «Evocación de un maestro», en el que yo exaltaba el afecto y cordialidad recíproca que tuvimos mi maestro de primera enseñanza y yo. Precisamente él estimuló, con entusiasmo, mi afición a la literatura y el arte. Y cuando empezaron a publicarme artículos mi maestro sentía la misma alegría y satisfacción que mis propios padres. (...)

Ahora, lamentablemente, todo eso está mucho peor que hace seis años cuando escribí ese artículo. Muchos maestros se han jubilado antes de hora (con la rebaja de pensión que ello supone) para perder de vista a esos alumnos tan descarados y violentos.

Todo lo expuesto nos conduce a lo mismo: que los padres han de ser más responsables y por ello exigentes, en la formación moral y social de sus hijos, pues de lo contrario, algunos de esos vástagos que han venido haciendo lo que les daba la gana... acabarán siendo unos delincuentes. Y delincuencia ya tenemos demasiada por todas partes. Desgraciadamente.

Editorial, ABC, 9–4–2007 (545 palabras)

Anotaciones

1 haber de: tener que, deber
2 sendero (m.): camino, rumbo, ruta, senda
7 acarrear: llevar consigo, ocasionar, originar, producir
12 prematuro/a: que se produce antes del tiempo, que ocurre antes de lo previsto, precoz
13 regañar: reprender, llamar la atención, reñir, increpar, corregir
15 borde: antipático, maleducado, de trato difícil
atizar puñetazos: dar/asestar/propinar golpes con el puño, maltratar físicamente, atacar
17 pléyade (f.): grupo numeroso, cantidad
24 poner a raya: poner dentro de los límites justos/permitidos, domar, domesticar, frenar
35 jubilarse: cesar en su trabajo por razón de edad o incapacidad, retirarse (de la vida laboral) de manera definitiva
39 vástago (m.): hijo, descendiente, heredero

Análisis y comentario

1. Estructure y resuma el contenido del texto.
2. La imagen del profesor para alumnos y sobre todo para padres de alumnos se ha transformado radicalmente.
   Describa partiendo de lo que se dice en el texto:
   a) la figura y el papel del profesor de los tiempos de la niñez del autor.
   b) la imagen del profesor de nuestros días.
3. ¿Ve usted alguna posibilidad de mejorar la relación alumno–profesor en la escuela de nuestros días?
   Haga dos o tres proposiciones concretas.

Análisis y comentario

1. El texto que vamos a analizar presenta una estructura cuatripartita.
   La primera parte, que se extiende hasta la línea siete, nos pone al corriente de los cambios de comportamiento en nuestros jóvenes que, en general va, en opinión del autor, hacia un definitivo, aunque indeseado empeoramiento de su conducta.

   En la segunda parte, que va de la línea 7 a la 20, vemos que mientras que la tolerancia excesiva y una permisividad casi ilimitada es lo que en nuestro tiempo caracteriza por lo general la relación padres e hijos, en lo tocante a la relación de los padres de alumnos con los profesores la situación se ha endurecido. Los padres defienden a sus hijos y agreden al personal docente cuando creen que sus hijos son tratados injustamente, agresiones que no se basan en la mayoría de los casos en motivos objetivos ni se limitan siempre a palabras.

   En la tercera parte, que se extiende de la línea 20 a la 33, el autor nos relata su excelente relación concreta con un profesor de primaria.

   El texto se cierra con la constatación de la desmotivación de numerosos profesores de nuestros días que abandonan prematuramente su profesión y una apelación a los padres a ayudar a modificar y mejorar la situación y de este modo evitar sus consecuencias negativas.

2. Figura del profesor:
   a) En tiempos de la niñez del autor del texto, al profesor lo caracterizaban dos elementos:
   - Autoridad y competencia reconocidas por todos
   - Relación paternal/maternal con los alumnos

   b) En nuestros días, al profesor lo caracterizan también dos elementos:
   - Rechazo de su autoridad y desconocimiento o negación de su competencia
   - Responsabilidad de todos sus actos

3. Posible mejora de la relación profesor–alumno:
   - El alumno debe saber que el profesor es una persona como todos los demás y que se debe reconocerle sus derechos como persona y respetar su integridad física.
   - La competencia profesional tanto científica como pedagógica legitima sus decisiones que naturalmente no deben ser dogmas, pero en ciertos campos de muchísimo peso. (Matemáticas tienen poco que ver con consultas y decisiones democráticas de un grupo de personas que aprenden.)
   - El profesor aprecia y ama a sus alumnos y quiere para ellos lo mejor. Por este motivo se preocupa y hace todo lo que puede para prepararlos lo mejor que puede para la vida que les espera, que frecuentemente es mucho más dura de lo que los alumnos piensan.

Justicia y bandas latinas violentas

El Ministerio Público solicita en su escrito de conclusiones provisionales más de cien años de prisión para los catorce dirigentes de los «Latin Kings» pendientes de juicio ante la Audiencia Provincial de Madrid. El fiscal aporta un análisis detallado del origen y funcionamiento de la organización, orientada de forma inequívoca hacia la comisión de delitos violentos. Lo más llamativo es el carácter mafioso de las prácticas internas, con «pruebas» de ingreso vinculadas con agresiones a terceros, una estructura fuertemente jerarquizada –de hecho, el principal implicado es conocido como «El Padrino»– y una extorsión permanente a los miembros que hace casi imposible el abandono voluntario. A la vista de las conclusiones de la Fiscalía, es evidente que muchas de las prácticas de este tipo de organizaciones topan con la prohibición de asociaciones de esta clase que establece la Constitución.

Estamos muy lejos, por tanto, de la absurda doctrina que tiende a consentir la configuración de peligrosas bandas latinas como inocentes asociaciones vecinales para favorecer la vertebración y adaptación de grupos de inmigrantes. Para sorpresa e indignación de muchos ciudadanos, esto es lo que vienen defendiendo algunos responsables políticos, como si el discurso de lo políticamente correcto debiera prevalecer, siempre y en todo caso, sobre la propia seguridad ciudadana.

Cuando la ley se aplica de forma rigurosa, crece la sensación de seguridad que hace posible el disfrute de las libertades. En cambio, una actitud falsamente tolerante y comprensiva crea en ciertos grupos una sensación de impunidad. Una organización que impone sanciones físicas a sus miembros, exige cometer agresiones para demostrar su capacidad y les enseña a odiar a grupos rivales debe ser perseguida con todos los medios del Estado de Derecho. La Ley es igual para todos, y quien la infringe tiene que sufrir las consecuencias con independencia de su origen y condición.

Es importante, por tanto, que las autoridades tomen conciencia de que los ciudadanos reclaman seguridad contra la delincuencia y no palabras vacías que enmascaren la realidad. Las bandas juveniles –estén formadas por españoles o extranjeros y se oculten bajo una ideología u otros pretextos– son producto del fracaso de la familia y la escuela como mecanismos para transmitir valores cívicos. Pero, además de atender y combatir las causas, hay que dejar claro que en una sociedad democrática quien delinque tiene que pagar por ello. En este punto, es vital el rigor y la solidez que demuestran las Fuerzas de Seguridad y la Fiscalía. El fenómeno de las bandas latinas violentas tiene, en definitiva, una dimensión penal que no se resuelve con una falsa retórica que encubre la actitud irresponsable de algunos políticos.

Editorial, ABC, 5–2–2007 (441 palabras)

Anotaciones

1 Ministerio Público: órgano cuya misión es la promoción de la acción de la justicia especialmente mediante la acusación penal, Ministerio Fiscal, Fiscalía
2 pendiente de juicio: que va a ser juzgado
6 pruebas de ingreso; aquí: examen/constatación de idoneidad
8 extorsión (f.): presión que se ejerce sobre alguien para obligarlo a actuar de determinada manera, coacción
10 topar con: tropezar con, chocar contra, ir en contra de
14 vertebración (f.); aquí: integración, consistencia estructural interna
19 disfrute (m.): gozo, hecho de disfrutar
20 impunidad (f.): falta de castigo
26 enmascarar: ocultar, disfrazar, encubrir, disimular

Análisis y comentario

1. Estructure y resuma el contenido del texto.
2. Enumere y comente tres de los puntos que el ministerio fiscal tiene en cuenta para acusar a la organización juvenil «Latin Kings».
3. El autor del editorial no se muestra muy optimista frente a la actitud de algunos políticos con referencia a las bandas latinas.
   a) ¿Por qué motivos concretos se debe perseguir a los «Latin Kings»?
   b) «La ley es igual para todos, y quien la infringe tiene que sufrir las consecuencias con independencia de su origen y condición».
   ¿Está usted plenamente de acuerdo con el contenido de esta frase, formulada en el tercer párrafo del texto que estamos analizando?
4. En la parte final del texto se dirige una llamada a los responsables de orden público de nuestra sociedad.
   ¿Qué se les pide y exige a los mencionados responsables?

Análisis y comentario

1. El texto que estamos analizando lo podemos dividir en tres partes.
   En la primera parte, que se extiende hasta la línea 11, se informa al lector de que ante la Audiencia Provincial de Madrid un miembro de la Fiscalía ha pedido más de cien años de cárcel para catorce dirigentes pertenecientes a la organización juvenil violentade los «Latin Kings».

   La segunda parte, que va de la línea 12 a la línea veintiséis, contiene dos subpartes. En la primera de ellas se acusa a algunos políticos de cerrar los ojos a la realidad y de creer en la autopresentación del grupo que se muestra en sus declaraciones como «inocente asociación vecinal para favorecer la vertebración y adaptación de grupos inmigrantes».
   En la segunda subparte se rechaza la opinión de los mencionados políticos y se hace referencia directa y clara a sus rasgos y acciones criminales de la banda.

   La tercera parte, que comienza en la línea 25, contiene una llamada a las autoridades competentes para que tomen conciencia de la realidad. También se hace una breve mención a las causas que pueden llevar al nacimiento de estas agrupaciones y se advierte que el fenómeno de la violencia de las bandas latinas solo se puede resolver con la estricta aplicación de la ley.

2. Tres de los puntos que tiene en cuenta el Ministerio Fiscal para acusar a la organización juvenil «Latin Kings» son:
   - ➠ La práctica de las llamadas «pruebas de ingreso». El candidato que quiere hacerse miembro de la banda tiene que demostrar su aptitud y valentía agrediendo a terceros, poniendo en peligro su integridad personal, llegando en ocasiones hasta el asesinato.
   - ➠ Extorsión a los miembros. A los componentes de la banda se les obliga a actuar de una manera determinada y se les niega toda posibilidad de abandonar el grupo.
   - ➠ Odio a los rivales. Este odio, sobre todo dirigido a bandas «enemigas», puede llevar hasta el asesinato de «enemigos».

3. a) Los motivos concretos que aparecen en el texto por los que hay que perseguir a los «Latin Kings» son sobre todo dos:
   - ➠ La actitud tolerante que propagan algunos políticos origina en los tolerados una sensación de impunidad que normalmente no contribuye a frenar su agresividad y tendencia a la criminalidad, sino más bien a incrementarlas.
   - ➠ La ley ha sido decretada para todos y debe ser observada por todos. Sin la observancia estricta de este principio no es posible vivir dignamente en una sociedad.

   b) Respuesta personal

4. A los responsables se les pide:
   - que tomen conciencia de la realidad. La seguridad personal de los ciudadanos puede estar amenazada seriamente por la existencia de bandas juveniles criminales.
   - que se haga intervenir a la fiscalía y las fuerzas de seguridad para exigir responsabilidad de los delitos que estos grupos puedan cometer.

«Los jóvenes no quieren explicaciones, quieren pisos»

Poco queda hoy de la Carme Chacón expectante, con un punto de timidez y poco acostumbrada a las luchas de la política nacional que llegó a Madrid en 2000 como diputada y a la que Zapatero nombró poco después responsable de Educación y Cultura en la Ejecutiva del PSOE. Su gran capacidad para absorber ideas y contenidos complejos con asombrosa rapidez (como buena licenciada en Derecho) y para comunicarlos con rotundidad y convencimiento la llevó a convertirse en escasos meses en una «joven promesa» de Ferraz.

Chacón (Esplugues de Llobregat, 1971) sonó como ministra de Educación nada más llegar Zapatero al poder, y de Justicia, en la remodelación del Ejecutivo del pasado año. Haciendo oídos sordos a los rumores, ha sabido esperar su momento con la mejor cara. Momento que llegó ayer, con el anuncio de su nombramiento como ministra de Vivienda. Ella atribuye esta decisión de Zapatero, entre otras cosas, a su intención de hacer un acercamiento a «toda una generación de jóvenes».

Su proximidad política a los jóvenes no es nueva. Peleó en la pasada legislatura con uñas y dientes contra la Ley Orgánica de Educación (LOU) del PP y fue una de las que más contribuyó a que miles de estudiantes salieran a la calle contra esta reforma de la Universidad. Desde ésta, como profesora de Derecho Constitucional en Girona, también ha mantenido constante contacto con los jóvenes en los últimos años. A partir de ahora será, con 36 años, la ministra más joven del Gobierno.

P. *¿Cuál va a ser su reto en el momento en que tome posesión el lunes?*

R. Aprovechar esta oportunidad para toda una generación: que el precio de la vivienda no obstaculice un solo proyecto personal de vida; la decisión de independizarse, de formar una pareja, de tener un hijo, de cambiar de ciudad, de superarse.

P. *¿Qué puede hacer una ministra de Vivienda en estos momentos?*

R. Tenemos que dar respuesta a toda una generación que está a caballo entre los 20 y los 30 años, que ha pasado años formándose y que cuando intenta hacerse independiente y organizar su vida necesita dos cosas elementales, que además son dos derechos básicos: un trabajo estable y una vivienda digna.

Se ha avanzado ya en la reducción de la precariedad laboral. Á mí me toca ahora allanar el camino para que los jóvenes consigan lo segundo.

P. *¿Por qué cree que José Luis Rodríguez Zapatero ha pensado en usted precisamente como ministra de Vivienda?*

R. Nos conocemos desde hace unos años y desde que me senté a hablar con él a mediados de abril de 2000, Zapatero sabe que puede contar conmigo. Llevo comprometida con las ideas socialistas la mitad de mi vida, desde que tengo uso de razón. Y en todos estos años he hecho cosas muy distintas: he sido observadora en misiones internacionales de Naciones Unidas, he extendido nuestras ideas desde la agrupación de mi ciudad, Esplugues de Llobregat, he sido concejal, luego diputada y vicepresidenta del Congreso. Son cosas muy distintas, pero siempre las he hecho de la misma manera: procurando que las personas, desde mis vecinos hasta los habitantes de Bosnia Herzegovina, vivan algo mejor, sean un poco más felices. Y lo he hecho también siempre dejándome la piel. Creo que eso lo sabe José Luis Rodríguez Zapatero. Y además lo comparte desde mucho antes de ser presidente del Gobierno.

P. *¿Cree usted que han fracasado las políticas de vivienda puestas en marcha en*
45 *los últimos años?*

R. De 1996 a 2004 fueron ocho años perdidos en vivienda. Peor aún, de retroceso. La Ley del Suelo del PP optó por una liberalización salvaje y desencadenó la escalada del precio de la vivienda, maltrató el paisaje en costas y ciudades y esparció la corrupción municipal. Esa ley se ha reformado en estos tres últimos años y también
50 se ha liberado más suelo público estatal que en cualquier periodo de nuestra democracia. Pero hay que avanzar más deprisa y con más resolución. Porque los jóvenes no quieren explicaciones, quieren piso

Susana Pérez de Pablos, El País, 7–7–2007 (684 palabras)

Anotaciones

1 punto (m.): algo, un poco
8 sonar como: hablar de alguien como posible, creerse que va a ser, ir de boca en boca como, ser barajado/a como
10 hacer oídos sordos: no oír, no prestar atención
15 con uñas y dientes: con toda la intensidad, con mucha fuerza y empeño
20 reto (m.): objetivo difícil de llevar a cabo, desafío
23 formar una pareja: casarse, unirse en matrimonio
25 estar a caballo: encontrarse
38 concejal (m./f.): persona que tiene un cargo de gobierno en un ayuntamiento, miembro de una corporación municipal
42 dejarse la piel: esforzarse hasta el agotamiento, esforzarse al máximo
47 escalada (f.): aumento enorme, subida alarmante
48 maltratar: deteriorar, destruir
esparcir: divulgar, extender, difundir

Análisis y comentario

1. Presente breve y esquemáticamente a Carme Chacón.
2. ¿Cuál es el objetivo más importante que se ha propuesto como ministro de la Vivienda?
3. ¿Qué piensa la nueva ministro de la política de la vivienda que se ha llevado a cabo en los últimos años?
4. Exponga y comente brevemente el contenido del título del texto que analizamos.

Análisis y comentario

1. Carme Chacón:
   - ➠ Nacida en Espulgues de Llobregat en 1971
   - ➠ Licenciada en derecho
   - ➠ Miembro del PSOE
   - ➠ Concejal en Espulgues de Llobregat
   - ➠ Diputada en Madrid desde el año 2000
   - ➠ Vicepresidenta del Congreso
   - ➠ Responsable de educación y cultura
   - ➠ Ministro de la Vivienda

2. El objetivo más importante que Carme Chacón se ha propuesto como ministro de la vivienda es dar la posibilidad a los jóvenes españoles, que se encuentran entre los veinte y treinta años, de obtener una vivienda digna, es decir, evitar que el precio de la vivienda sea un obstáculo en la decisión de independizarse, casarse, tener hijos y cambiar, si lo desean, de ciudad.

3. La nueva ministro piensa que la política de los últimos años, concretamente la de los tiempos en los que el Partido Popular estuvo en el Poder (de 1996 a 2004), fueron tiempo perdido en cuestión de la vivienda, más aún tiempo de retroceso. La Ley del Suelo del Partido Popular según la nueva ministro:
   - ➠ Optó por una liberación salvaje del mercado de la vivienda.
   - ➠ Desencadenó una subida enorme de los precios de los alquileres y de las adquisiciones.
   - ➠ Destruyó paisajes en la costa.
   - ➠ Devastó ciudades.
   - ➠ Extendió la corrupción municipal.

4. El título del texto formula claramente las exigencias y reivindicaciones de los jóvenes que ya no se conforman con las justificaciones y explicaciones que se les dan para justificar la carencia de viviendas que hace imposible su independencia y realización personal y piden que finalmente a las palabras sigan obras.

«No pasa nada por trabajar en vacaciones»

Virginia España Sánchez trabaja todos los veranos desde que cumplió los 16 años para pagarse los libros del instituto. Lo hace en el café Central de Tarifa, localidad donde nació y vive. Pero esta vez trabajará sin parar hasta septiembre del 2008, un año entero, porque necesita ganar 6.000 euros para irse a Salamanca a
5 empezar la carrera de Derecho. La falta de recursos la obliga a «perder» un año de los estudios y quién sabe si a lo largo de la carrera tendrá que interponer algún paréntesis laboral más. Su padre es peón de albañil con un salario de 800 euros al mes, antes fue emigrante en Alemania, marinero..., y su madre ha tenido que bregar con cuatro hijos.

10 No es necesario explicar por qué Virginia tiene que trabajar de camarera todos los veranos. Su nota en la selectividad es un siete. Lo que está claro es que lo suyo no es, como en tantos jóvenes que trabajan en verano, buscar unos ingresos complementarios para gastos extras o para dar rienda suelta a una inquietud o a una curiosidad. Lo de Virginia es «pura necesidad», explica ella. Por eso, pese a los 18 años que tiene,
15 Virginia atesora ya suficiente experiencia y mano airosa de las situaciones a veces complicadas que se presentan. Que si café cortado con poca leche, que si lo pedí solo, que si quema, que si está frío. Lo resuelve todo con una sonrisa y dándole siempre la razón al cliente. «La mayoría de mis amigas no saben lo que es ganarse la vida porque sus padres se lo dan todo. Y encima se quejan y me dicen que mis padres ten-
20 drían que dármelo también a mí hasta que viva independiente. No saben los palos que da la vida».

Ella es crítica con los de su generación, que considera excesivamente cómodos y pasivos. Entre los jóvenes hay de todo, pero predominan los que tienen la vida fácil, con una paga de los padres desde que son pequeños, algo que Virginia no ha tenido
25 nunca.

Critica la política de becas, insuficientes para quien como ella carece de una familia que la respalde en lo económico. En el instituto la única ayuda pública que recibía era de 72 euros para comprar los libros. Ella compensa las carencias con esfuerzo. Orgullosa, enfatiza que trabajará «tanto como haga falta para estudiar y tendré la sa-
30 tisfacción de haber llegado con mis propios medios, cosa que muchos no podrán sentir nunca. No pasa nada por trabajar en vacaciones». (...)

Los padres de Virginia le dejan quedarse el dinero que gana, 1.800 euros en estos dos meses de verano. Tiene claro que quiere ser inspectora de policía, no policía a secas como su hermano, sino subir en el escalafón para ganar mejor salario y tener
35 más seguridad. Virginia le teme, sobre todo, a quedarse en paro. De ahí que quiera ser funcionaria. Su hermano le ha dicho que la carrera de Derecho le será muy útil para alcanzar su meta de convertirse en inspectora.

Dani, su novio (21 años), ha hecho algo parecido y este curso se irá a Cádiz a estudiar Informática. Él espera todas las tardes a las cinco para salir un rato. Vir-

40 ginia explica que Dani la apoya en todo y que llevarán bien la separación de los años que ambos tengan que vivir fuera de Tarifa hasta terminar los estudios. «Lo primero es terminar la carrera, luego ya veremos lo que hacemos», dicen a coro.

José Bejarano, La Vanguardia, 27–7–2007 (589 palabras)

Anotaciones

2 Tarifa: Municipio de la provincia de Cádiz, a trece kilómetros de África, en la costa del Estrecho de Gibraltar. Cuenta con unos 20.000 habitantes y se le conoce con el apelativo de Puerta de Europa.
6 interponer: poner, introducir, meter, intercalar
7 peón (m.) de albañil: obrero no especializado que trabaja en las obras
8 bregar: luchar para superar una dificultad, trabajar con mucho empeño y esfuerzo, traginar
13 dar rienda suelta a: permitir el curso de algo, dejar de poner freno, permitirse
15 atesorar: tener, poseer, haber adquirido
19 encima: además
20 dar palos: ser desagradable, ser duro
26 beca (f.): ayuda económica que se concede a una persona para que realice estudios, estipendio, pensión temporal
29 enfatizar: expresarse con énfasis, poner énfasis
34 a secas: simplemente, y nada más, sin ninguna otra cosa
escalafón (m.): lista de personas clasificadas según la importancia de su cargo
42 a coro: a la vez, de forma simultánea

Análisis y comentario

1. En el texto se nos habla extensamente de Virginia.
   a) Reúna las informaciones que se nos dan sobre ella de forma esquemática.
   b) Presente a Virginia en unas siete u ocho líneas.
2. ¿Qué nos dice el texto de la familia de la futura inspectora de policía?
3. ¿Qué critica Virginia de los jóvenes de su generación?

Análisis y comentario

1. a) Informaciones de Virginia:
   - ➠ Su nombre completo es Virginia España Sánchez.
   - ➠ Es de Tarifa y vive en esa ciudad.
   - ➠ Tiene tres hermanos.
   - ➠ Su padre es peón de albañil y gana solamente 800 euros mensuales. (Las informaciones que se nos dan se su vida como emigrante en Alemania son un poco dudosas. Es bastante improbable que un marinero de Alemania vuelva a España con hijos menores para ganar 800 euros mensuales.)
   - ➠ Tiene dieciocho años, ha hecho selectividad con buena nota y quiere ser inspectora de policía.
   - ➠ Tiene que trabajar durante las vacaciones para comprarse los libros que necesita para la escuela.
   - ➠ Tiene novio y quiere ir a Salamanca para comenzar la carrera de Derecho.

   b) Breve biografía de Virginia
   Virginia España Sánchez es una chica de dieciocho años de Tarifa que ha terminado con buena nota la selectividad y que se ha ido sacando desde que cumplió los dieciséis años casi 2.000 euros anuales trabajando durante las vacaciones de verano en un café de Tarifa para costearse los estudios ya que su familia es poco pudiente. Quiere ser inspectora de policía y piensa que para ello lo mejor es hacer Derecho. Como dispone de pocos medios económicos quiere trabajar de camarera durante todo el año próximo y luego con los 6.000 euros de su trabajo poder comenzar primero de Derecho en Salamanca.

2. Las informaciones que se nos dan de la familia de Virginia son las siguientes:
   - ➠ Su padre es peón de albañil, tiene un sueldo bastante moderado y ha vivido y trabajado en Alemania.
   - ➠ Su madre parece no haber trabajado fuera del hogar ya que ha criado a cuatro hijos.
   - ➠ En su casa son cuatro hermanos uno de los cuales es policía.
   - ➠ Los padres permiten a Virginia que se quede con todo lo que se gana como camarera durante el verano.

3. La crítica de Virginia a los jóvenes de su generación que aparece en el texto que analizamos es mínima:
   - ➠ Algunos no conocen la realidad de la vida porque reciben y piensan que deben recibir todo lo que necesitan de sus padres.
   - ➠ Considera a los jóvenes de su edad excesivamente cómodos y pasivos. El motivo de esta pasividad lo ve Virginia en el hecho de que sus padres solucionan sus problemas haciéndoles la vida demasiado fácil.
   - ➠ Muchos jóvenes de su edad no podrán estar orgullosos como ella de haber podido hacer una carreta por sus propios medios.

Alcorcón obliga a abrir los ojos

Una reyerta en la que participó cerca de un centenar de jóvenes y que se saldó con varios heridos, uno de ellos con seis puñaladas; una manifestación de más de 600 personas que acaba en batalla campal, con enfrentamientos con la Policía y con contenedores y mobiliario urbano en llamas; establecimientos comerciales cerrados por
5 miedo; incautación de armas –desde un machete a una pistola simulada, barras de hierro o bolas de billar–; gritos racistas y promesas de venganza; cargas policiales; anuncio de nuevas movilizaciones... Estos hechos, acaecidos en Alcorcón (Madrid) el pasado fin de semana, deberían llevar a esa reflexión en la que, de momento, no parecen querer entrar ni el alcalde («en Madrid, cualquier noche ocurren sucesos
10 como los que han pasado aquí»; «se trata de peleas de barrio» o «no hay un brote de violencia») ni la delegada del Gobierno (que descarta que existan «bandas» en el municipio). «Banda», según la RAE, es una «pandilla juvenil con tendencia al comportamiento agresivo». En Alcorcón hay una decena de pandillas que hasta ahora sólo se reunían para hacer graffitis o ir de fiesta, pero ayer algunos de sus miembros
15 lanzaban consignas como «ojo por ojo» o «les cortaremos el cuello».

Habrá que advertir que minimizar los sucesos del fin de semana o cerrar los ojos al problema es un error y el primer paso para no darle solución. Dijimos lo mismo cuando un hecho muy similar acaeció en mayo de 2005 en Villaverde, un barrio de la capital. Entonces, un adolescente de 17 años murió de una cuchillada que le propinó
20 un joven dominicano, lo que fue el detonante para el estallido de indignación de todo el vecindario. En Madrid gobierna el PP; en Alcorcón lo hacen el PSOE e IU.

Las autoridades deberían asumir hoy que en Alcorcón, cuando menos, tienen un problema de seguridad, un problema de marginalidad de inmigrantes que no se han integrado y, sobre todo, un gran malestar social que se palpa sólo con hablar con los
25 vecinos. Es impensable creer que ni los mediadores sociales ni la Policía Local conocían el problema. Parece como si los políticos viviesen entre estadísticas y asesores, pero sin conocer la auténtica realidad de la calle. Y la realidad dice que un grupo de jóvenes (en este caso, latinoamericanos) tenía atemorizados a los vecinos y cobraba por permitir el uso de instalaciones públicas. Era cuestión de tiempo que la
30 chispa encendiese el polvorín. Es hora de tomar medidas.

Editorial, El Mundo, 23–1–2007 (419 palabras)

Anotaciones

1 reyerta (f.): disputa, contienda, riña, pelea muy violenta entre dos o más personas
saldarse: acabar, terminar, finalizar, liquidarse
2 puñalada (f.): herida hecha con un puñal
3 batalla (f.) campal: lucha de todos contra todos
11 descartar: desechar una posibilidad, excluir, no admitir como posible, no pensar
15 consigna (f.): lema, orden dada a un colectivo, instrucción que hay que seguir
18 acaecer: suceder, tener lugar
19 propinar: dar, pegar, infligir
24 palpar: notarse, constatarse, percibir claramente
30 polvorín (m.): lugar destinado a guardar pólvora y otros explosivos

Análisis y comentario

1. Estructure y resuma el contenido del texto.
2. ¿Cómo justifican el ayuntamiento y la delegación del Gobierno en Madrid su pasividad ante los hechos?
3. ¿Cuál es el problema concreto que ha desencadenado el conflicto?
4. Explique el contenido y la función del título del texto que analizamos.

Análisis y comentario

1. El texto que estamos analizando se compone de tres partes.
   En la primera parte, que va hasta la línea 15, se nos informa de los acontecimientos sumamente violentos que han tenido lugar en una localidad madrileña en un enfrentamiento de grupos de jóvenes y de la reacción despreocupada de las autoridades competentes, tanto del ayuntamiento de Alcorcón como de la delegación del Gobierno.

   En la segunda parte, que se extiende de la línea 16 a la línea 21, el autor del editorial nos pone en claro que restar importancia a lo sucedido no soluciona en absoluto el problema y alude a un asesinato de un joven de 17 años que tuvo lugar en conflictos como este en el año 2005.

   En la parte final, que comienza en la línea 22, se insta a las autoridades de Alcorcón a que no cierren los ojos, que den la debida importancia a lo sucedido y tomen las medidas necesarias para frenar el conflicto y evitar futuros enfrentamientos de este tipo.

2. a) El Ayuntamiento de Alcorcón justifica su pasividad ante los hechos declarando que:
   - estos son sucesos que se pueden dar en cualquier noche y en cualquier parte de Madrid.
   - no son más que simples peleas de barrio.
   - no se puede hablar de verdaderos brotes de violencia.

   b) Para la delegada del Gobierno, no hay que preocuparse porque en la localidad no existen bandas.

3. El problema que ha llevado al conflicto fue la atemorización de los habitantes de Alcorcón por parte de un grupo de jóvenes latinoamericanos que se habían hecho con algunas instalaciones deportivas del municipio y que no permitían que los vecinos de la localidad las empleasen o para poder emplearlas bajo su control exigían una cantidad determinada de dinero.

4. El título del texto contiene una advertencia a los responsables de Alcarcón para que salgan de su pasividad y se den cuenta de que en su localidad se están dando actos muy graves de violencia y de enfrentamientos de grupos de jóvenes de distintas nacionalidades. El texto tiene pues una función claramente apelativa.

¿Por qué atrae tanto la noche a los jóvenes?

La adolescencia es la transición entre la infancia y la vida adulta. Suele empezar con la pubertad (o, como me decía un padre, cuando tu hijo o tu hija empiezan a cerrar la puerta de su habitación) y acabar cuando se logra la independencia emocional y económica de los padres.

En este recorrido para llegar a la edad adulta, uno de los hitos es empezar a salir de noche. Para los jóvenes, la oportunidad de salir por la noche es un hecho diferencial importante con respecto a los niños, un paso más en el camino de hacerse mayores y entrar en el mundo de los adultos. De hecho, es la conducta que siguen sus principales modelos adultos (sus padres): irse a la cama a la hora que les apetece. Pero, además, la noche también tiene unos ingredientes dignos de un guión de Hollywood: a una medida de aventura, añádase una dosis de misterio, unas gotas de prohibición, una cucharada de secreto, un pellizco de canallismo y un aroma místico...

Para acabar de rematarlo, los estudios sobre el ritmo de sueño a esta edad indican que los adolescentes, a diferencia de los niños y los adultos, adquieren un retraso en su ciclo de sueño/vigilia. Dejados libres (caso de las vacaciones, por ejemplo), tienen de manera natural una tendencia a retrasar su reloj biológico, con lo que se acuestan más tarde y, lógicamente, también se levantan (y empiezan a funcionar) más tarde. Es decir, que cuando a los adultos nos empiezan a entrar unas ganas locas de caer en brazos de Morfeo, es cuando los adolescentes más en forma están (gráficamente, es como si sus padres se rigiesen según el huso horario de Barcelona y ellos según el de Nueva York). Hasta tal punto, que ya existen escuelas en EE.UU. que inician las clases más tarde para adaptarlas a este ritmo juvenil con buenos resultados. También hay que reconocer en favor de los jóvenes que hay ciertas actividades propias de su edad (los conciertos por ejemplo) que sólo se dan por la noche y que gran parte de la oferta lúdica más atractiva que se les ofrece hoy en día es mayoritariamente nocturna.

Asimismo, si el día se asocia al trabajo o a la escuela y a las obligaciones cotidianas, la noche se asocia a la libertad. Por un lado, no están bajo la tutela de los padres (que están durmiendo o, al menos, lo intentan), lo que les permite ser ellos mismos y encontrar su sitio en este mundo. Por otro, están fuera del horario escolar (los profesores también intentan dormir) o laboral y no tienen que levantarse a una hora predeterminada al día siguiente. Finalmente, hay menos control y más posibilidades de poner a prueba o rebasar los límites impuestos, otro de los hitos de la adolescencia.

Como padres, nos queda aclarar el punto del toque de queda. Durante el día, este problema no se plantea: si se sale por la mañana hay que volver para el almuerzo, si se sale por la tarde, hay que estar en casa a la hora de cenar. Pero por la noche no existe este tipo de obligaciones. Y es ahí donde empiezan aquellas discusiones que todos hemos tenido en algún momento de nuestras vidas con nuestros padres y que ahora tenemos con nuestros hijos: negociar la hora de volver a casa. Sobre todo, teniendo en cuenta que a Pol o a Núria o a cualquier otro colega siempre le permiten volver una hora (como mínimo) más tarde que la que acabamos de pactar. Y es que la hora límite marcada para volver a casa también confiere un cierto estatus entre los jóvenes.

Para acabar, déjenme contar que la madre de una adolescente me decía que prefería que su hija no volviese a casa antes de las 6 o las 7 de la mañana. La razón era muy sencilla: a esa hora el metro ya funciona y prefería que volviese en metro que en cualquier vehículo (de dos o cuatro ruedas) con un conductor poco fiable. Alguna ventaja tenía que tener el hecho de que los jóvenes cada vez alarguen más la noche.

Joan Carles Surís, La Vanguardia, 14–11–2004 (704 palabras)

Botellón peligroso

La cultura del botellón, que consiste en hacer del alcohol la base de la diversión en plena calle, en muchos casos con borrachera incluida, resulta de entrada sumamente peligrosa para la salud, especialmente de los jóvenes. El abuso del alcohol en edades tempranas, sobre todo de alta graduación, crea problemas de desarrollo, transtornos de diverso tipo y, lo peor, el riesgo de una adicción que desemboca en el alcoholismo puro y duro. Por tanto, desde el punto de vista sanitario, social y familiar sólo cabe una respuesta: tolerancia cero frente a este hábito que se está instaurando entre la juventud, junto con mayor información y formación sobre los riesgos que conlleva.

Estas concentraciones etílicas, además, derivan habitualmente en desórdenes públicos y molestias para los vecinos, y por tanto está bien que se intente evitarlas. Lo que no es de recibo son actitudes como las del Ayuntamiento de Granada, que optó por la permisividad total el pasado viernes y dejó que 25.000 jóvenes bebieran a placer en un recinto asignado especialmente.

Afortunadamente, la convocatoria vía internet y móvil para ese día de un macrobotellón en las principales ciudades españolas –que pretendía ser un paso más para la consolidación de esta poco edificante diversión– resultó un fracaso en la mayoría de los lugares, tanto por la sensatez demostrada por el conjunto de la juventud, que optó por no asistir, como por el control de las fuerzas del orden. En Barcelona igualmente tuvo muy poco eco, aunque grupos de alborotadores –que constituyen un problema aparte– provocaron enfrentamientos que acabaron con 69 heridos –la mitad policías– y 54 detenidos, que han pasado a disposición judicial y sobre los que debería recaer todo el peso de la ley. Este también relativamente nuevo fenómeno de la violencia urbana debería atajarse de raíz para evitar males mayores en el futuro.

Agencias, La Vanguardia, 19–03–2006 (309 palabras)

Los niños pasan más horas ante la tele que en el colegio

Los niños catalanes que tienen entre 4 y 12 años destinan al año 990 horas a ver la tele y 960 a la escuela. El dato se incluye en el Llibre blanc: l'educació en l'entorn audiovisual, que ha elaborado el Consell de l'Audiovisual de Catalunya (CAC) y que analiza la creciente influencia que ejerce la tele en los más pequeños.

El trabajo demuestra que en estos momentos la televisión es uno de los primeros vehículos de transmisión de valores que tiene este segmento de la población ante la impotencia de los educadores, que cada vez están más incapacitados y carecen de mecanismos para afrontar el influjo de los medios audiovisuales.

Por término medio, un niño o un adolescente pasa delante del televisor unas 19 horas semanales. A este tiempo hay que sumar otras cinco horas –especialmente entre los niños– que se dedican a jugar con las videoconsolas, y otras tantas, hasta alcanzar las 30 horas semanales, que pasa frente al ordenador.

Pero no acaban aquí los datos expuestos por el informe, dirigido por la vicepresidenta del CAC Victòria Camps y coordinado por el catedrático José Manuel Pérez Tornero. En los últimos tiempos, se advierte una presencia mayor de niños de entre 4 y 12 años que consumen programas que se emiten a partir de las diez de la noche, fuera del horario protegido.

El dato, según revela el trabajo, no ha pasado desapercibido por los programadores, que, cada vez más, incluyen tramas con niños en los programas nocturnos. También acaban convirtiéndolos en «consumidores especiales a los cuales es necesario ofrecer ofertas determinadas». (...)

Ayer, en la presentación del libro blanco, tanto Camps como el presidente del CAC, Francesc Codina, abogaron por una acción conjunta de la familia, la escuela y los productores audiovisuales para frenar la incidencia de un medio «tan seductor y atractivo» como la televisión y para frenar el creciente «divorcio» entre los contenidos educativos de la escuela y los contenidos audiovisuales.

Entre las recomendaciones que propone el informe para corregir la situación destacan incrementar y consolidar las franjas de programación infantil. El trabajo revela que, durante la temporada 1999–2000, las cadenas de contenidos generales sólo destinaron un 10,3% a la programación infantil y que en la temporada 2000–2001 el porcentaje bajó hasta el 7,3%. De este panorama únicamente se salva Televisió de Catalunya con la oferta específica del K3 y del Club Súper 3 y, últimamente, TVE con Los Lunnis.

También reclama en el ámbito escolar programas de educación en medios, para fomentar la conciencia crítica de los estudiantes. Ni Camps ni Codina se mostraron a favor de ampliar el horario protegido, que abarca de las seis de la mañana a las diez de la noche, sino de ejercer un control más exhaustivo de los contenidos en esta franja.

Joan Barrera, El Periódico, 21–01–2004 (482 palabras)

«Sonríe, Willy»

Los Mossos d'Esquadra han detenido en Barcelona a dos hombres que agredían a peatones elegidos al azar y grababan los ataques en su teléfono móvil. Las agresiones se producían sin ningún motivo ni comportamiento especial por parte de las víctimas, que eran sorprendidas por sus asaltantes al grito de «¡sonríe, Willy!», antes de ser abofeteadas o golpeadas. La policía autonómica ha logrado intervenir las grabaciones de dos agresiones, pero la juez de guardia dejó en libertad con cargos a los detenidos al considerar que se trataba de una falta de lesiones.

Los hechos ocurrieron la noche del pasado día 10 en la carretera de Sants de Barcelona. La primera agresión se produjo sobre las 23.30, a la altura de un restaurante situado cerca de la plaza de España. En las imágenes grabadas se ve a un hombre de unos 50 años que está leyendo el diario en la calle y que observa con sorpresa cómo se le acercan los dos agresores. Uno de ellos le dice «¡sonríe, Willy!» y le propina un puñetazo en la cara mientras el otro graba los hechos con el teléfono móvil. La grabación prosigue con el sonido de las risotadas que les produce la agresión a los dos implicados.

La segunda agresión llegó pocos minutos después. En este caso la víctima fue un joven de 19 años que acababa de salir de un restaurante de comida rápida. Como en el caso anterior, uno de los agresores le propina una bofetada mientras el otro está grabando lo ocurrido. Previamente le habían pedido que sonriera. Fuentes de la investigación destacaron ayer que los agresores realizaron sus acciones «sólo para divertirse».

Los atacantes viajaban en un vehículo de su propiedad, del que bajaban y al que subían después de golpear a los peatones. Un testigo presenció los hechos y anotó la matrícula del automóvil. Después acudió a los Mossos d'Esquadra para comunicar lo que había presenciado, la matrícula y una descripción de los supuestos agresores.

La policía autonómica comprobó la verosimilitud de la denuncia para evitar que se volviera a repetir hechos como los ocurridos tras la muerte de María del Rosario Endrinal, la mendiga que fue quemada viva en un cajero automático de Barcelona. Unos días después de ese crimen, ocurrido el pasado 16 de diciembre, unas personas divulgaron una grabación con un teléfono móvil en la que supuestamente aparece uno de los jóvenes encarcelados por los hechos participando en una agresión a mendigos, también sin ningún motivo e instándole a que pronunciase la palabra «jackass».

En realidad, ninguno de los arrestados en aquel crimen tenía que ver nada con esas agresiones ni eran las personas que aparecían en las mismas, pero numerosos medios de comunicación se hicieron amplio eco de la noticia, que al final resultó no ser como se había relatado.

Con esos antecedentes y para evitar que se repitiesen, los Mossos d'Esquadra comprobaron primero en las bases de datos que la descripción que ofrecía el testigo de uno de los supuestos agresores coincidía con la del propietario del automóvil. Al resultar cierto, se inició la búsqueda del vehículo. A los pocos minutos, los dos presuntos agresores y el automóvil fueron localizados en las inmediaciones del Camp Nou. La policía autonómica identificó a los ocupantes y les requisó tres teléfonos móviles, pero no los detuvo hasta revisar su contenido.

En uno de los teléfonos se comprobó poco después que aparecían las dos grabaciones que había relatado el testigo. Al mediodía del día 12, la policía autonómica detuvo en su domicilio a David S. Z., de 26 años. La tarde de ese mismo día se presentó de manera voluntaria en la comisaría de Sants-Montjuïc el otro implicado, Alberto S. T., de 27 años, y que es el propietario del teléfono que contenía las grabaciones de las agresiones.

Los dos arrestados, vecinos de L'Hospitalet y sin antecedentes penales, pasaron a disposición judicial el pasado día 13. Los Mossos d'Esquadra les imputaban un delito de lesiones y una falta de vejaciones, pero la magistrada María del Carmen Suárez, titular del Juzgado de Instrucción número 21 de Barcelona, en funciones de guardia de detenidos, consideró que se trataba de una falta de lesiones, por lo que los dos arrestados quedaron en libertad con cargos.

La consejera de Interior de la Generalitat, Montserrat Tura, aseguró ayer que el hecho de que «alguien convierta la violencia en diversión nos tiene que hacer reflexionar a todos. Es muy grave esta tendencia de que haya jóvenes que salgan y que su manera de disfrutar sea agredir a otras personas o producir daños. Eso tiene que terminarse».

Del mismo modo, Tura aseguró que «hay que lanzar cierta voz de alarma» a la ciudadanía por lo que considera «banalización y pérdida de referentes sobre lo que está bien o mal, lo que es violencia o no». En este sentido, la consejera de Interior catalana denunció también «las celebraciones festivas que acaban con contenedores incendiados o cristales rotos».

Pere Ríos, El País, 19–01–2006 (829 palabras)

Ver, oír y... no callar

Una tarde de viernes, un grupo de adolescentes en una plaza pública –la de mi pueblo, pero podría ser cualquier otra–, comiendo y tirando pipas y envoltorios de comida al suelo. La papelera que tienen delante, vacía. Botellas de bebidas, abiertas y derramadas por todas partes. Orines en los rincones, de ellos mismos y justo al lado de donde están sentados. Las farolas rotas, los bancos rotos, el suelo roto –sí, las baldosas que han levantado y partido, hoy u otro día, para lanzarse piedras unos a otros–, las plantas arrancadas o sobreviviendo como pueden al maltrato continuado.

Esto se repite cada día, o día sí y día también, y los vecinos hartos, de vez en cuando, llaman a la policía. Nada que hacer puesto que son menores de edad, lo tienen muy claro y lo pregonan a quien quiera oírlo. Están orgullosos de ello porque así se saben intocables. Han hecho del vandalismo su divertimento –especialmente si están en grupo– y se han creído que tienen derecho a comportarse tal como lo hacen. No rinden cuentas y se ríen en la cara de quien osa reprobar su conducta.

De manera que nuestra vida cotidiana –ir al médico, a comprar, a trabajar, al colegio, a pasear...– se desarrolla en un marco de calles, avenidas, plazas y parques con bancos rotos, jardines destrozados, pintadas, malos olores y basura de todo tipo fuera de las papeleras. La mayoría de los destrozos no se producen por la noche, o en todo caso no se producen a escondidas, sino que se ha convertido en una práctica reiterada y continua destrozar cualquier elemento del mobiliario urbano, aunque tampoco se salvan de la quema las propiedades privadas.

Asimismo se ha convertido en habitual asistir como espectador mudo a todo este tipo de comportamiento destructivo. Oímos y vemos los golpes porque pasan a nuestro lado, cuando paseamos, cuando leemos en un parque, cuando simplemente andamos por la calle o miramos por la ventana, pero volvemos la vista aunque ciertamente nos moleste y raramente les decimos algo.

No nos inmiscuimos. A veces por un cierto temor al conflicto, otras por desentendimiento o por cualquier otra razón, y al final sin quererlo contribuimos a que el problema se multiplique y se normalice. Las actitudes incívicas crecen de una manera alarmante y aunque son protagonistas principales de ellas los jóvenes, también se observan en niños y mayores. No podemos esperar que se solucione con la intervención de los agentes, o con una ordenanza municipal. En todo caso no podemos esperar que se solucione sólo con esas medidas, hace falta la fuerza de la comunidad en su conjunto para que aquellos que han hecho del incivismo su bandera reconsideren la manera en la que actúan.

No podemos ignorar lo que hacen nuestros conciudadanos, porque ello repercute directamente en nuestra vida. Igual que lo que hacemos nosotros repercute en la vida de los demás. Nuestro bienestar está completamente relacionado no sólo con que cada uno de nosotros sea respetuoso con todo aquello que nos rodea, sino también con no permitir en ningún caso que el resto no se comporte de igual manera.

Entre todos podemos cambiar este tipo de comportamientos, uno a uno pero juntos, reprobando cada una de las acciones incívicas en el momento en que las vemos y ante sus protagonistas, apoyando al que toma la voz cantante para recriminarlas y reconociendo nuestra responsabilidad como grupo ante el mal comportamiento de unos pocos.

Cristina Sánchez Miret, La Vanguardia, 30–9–2007 (586 palabras)

Navajas en clase

La escuela fue inventada, entre otras cosas, para que el ser humano domesticase su condición depredadora. Siglos después, nuestro sistema educativo es una inmensa guardería en la que de vez en cuando incluso aparecen las navajas. Ahí las excepciones confirman la regla. Alguna batuta parece dar la entrada a los ciclos públicos de hostilidad destructiva: primero fueron los «ultras» en los estadios deportivos, luego la violencia doméstica, ahora los navajazos en un instituto. La diferencia es que la violencia en las aulas es algo que viene de lejos, que ocurre con intensidad y permanencia desde hace años, pero sin que se nos ocurra dar su descripción ni mucho menos diagnosticar su origen. Esas cosas sólo podían ocurrir en Nueva York. Liarse a navajazos a la hora del recreo, maltratar a los profesores o torturar a un condiscípulo han sido para la opinión pública española acciones cuya referencia exclusiva era el cine de Hollywood.

Las normas que rigen la vida de un centro escolar, más allá del reglamento, son de naturaleza impalpable y dimanan de lo que el conjunto de la sociedad entienda por respeto y tolerancia. Es, en definitiva, cuestión de confianza en valores comunes y en ciertas virtudes públicas. En España, el proceso de deterioro comenzó hace ya demasiado tiempo, con incrementos cualitativos de naturaleza negativa ante la indiferencia de la sociedad en general, y con la complicidad de una élite intelectual –una nueva clase de pedagogos y gestores públicos– que luego matriculaba a sus hijos en centros de enseñanza no pública. Así llevamos prácticamente desde la transición, y cualquiera que se asomase por aquel entonces al claustro de profesores de un instituto de enseñanza media podía intuir que la presión ambiental, con la fuerza de un atavismo tan prematuro, anularía los esfuerzos individuales por lo mejor y desembocaría en la honda crisis actual. La LOGSE certificó la imposibilidad de que la enseñanza pública en España pudiera optar por la excelencia y competir con los centros privados.

No hace falta conocer el número de bajas por fatiga psicológica entre los profesores en institutos del cinturón industrial de ciudades como Barcelona. Está pasando por las aulas una generación sin muchos vínculos y llega a las escuelas la oleada de la inmigración. El igualitarismo de la enseñanza pública ha logrado que las cualidades de esfuerzo y liderazgo que antes se premiaban en las aulas y en las canchas deportivas ahora sean el tatuaje de guerra para sobrevivir en los patios. Desapareció de los manuales el aprendizaje de la norma social. Fue abolida la autoridad implícita del docente. Miles de alumnos acaban sus estudios sin haber superado el analfabetismo inicial. A inicios de siglo, una de las contradicciones más incómodas en las sociedades avanzadas es que en las escuelas haya tanta violencia y tanta ignorancia. Eso no lo arregla ni el latín.

Valentí Puig, ABC, 3–6–2005 (477 palabras)

Más jóvenes buscan la borrachera

La forma de consumir alcohol también se globaliza. La tradición española –y del resto de países mediterráneos– de beber vino o cerveza mientras se toman unas tapas está dando paso a un fenómeno propio del norte de Europa: el binge drinking (BD) o, lo que es lo mismo, el consumo excesivo de alcohol de forma puntual. «Se trata de un patrón que hasta hace poco no era habitual aquí y que se extiende sobre todo entre los jóvenes y personas con un nivel educativo alto», explica José Valencia Martín, investigador del departamento de Medicina Preventiva y Salud Pública de la Universidad Autónoma de Madrid que ha liderado uno de los primeros estudios sobre el fenómeno en España, publicado en el último número de la revista Alcoholism: Clinical & Experimental Research. Su grupo ha seguido la actividad de 12.037 personas de 18 a 64 años del 2000 al 2005 en la comunidad de Madrid y las conclusiones –extrapolables al resto del país– son «preocupantes y obligan a replantear el modo en que se aborda el consumo de bebidas alcohólicas«, añade.

Entre los chicos de 18 a 24 años, el 30,8% admite ingerir bebidas alcohólicas de forma desmesurada durante intervalos cortos de tiempo y de forma puntual –lo que no equivale a irse de botellón, puntualizan en el artículo, puesto que el BD se puede producir en cualquier lugar y alguien que participa en un botellón no tiene por qué ingerir tal cantidad de alcohol–. En cuanto a las chicas, la cifra baja al 18,2%. Saber si se forma parte del grupo del BD es sencillo. Si durante una sola noche –lo que se conoce como un episodio de bebida– un hombre toma como mínimo cuatro cubatas u ocho cañas –80 gramos de alcohol puro–, está dentro, según han definido los autores del estudio.

En cambio, las mujeres tienen la frontera entre consumidoras excesivas de alcohol o moderadas más baja, en los tres cubatas o las seis cañas en un único episodio. Según este requisito, el 14,4% de la población masculina de 18 a 64 años ha sido protagonista de al menos un episodio de BD durante los 30 últimos días, mientras que en las mujeres la prevalencia es del 6,5%.

A medida que disminuye la edad, los atracones del alcohol son más frecuentes, por lo que el BD es un fenómeno principalmente juvenil en los países mediterráneos. «En España la frecuencia de episodios de BD va desapareciendo con la edad de forma más acentuada que en los países anglosajones, donde este patrón sigue hasta edades bastante avanzadas«, afirma Valencia Martín. Esto se debe, según este investigador, a que el BD es un comportamiento enraizado en la cultura del norte de Europa. «En España es algo menos reciente, y las generaciones jóvenes son las primeras que adquieren las nuevas pautas de conducta», explica Joan Ramon Villalbí, director adjunto de la Agència de Salut Pública de Barcelona y especialista en consumo de tabaco y alcohol. «Lo que habrá que vigilar es si estos jóvenes que ahora están dentro del BD seguirán consumiendo alcohol de ese modo cuando crezcan», reflexiona Villalbí.

Las protagonistas del BD son bebidas de alta graduación, como el vodka, el ron o el whisky, lo que hace pensar a los investigadores que la principal motivación de los que se dan atracones alcohólicos es «la búsqueda de efectos psicoactivos rápidos, una intoxicación», afirma Valencia Martín, lo que comúnmente se conoce como emborracharse o «pillar el punto». Y cuando alguien se emborracha aparecen conductas de riesgo, advierten los autores en el estudio. «Ahora estamos abordando una segunda fase de la investigación, analizando los efectos de este patrón de consumo, y vemos cómo el BD hace que aumenten los accidentes de tráfico o la violencia, algo que no se produce si se bebe alcohol de forma más espaciada en el tiempo», concluye Valencia Martín. El modo en el que se consume el alcohol es, por lo tanto, tan importante como la cantidad en sí. No es lo mismo tomar cuatro cubatas durante una semana que cuatro cubatas en tres horas.

La forma tradicional en que se analiza el consumo de alcohol ha quedado «obsoleta», advierten los investigadores. Del grupo de personas que consumen una cantidad de alcohol moderada –hasta 246 gramos de alcohol puro a la semana para los hombres y 165 gramos para las mujeres–, un 12,4% admite protagonizar episodios de BD. Por otra parte, un 53,7% de los que beben grandes cantidades de alcohol durante la semana también protagoniza ocasionalmente estos atracones.

«Por primera vez hemos detectado a un grupo de riesgo que antes no teníamos en cuenta, porque sólo calculábamos la media de alcohol que tomaban a la semana sin tener en cuenta el modo en que lo hacían», admiten en el estudio. De hecho, tres de cada cuatro personas incluidas en el grupo del BD consume alcohol en cantidades moderadas si se mira la media semanal.

Por lo general, en cada episodio de BD –los hombres suelen tener una media de 3,2 cada mes y las mujeres 2,6, sobre todo durante el fin de semana– se consumen unos 119 gramos de alcohol en el caso de los varones, el doble del tope, mientras que las mujeres ingieren unos 86 gramos. Ante este nuevo fenómeno que va en aumento, Villalbí hace una llamada a la concienciación social. «Se está convirtiendo en un problema de salud pública, con importantes efectos negativos tanto para los bebedores como para los que no los son, así que los gobiernos deben tomar cartas en el asunto y no dejarlo en manos de iniciativas privadas».

Maite Gutiérrez, La Vanguardia, 26–9–2007 (940 palabras)

Los jóvenes con sus riendas

No se puede seguir siendo joven en términos sociales, por mucho que se alargue la juventud física y mental, cuando se dobla la edad de los que salen del túnel de la adolescencia para estrenar la edad dorada. Existen mil conceptos de juventud y otras tantas maneras de entenderla, pero como grupo social, sólo puede definirse por la edad. Desde los dieciocho o incluso un poco antes hasta los treinta y pocos. Ya es mucho conceder que después de los treinta se siga perteneciendo a la categoría social de joven, pero como los consensos y maneras de entender la existencia tienden a alargar la juventud, es mejor subirse al carro, pero no iremos más allá.

A los treinta, la formación para inserirse en la sociedad se ha completado de sobra –y en caso contrario, a quien no la posea le toca apechugar–. A esa edad se debe tener experiencia laboral y vital suficiente como para asumir la propia existencia con plenitud. No siempre sucede así. Todos conocemos personas que han sobrepasado la barrera biológica y siguen en prórrogas de juventud. Cuando se toca este tipo de problemas, suele tenderse a enfocar las dificultades por salir de la juventud.

Dejar de ser joven no es fácil, de acuerdo, pero lo sería mucho más si buscamos el remedio en la otra punta. Si la sociedad facilita el ingreso en la juventud a su debido tiempo, entonces desaparecería la preocupación sobre cómo abandonarla de una vez. Aquí sí tenemos un largo recorrido, para cambiar la mentalidad pública y privada a favor de la asunción de sus propias vidas a cargo de los jóvenes. Mientras sean tan dependientes de sus progenitores, mientras resulte tan dificultoso independizarse, disponer de ingresos propios y techo aparte, los mayores estaremos minorizando a las nuevas generaciones. A menudo, el deseo de los padres es ambivalente. Por un lado, quisieran que sus hijos abandonaran el nido, pero por otro temen el momento en que empiecen a volar con sus propias alas. La consecuencia suele ser que no pocos jóvenes viven en casa de sus padres como si estuvieran en un hotel y ya sería mucho si tuvieran informados a los propietarios de la vivienda de sus movimientos, entradas y salidas – no digamos andanzas– como informarían al conserje.

Pero lo que acabo de describir, lo que muchos padres viven con angustia, es un síntoma y no el problema. Y si podemos detectar como causa la educación en exceso permisiva y agasajadora que han recibido los hijos de los influenciados por las tendencias del sesenta y ocho, que son los que ahora estrenan juventud, tampoco eso ayuda mucho. El pasado no puede rectificarse, pero sí es útil admitir los errores para enfocar el futuro de otra manera.

Si fuera necesario sintetizar este reenfoque con dos palabras consigna, escogería independencia y apoyo. Que cada cual las combine como le plazca, apoyando la independencia o independizando a sus hijos del apoyo que les prestan, del modo actual de hacerlo. La cuestión es que, de forma individual y social, vayamos adquiriendo el nuevo parámetro y consideremos que, al lado de la formación en el sentido de enseñanza de conocimientos, deberíamos invertir mucho más en esa otra prioridad que es la asunción de sus propias riendas por parte de los jóvenes. No sólo de los que trabajan sino también de los que estudian.

La estancia en el domicilio parental más allá del tiempo que señalan la biología, la psicología y hasta el propio sentido común es, en términos generales, perjudicial para las personas y la sociedad. Nada enseña más que equivocarse solo. Para poder hacerlo de veras, uno tiene que empuñar las riendas de su propia existencia. No vale que el joven lleve una rienda y los padres la otra, porque así no se funciona. Primero, los padres las dos. Luego, las dos al joven en cuanto se vea capacitado, gallardo que es muy pronto, siempre antes de lo que parece a los mayores. Entonces sí que nada de ayuda más que contar con apoyo familiar incondicional en caso de necesidad. Pero con eso no basta, pues esta receta, suponiendo que sea acertada o compartida, sólo puede ser aplicada por familias con altos niveles de ingresos y un patrimonio consolidado. Existe por lo tanto una obligación pública.

¿De veras en España y Catalunya se derrocha el dinero de todos para ayudar a los necesitados? Ni de lejos. Nuestra riqueza permite desarrollar el Estado asistencial, no a los niveles europeos más avanzados, pero sí mucho más allá de los actuales. No por demagogia o electoralismo, sino porque es mejor invertir así una parte de los excedentes. Recordemos, por poner un único ejemplo y no hablar de los países nórdicos, que más de setecientos mil estudiantes franceses reciben ayudas públicas a la vivienda, de manera especial los menores de veintiún años. Convendrá que andamos todavía muy lejos. Pero no nos acercaremos de verdad hasta que adoptemos una actitud de mayor confianza hacia los jóvenes y su capacidad de llevar sus propias riendas. Lo contrario, considerarlos incapacitados, es incapacitarles.

Xavier Bru de Sala, La Vanguardia, 22–9–2007 (725 palabras)

El motín de Alcorcón

Los incidentes de Alcorcón (Madrid) nos dicen que tenemos un problema al que hemos llegado tarde. No creo que los ciudadanos de esta ciudad satélite de Madrid sean racistas. Sí parece, en cambio, que la expresión de cólera, el conato de motín, ha sido el resultado del hartazgo generado por las cotidianas provocaciones de las bandas de «latin kings» y demás pandilleros integrados en las «maras» formadas por grupos de jóvenes marginales de origen iberoamericano. Pandilleros que, según dicen los vecinos, se dedicaban a amedrentar al personal, llegando, incluso, a «tomar» algunos parques para cobrar a los niños que querían jugar en ellos. Quienes han salido a la calle a enfrentarse con los pandilleros, han querido tomarse la justicia por su mano, –una acción reprochable por ajena a las pautas a seguir en un Estado de derecho– , pero ya digo, no me parece que tenga como raíz un acto de xenofobia.

Lo que ha fallado en Alcorcón es la prevención. Ha fallado el Ayuntamiento y su Concejalía de Orden Público; ha fallado la Policía Municipal, y, en la parte que le toca, también ha fallado el Ministerio del Interior. Porque a lo que no deberíamos haber llegado es a permitir la implantación de las «maras», las bandas de matones cuya actitud pendenciera y actuaciones violentas están en el origen del problema. Un problema que injustamente mella la buena fama de los miles de inmigrantes iberoamericanos que se ganan la vida honradamente y suelen ser las primeras víctimas de estas bandas.

Alcorcón es una ciudad rica rodeada de superficies comerciales que pagan millones y millones en impuestos. Si el Ayuntamiento necesita más policías municipales, que amplíe la plantilla, y en relación con el Ministerio del Interior sería bueno que el ministro recordara que además de la ETA, España tiene otros muchos problemas relacionados con las diferentes formas de violencia. Problemas que habría que haber atajado antes de que se convirtieran en portada de los periódicos.

Julia Navarro, El Diario del Altoaragón, 23–1–2007 (336 palabras)

En la puerta del cole

A los jóvenes les resulta sencillo dar con algún amigo que les consiga droga. No tienen más que darse una vuelta por la tapia del colegio o preguntar a alguno de sus compañeros de secundaria para hacerse con un poco de cannabis o cocaína. Esto queda patente tras conocerse los resultados de la primera parte de la operación que puso en marcha el Gobierno en enero para acabar con la venta de droga alrededor de los colegios.

El consumo de cannabis, la sustancia que más reparten los traficantes ante los colegios, se ha duplicado en los últimos 10 años, pasando del 18,2% al 36,6%. Quizá el aspecto más preocupante de todo es la caída en la percepción del riesgo ante las drogas. En 1994, el 60% de los jóvenes españoles era consciente del peligro si consumía cannabis. Diez años después, este porcentaje cae al 36,9%. La percepción del riesgo sobre la cocaína cayó del 78% al 70,6%.

Por mucho que se le repita a un adolescente que diga «no» a las drogas, sólo responderá con una actitud adulta de rechazo si tiene confianza en la familia y en su entorno, y si es consciente del abismo psíquico y el dolor físico a los que la dependencia puede llevarle. Por desgracia, esto ya es poco común.

Se han dicho muchas tonterías en la lucha contra las drogas. Las peores son que todo se solucionaría por sí mismo, que afecta a familias desestructuradas, que hay métodos para aislar a los jóvenes de esta plaga. La trivialización arrogante e irresponsable que muchos han hecho del consumo de drogas en las últimas tres décadas pasa ahora factura. Toda la sociedad debiera entonar algo de mea culpa en ello, pero ante todo reaccionar para que los errores no acaben pagándolos generaciones que aún son esos niños del colegio.

Editorial, El Pais, 24–7–2006 (312 palabras)

Adolescentes atrapados en la cocaína

Cada vez son más y cada vez más jóvenes. Hasta hace poco la cocaína se consideraba una droga de ejecutivos y artistas pero ahora es una droga interclasista, de consumo habitual en determinados lugares de ocio y una de las amenazas más destructivas que acechan a los adolescentes.

«Empecé con borracheras de fin de semana y enseguida pasé a las pastillas. Tomé las primeras cuando tenía 16 años y me gustaron porque con ellas tenías la diversión asegurada. Luego ya todo fue muy rápido. En cuestión de semanas tomé de todo, éxtasis líquido, trippies y, al final, cocaína. Ahí me quedé colgado». Dami es un joven alto, de tez morena, voz melosa y aspecto cuidadosamente descuidado. Sólo cierto extravío en la mirada delata la extrema fragilidad en la que se encuentra. Tenía un oficio que le gustaba, peluquero, y aspiraciones de artista, pero la droga engulló en poco tiempo todas las promesas de futuro. «Sólo pensaba en el fin de semana», recuerda. «Me ponía de todo y tuve un montón de comas. La última vez que me ingresaron sonó el móvil. La policía lo cogió y resultó que era mi madre. Así se enteró.»

La historia de Dami no es muy diferente de la de los otros jóvenes con los que comparte terapia en el centro que el Proyecto Hombre tiene en Mongat (Barcelona). Diferentes biografías para un mismo itinerario que comienza a veces en la puerta del colegio, casi siempre de la mano del alcohol, y continúa en las fiestas de fin de semana, en discotecas y locales donde las pastillas y la cocaína son casi tan accesibles como los cubatas.

«En realidad, casi no hace falta ir a buscarla. Te viene. Te la ofrecen. Y tampoco es tan cara: 30 euros medio gramo», dice Jordi. Él empezó a tomar hace dos años, cuando tenía 15. «Al principio con medio gramo me hacía hasta ocho rayas. Pero al final necesitaba mucho más. La cosa era aguantar dos o tres días de marcha sin dormir.»

El problema se veía venir pero la alarma saltó en 2002: «Cada vez venían al centro más adictos a la cocaína y cada vez eran más jóvenes. Hasta que observamos, con cierta sorpresa, que la cocaína sobrepasaba a la heroína como motivo de petición de tratamiento«, recuerda Albert Sabatés, director del Proyecto Hombre en Cataluña. Pero no era sólo un trasvase de cifras. Suponía también un cambio de perfil. «El adicto a la heroína suele llegar al centro de desintoxicación machacado, con el cuerpo envejecido y el alma magullada, consciente de que la droga le está destruyendo física y mentalmente. Nadie tiene que explicarle nada, él sabe muy bien cuál es su problema. Al adicto a la cocaína, en cambio, hay que convencerle de que tiene un problema.»

«Hay un patrón que se repite con frecuencia: comienzan a consumir alcohol y hachís en el colegio o el instituto, y luego pasan a las pastillas y a la cocaína. Hacen itinerarios diferentes, pero lo habitual es el policonsumo», explica Lluísa Pérez, directora del programa de jóvenes.

En 2003 el Plan Nacional de Drogas certificó que la cocaína superaba a la heroína en la demanda de tratamientos. Las cifras son bien conocidas: en apenas diez años el consumo de cocaína se ha multiplicado por cuatro. España ha pasado a ser el país de mayor consumo de cocaína de la Unión Europea y le disputa el primer puesto mundial a Estados Unidos. Lo alarmante es que el mayor incremento se produce entre los adolescentes: el

7,2% de los jóvenes de entre 14 y 18 años declara haber consumido cocaína en el último año, y los ingresos hospitalarios han pasado del 26% de todas las urgencias por drogas al 49%.

La cocaína es, después del cannabis, la segunda droga más consumida en España. Luego estamos hablando de un fenómeno silente, que crece como una marea blanca y cuyas peores consecuencias apenas comienzan a emerger. «Es una adicción muy dañina, que permanece oculta porque durante un tiempo permite llevar una vida normal», explica Laura Mitrani, médico del Centro de Asistencia de Toxicomanías Fundación Teresa Ferrer, que pertenece a la red pública de asistencia mental de Girona y la Costa Brava. «Estamos viendo a muchos adolescentes, pero también a jóvenes que ganan dinero en el turismo y la construcción. El problema es que tenemos muy pocos medios. Nuestra lista de espera es de tres meses.»

El Instituto Genus realiza cada año un trabajo de campo para el observatorio catalán sobre drogas cuyo objetivo es disponer de un «sistema de alerta rápida» sobre los patrones de consumo. El informe de 2004 indica que el consumo de cocaína sigue aumentando y lo hace en todas las capas sociales. El itinerario promedio de una noche de fiesta comprende 12 horas de marcha, seis locales visitados y 76 euros de gasto. El consumo de drogas en general se hace cada vez más abierto y tiende a salir del circuito de la fiesta nocturna: por primera vez se ha observado en terrazas y bares. Los consumidores son cada vez más jóvenes y cada vez hay más chicas.

La adolescencia es una diana perfecta. Es la edad en que la inestabilidad emocional es más intensa y mayor el ansia de traspasar fronteras. Muchos padres no se dan cuenta de que sus hijos son adictos porque confunden los síntomas con los propios de la adolescencia. Jordi era un chico rebelde. Pero con la cocaína se volvió más agresivo, descarado, estaba siempre insatisfecho, y podía pasar de la euforia a una explosión de ira en cuestión de segundos. «Cuando empiezas a tomar, te parece que controlas, pero luego pierdes el control. Todo todo te da igual, no valoras las cosas, pasas de la familia y lo único que te importa es conseguir dinero para el fin de semana.» En cuestión de meses le expulsaron del equipo en que jugaba y también del colegio, por la vía de eximirle de asistir a clase. Tenía una novia que intentó que lo dejara, pero él ya estaba muy enganchado. «Cuando ella me abandonó toqué fondo. Empecé a tomar cada día, hasta que mis padres lo descubrieron.»

También Bea era una adolescente difícil. Tuvo sus primeras borracheras a los catorce años, en el colegio: «Fumábamos porros y comprábamos alcohol. Luego, cuando empezamos a salir los fines de semanas, todo se disparó. A los 16 probé el éxtasis líquido, el speed y la cocaína. La tomaba en los lavabos. Tenía un problema con la comida y me ingresaron varias veces en el Clínico por comportamientos agresivos», recuerda. A los dieciocho ya consumía cada día ¿Y el dinero? «Si eres una chica es más fácil conseguirla», dice, lacónicamente. Tuvo varios novios que le proporcionaban la droga, y si no tenía novio, robaba. «No te gusta lo que haces, pero lo haces», dice.

Ahora cree que está en condiciones de dejar atrás ese mundo. «Al principio venía a la terapia por mis padres, pero ahora vengo por mí», dice. Como Bea, la mayoría de los cocainómanos que acuden al centro del Proyecto Hombre han ido de la oreja. Normalmente llevados por los padres, pero también por mandato judicial o bajo un ultimátum de la pareja. A las siete de la tarde, los aledaños del centro se pueblan de parejas de mediana edad. El perfil de acompañantes también ha cambiado: la mayoría de los coches aparcados son de gama media y media alta.

«Estos chicos necesitan pautas educativas y un ambiente estable que puedan compaginar con el colegio. Intentamos mantener la parte de la vida que tienen más normalizada, fomentar la convivencia y la responsabilidad. También trabajamos con los padres para reforzar su papel de apoyo y para que recuperen la autoridad», explica la terapeuta Miriam Fernández.

Lili tiene 16 años y reconoce que ha sido una hija muy difícil. De una belleza explosiva y una gran vitalidad, su problema es que siempre se ha sentido más mayor de lo que es y se ha tragado la vida sin masticarla. A los doce años ya comenzó a consumir drogas. «Hay una edad en que todo depende de las compañías», dice. Se llevaba fatal con sus padres y no estudiaba. «Nadie me soportaba. Estaba súper amargada y reaccionaba siempre agresivamente. Todo el día estaba fumando porros, ya no sabía estar sin fumar. O porros, o futbolines. Ésa era la vida que llevaba con la pandilla. Tampoco teníamos muchos temas de conversación, así que fumábamos.»

Lili acaba de dar una de las claves del problema. «Es sorprendente la pobreza de recursos de muchos de estos chicos», dice Laura Mitrani. «Fracaso escolar, muchas horas de televisión y mucha videoconsola. Éste es el horizonte vital de muchos jóvenes que caen en las drogas.» Miriam Fernández también lo ha observado en sus pacientes. «Para muchos, la droga es el sustituto fácil de una vida sin horizonte, muy centrada en lo inmediato, fruto en parte de una cultura consumista, compulsiva y poco dispuesta a la frustración.» Albert Sabatés está convencido de que la prevención del fracaso escolar es también una forma de prevenir la drogadicción.

«He robado mucho. Joyas, dinero, de todo. A veces cogía un destornillador y me iba a robar cascos de moto para venderlos», relata Lili. Hasta que un día se encontró de novia de un hombre bastante mayor, un camello que le proporcionaba la droga. Debió de tocar fondo porque decidió darle la espalda a ese mundo y lo hizo con la misma determinación con la que entró. Ahora tiene muy claro dónde está la salida: «Empecé el tratamiento el 16 de julio del año pasado y el 4 de agosto dije que nunca más me iba a poner. Desde entonces estoy limpia». Ha empezado a estudiar comercio y quiere enviar un mensaje a los lectores que pudieran identificarse con su historia: «Hay que decir nunca más. Y buscar puntos de apoyo en la gente que te quiere». Jordi tiene otro mensaje: «Ni una vez. Lo mejor es no empezar».

Milagros Pérez Oliva, El País, 11–09–2005 (1.666 palabras)

«No quiero estudiar, sólo trabajar poco y vivir bien»

«¿Tu te levantarías a las ocho de la mañana para venir aquí y no hacer nada?», dice con suficiencia Rubén, un chico de 16 años que repite –mejor dicho, asiste de vez en cuando a clase– 3º de Educación Secundaria Obligatoria (ESO) en un instituto que cuenta con cerca de 3.000 alumnos y al que ha llegado como última esperanza para sacarle de su absentismo y ayudarle a conseguir el título de Graduado.

Junto a él, su compañero de «pellas», Rodrigo, se queja de que los profesores son demasiado exigentes. «Te ven bostezar en clase y te echan», dice. «Mi tutora se preocupa demasiado de mí y me quiere un alumno 10. No la soporto.» Y no miente, en un momento de la conversación apareció por puro azar la profesora que tiene encomendada la difícil misión de enderezar lo que, al menos a juzgar por la actitud del adolescente, se está torciendo. Fue un momento tenso en el que la animadversión de Rodrigo fue evidente. A un reproche de su orientadora, respondió con acritud y hasta con dureza. Al menos no llegó al insulto. Rubén y Rodrigo forman parte del conflictivo colectivo de «objetores escolares», lo mismo que Clara y Paco, dos jóvenes de su misma edad y situación académica aunque en un centro distinto y de más difícil control.

Su tarjeta de visita no es demasiado halagüeña: falta de claridad sobre sus objetivos en relación no sólo con sus estudios sino con su propia vida. «Muy poquitos quieren estudiar y van a la ley del mínimo esfuerzo y lo normal es que no acaben la ESO», advierten los profesores. «Yo no he nacido para estudiar, sólo quiero trabajar poco y vivir bien», afirma Rubén como declaración de intenciones, al tiempo que hace planes para «trabajar un mes y descansar tres», pero eso «lo pensaré cuando tenga 18 o 20 años». Para faltar a clase engaña a su madre y le hace ver que se levanta antes de las 8 de la mañana. «Cuando ella se va a trabajar vuelvo a casa a dormir o me voy con mis amigos a fumar.» Asegura que también emplea su tiempo en practicar artes marciales y en ver películas violentas. No lee porque «es muy aburrido».

Rodrigo, que ha repetido ya 2º y 3º de la ESO, se muestra apático y confiado en que su padre le ayude a entrar en el Ejército. Por eso, ha hecho «planes» para acabar a trancas y barrancas la enseñanza obligatoria y «con un poco de suerte» conseguir el título.

«No puedes estar repitiendo siempre», afirma a modo de esperanza en el aprobado. «Vamos a clase alguna vez –dicen al unísono–, pero nunca a la primera y casi nunca a la última». Eso sí, tiene excusas para su absentismo. «Empecé a faltar a clase porque no tenía el horario, no soy adivino», comenta Rubén. «Me quedé con uno que hacía «pellas» y me gustó.»

En ocasiones, permanecen en el recinto cerrado del Instituto –con amplios jardines– donde una educadora social intenta traerlos al buen camino y evitar que cometan actos vandálicos. Su apatía llega hasta rechazar incluso los programas de Garantía Social, que preparan a los alumnos que no acaban la ESO para el mundo laboral. Asisten a una clase especial de diversificación curricular con poco ánimo.

Rubén procede de un Instituto de Enseñanza Secundaria público y Rodrigo de un colegio privado. Los dos han dejado en esos centros a sus «colegas» con los que quedan de vez en cuando. Sus padres no han logrado hacerles cambiar y los profesores, con una paciencia infinita, confían en que den un golpe de timón. A Rodrigo le descompone algo la posibilidad de verse obligado a realizar trabajos sociales. «Una vez nos pilló la Policía a mis amigos y a mí con un coche que nos encontramos y con el que nos dimos un golpe.» Como consecuencia de este inopinado hallazgo «me pusieron trabajos sociales y aprendí la lección».

Clara acude a un colegio del extrarradio. No falta a clase pero «me aburre tanto estudiar que pienso en otra cosa y como no me entero hago preguntas con las que todos se ríen y el profesor se enfada». A principios de curso, se le ocurrió ensayar unos «novillos» y justificarlo con enfermedades imaginarias. «No coló porque mi madre fue a hablar con el tutor y fue peor porque se enteró de la que monto en clase.»

Paco tiene 17 años. En menos de un año deberá acabar su vida escolar. Sin embargo, el futuro no le agobia. Prefiere vivir el día a día desde el conflicto y la desidia. No tiene reparos en reconocer que su actitud perturba el normal desarrollo de la clase. «Quiero que esto se acabe cuanto antes. Por eso, hablo, me meto con mis compañeros y hasta con el profe y mando mensajes por el móvil. Aunque me lo quitan de vez en cuando siempre lo recupero.»

¿Y no te gustaría aprender un oficio para ganarte la vida? «No se si me gustaría, porque no lo he intentado», responde. Y continúa. «Puede que me lo piense porque cuando acabe aquí, a mis padres no les podré engañar».

Son «objetores escolares», los que se las ingenian para no asistir a clase o molestar a profesores y compañeros. La mayoría forman parte del 33 por ciento de los alumnos que fracasan.

Milagros Asenjo, ABC, 10–12–2006 (906 palabras)